Excel会計スペシャリスト

石山 宏　木下 貴博　浜崎 央

はしがき

　時代とともに職業人のツールは変化します。たとえば昭和の時代，お医者さんの典型的な仕事の光景は，患者さんに聴診器を当てて診察を行い，紙のカルテに記入するといったものでした。しかし現代では，様々な診察デバイスを用いて得られたデータをモニターで確認し，電子カルテに入力するのが普通の光景となっています。会計職（会社の経理・財務，公認会計士，税理士など）における現場も同じです。昔は会計の業務現場といえば，大量の紙に埋もれながら電卓（その前は算盤）を駆使し，パチパチと計算した結果を紙の帳簿にペンで記入するものでした。しかし今やほとんどの紙は電子記録（電子帳簿）に置き換えられ，会計処理がなされます。むろん今でも手許における簡単な計算のために電卓を使うことはありますが，その頻度は以前と比べ圧倒的に低下しています。現代の会計実務では表計算ソフト「Excel」（マイクロソフト社）を活用するのがスタンダードになっているためです。

　他方，会計職における登竜門の王道は，今も昔も日本商工会議所（日商）主催 簿記検定試験3級です。従来，日商簿記3級合格の次の目標は2級合格が定石でしたが，2級となると一気にレベルが上がり，また，かなりの学習時間も要します。そこで，簿記検定の学習を2級へステップアップするにせよ，さしあたり3級までにとどめるにせよ，将来的に会計職を目指すのであればいずれかの段階で避けて通れないExcelスキルを身につけることがたいへん重要となります。そのスキルを証明する物差しが「エクセル会計スペシャリスト」試験です。当該試験は，CBT方式（Computer Based Testing：PCを利用した受験）による会計業務能力を証明するための試験です。主催者はICT能力試験として多くの職場・高等教育機関から支持を得ているマイクロソフト オフィス スペシャリスト（MOS）試験を運営する株式会社オデッセイ コミュニケーションズです。本書はその公式テキストであり，簿記のレベルとしては，日商簿記3級の学習終了者を前提としています。

　筆者の上場会社会計実務勤務時代の経験や，本書を著すために多くの会社や税理士法人等に対して行ったインタビューで得られた回答から，会計実務におけるExcelの重要性は相当なものであることが裏付けられています。すなわち会計業務における標準的な一日の作業の中でExcelを開いている時間は，ざっくり見積もって50％以上であることが確認されています。また，会計現場に対して尋ねた「会計実務で必要なスキルは，簿記ですか？ PCですか？」という質問に対する回答のほとんどは，「両方」というものでした。翻って，われわれが所属する大学のような高等教育の現場では，簿記は簿記，PCはPCのように別々の科目として授業を開講していても，それらを有機的に結びつけるような，換言すれば会計の実践ですぐに役立つような教育は，これまでほとんどなされていないのが現実でした。

社会人や学生が簿記検定試験の受験学習を積めば，主要簿や補助簿さらには決算書（計算書類や財務諸表）について紙ベースで作成できるようにはなるものの，それは一昔前の電卓を駆使したアウトカムであり，現代のスタンダードであるExcelを利用したものではありません。また，紙ベースであるということはデータの検索やデータの2次利用（加工）は簡単に行えません。一例を挙げれば，売上帳は日付順に売上取引の明細を記入する補助簿ですが，それを得意先別に集計したり，商品別に集計したり，あるいは結果をグラフ化したりすることがExcelでは簡単に行えるのです。現代における会計実務の現場では，このようなデータの加工もたいへん重要な作業となっています。

　「現代会計実務に即応できる有用な人材の育成」，これがわれわれ執筆者一同の願いです。本書を活用することにより，会計実務のクルマの両輪ともいえる簿記とExcelを同時並行的に習得することが可能となります。本書収録内容の習得により，簿記検定試験取得後，実務に就き，「Excelのモニターを見ながら電卓を入れる」という笑えない光景はなくなるはずです。

　上記に掲げる目的に向け，本書はバランスがとれた執筆者により著されています。すなわち執筆者は，上場会社で会計実務経験がある会計研究教育者，ICTに造詣の深い会計研究教育者，そしてICTを専門とする研究教育者から成ります。本書を活用することで，現代会計実務に即応できる有用な人材が一人でも多く世に輩出することを，執筆者一同願ってやみません。

執筆者を代表して
石山 宏

目次

はしがき ii
本書について vi
エクセル会計スペシャリスト 試験概要 vii

Part 1 　会計と Excel 1
- **1.1** 会計の業務と簿記 2
- **1.2** 簿記と Excel 5

Part 2 　表計算ソフトとしての Excel － Excel 操作の基礎 － 9
- **2.1** 表計算ソフトの意義 10
- **2.2** データ入力 12
- **2.3** セルの書式設定 20
- **2.4** 数値の表示形式 27
- **2.5** 数式とセルの参照 32
- **2.6** 関数の基礎 43
- **2.7** 日付の処理 49
- **2.8** 端数処理 62
- **2.9** セル数のカウント 68
- **2.10** 検索と置換 72
- **2.11** 条件判定処理 80

Part 3 　会計データと決算書における Excel － Excel 操作の実践 － 89
- **3.1** 簿記一巡の手続 90
- **3.2** 仕訳データの入力 92

3.3	転記データの入力	98
3.4	現預金出納データ	105
3.5	仕入データ・売上データ	111
3.6	販売費及び一般管理費明細データ	117
3.7	消費税	126
3.8	商品有高管理データ	132
3.9	売掛金管理データ・買掛金管理データ	145
3.10	固定資産管理データ	151
3.11	決算手続の流れ	159
3.12	試算表	161
3.13	決算書	169
3.14	精算表	183

Part 4 会計業務におけるExcelの活用 － Excel操作の応用 － ... 191

4.1	VLOOKUP関数の活用	192
4.2	SUMIFS関数の活用	201
4.3	COUNTIFS関数の活用	207
4.4	INDIRECT関数の活用	215
4.5	関数の複合利用	222
4.6	条件付き書式の活用	231
4.7	テーブル	242
4.8	ピボットテーブル	253
4.9	会計ソフトとの連携	270

問題解答 ... 275

Part1	会計とExcel	276
Part2	表計算ソフトとしてのExcel － Excel操作の基礎 －	277
Part3	会計データと決算書におけるExcel － Excel操作の実践 －	284
Part4	会計業務におけるExcelの活用 － Excel操作の応用 －	295

索引 ... 300
著者紹介 ... 303

本書について

本書の目的
　本書は，Excelを活用した会計職（会社の経理・財務，公認会計士，税理士など）における業務の効率化と正確性向上のためのスキルを習得する書籍です。本書によって，日商簿記検定試験3級レベルの会計知識とともに，会計職で多用される実践的なExcel操作スキルを1冊でバランスよく身につけることができます。また，本書は認定資格「エクセル会計スペシャリスト」の公式テキストであり，出題範囲を網羅しています。

対象読者
　本書は，次のような方を対象としています。
- 経理部門に配属された入社後間もない新入社員の方
- 会計職において業務効率化を図りたいと考える方
- 会計職を目指す学生・社会人の方
- Excelの知識はあるが会計実務未経験の方
- 日商簿記検定試験3級の学習終了もしくは学習中の方
- 認定資格「エクセル会計スペシャリスト」の合格を目指す方

本書の制作環境
　本書は以下の環境を使用して制作しています（2025年3月現在）。
- Windows 11 Pro（64ビット版）
- Microsoft 365／Excel 365（バージョン2410）

学習用データのダウンロード
　学習用データは，以下の手順でご利用ください。
1. ユーザー情報登録ページを開き，認証画面にユーザー名とパスワードを入力します。

> ユーザー情報登録ページ：https://eks.odyssey-com.co.jp/book/eks/
> ユーザー名：eks2025
> パスワード：7atHk4

2. ユーザー情報登録フォームが表示されたら，お客様情報を入力して登録します。
3. [入力内容の送信] ボタンをクリックした後，[学習用データダウンロード] ボタンをクリックし，表示されたページから学習用データをダウンロードします。

学習環境
　本書で学習するには，ExcelがインストールされたWindowsパソコンをご利用ください。
　本書はMicrosoft 365/Excel 365を使用して制作していますが，Excel 2016，Excel 2019，Excel 2021がインストールされたWindowsパソコンでも学習いただけます。

エクセル会計スペシャリスト 試験概要

エクセル会計スペシャリストとは

　認定資格「エクセル会計スペシャリスト」は，日商簿記検定試験3級レベルの会計知識とExcelスキルを統合した新しい試験です。当該試験合格によって，会計実務における効率的かつ正確な会計業務達成能力が測定され，会計ビジネスシーンでの即戦力が証明されます。

出題範囲

No	部	節
1	会計とExcel	1.1　会計の業務と簿記 1.2　簿記とExcel
2	表計算ソフトとしてのExcel	2.1　表計算ソフトの意義 2.2　データ入力 2.3　セルの書式設定 2.4　数値の表示形式 2.5　数式とセルの参照 2.6　関数の基礎 2.7　日付の処理 2.8　端数処理 2.9　セル数のカウント 2.10　検索と置換 2.11　条件判定処理
3	会計データと決算書におけるExcel	3.1　簿記一巡の手続 3.2　仕訳データの入力 3.3　転記データの入力 3.4　現預金出納データ 3.5　仕入データ・売上データ 3.6　販売費及び一般管理費明細データ 3.7　消費税 3.8　商品有高管理データ 3.9　売掛金管理データ・買掛金管理データ 3.10　固定資産管理データ 3.11　決算手続の流れ 3.12　試算表 3.13　決算書 3.14　精算表
4	会計業務におけるExcelの活用	4.1　VLOOKUP関数の活用 4.2　SUMIFS関数の活用 4.3　COUNTIFS関数の活用 4.4　INDIRECT関数の活用 4.5　関数の複合利用 4.6　条件付き書式の活用 4.7　テーブル 4.8　ピボットテーブル 4.9　会計ソフトとの連携

試験の形態と受験料

　試験会場のコンピューター上で解答する，CBT（Computer Based Testing）方式で行われます。

出題数	30問前後
出題形式	選択形式，ドロップダウンリスト形式，記述穴埋め形式※ ※ 記述穴埋め形式：数字もしくは文字を空欄に入力して解答します。
Excel操作問題	Excelを操作して，その結果をもとに解答します。 Excelのバージョンは，ご受験になる会場により異なります。 お客様がExcelのバージョンを指定することはできません。
試験時間	60分
合格基準	700点（1000点満点）
受験料	〈一般〉8,800円（税込） 〈学割〉6,600円（税込）

　その他の詳細情報については，エクセル会計スペシャリスト公式サイトをご参照ください。
　URL：https://eks.odyssey-com.co.jp/

- Microsoft、Windows、Excelは、米国Microsoft Corporationの米国およびその他の国における登録商標または商標です。
- その他、本文に記載されている会社名、製品名は、すべての関係各社の商標または登録商標、商品名です。
- 本文中では、™マーク、®マークは明記しておりません。
- 本書に掲載されているすべての内容に関する権利は、株式会社オデッセイ コミュニケーションズ、または、当社が使用許諾を得た第三者に帰属します。株式会社オデッセイ コミュニケーションズの承諾を得ずに、本書の一部または全部を無断で複写・転載・複製することを禁止します。
- 株式会社オデッセイ コミュニケーションズは、本書の使用による「エクセル会計スペシャリスト」の合格を保証いたしません。
- 本書に掲載されている情報、または、本書を利用することで発生したトラブルや損失、損害に対して、株式会社オデッセイ コミュニケーションズは一切責任を負いません。

第 **1** 部

会計とExcel

Part 1

1.1 会計の業務と簿記

学習のポイント
- 経理部の位置付けを理解する
- 簿記の役割を理解する

1.1.1 企業内における会計の部署

　会社などの企業組織内における部署は，現業部門（事業部門）と**管理部門**とに大別されます。現業部門とは，企業の売上に直接結び付く業務を担っている部門であり，直接部門ともいいます。商製品を販売する営業部や販売する製品を作っている製造（生産）部などが，現業部門に該当します。これに対して管理部門とは，企業の売上には直接結び付かないものの，企業の運営においてはなくてはならない役割を果たしている部門であり，**間接部門**（バックオフィス）ともいいます。いい換えれば，現業部門をサポートする役割を担っているのが管理部門です。総務部，人事部，経理部，財務部，労務部，法務部，情報システム部などが，管理部門に該当します。

　管理部門のうち，会計職としてカテゴライズされる部署は，**経理部**と財務部になります（ただし，財務部が設けられていない場合のほか，小規模企業の場合は独立した会計部署をもたず，会計部署が総務部に内包されている場合もあります）。同じ会計職に位置付けられる経理部と財務部ですが，それぞれの業務の違いを端的に表現するならば，過去に視点を置くのが経理部の業務であり，将来に視点を置くのが財務部の業務といえます。すなわち，企業における日々の財産管理を行い，決算においては決算書（計算書類や財務諸表）を作成するのが経理部の業務です。これに対し，企業の資金調達と資金運用を課題とし，有価証券，貸付金・借入金，社債などの管理を行うのが財務部の業務です。

　本書ではこれらのうち，経理部の業務で必須とされる会計上のExcel操作の基本を取り上げます。

■ 本書で取り扱うExcel操作の対象業務

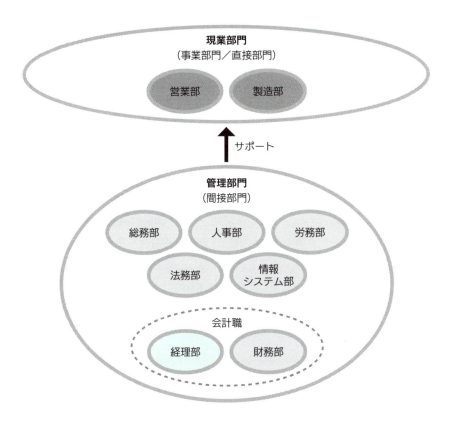

1.1.2 経理業務における簿記の役割

● 簿記とコンピューター

　経理においては，日々**簿記**（bookkeeping）という技術を駆使し，業務に従事します。簿記は500年以上前にイタリアの数学者ルカ・パチオリによって考案され，今日まで世界中で受け継がれてきた会計の根幹となる技術です。

　簿記は「帳簿記入」の中ほどの2文字が語源ともいわれ，「帳簿」とは切っても切り離せない関係といえます。それでは，「帳簿」とは何かといえば，辞書によれば，「事務上の必要事項を記入するための帳面」とあります。さらに「帳面」とは何かといえば，「ものを書くために紙をとじて作った冊子」とあります。

　さて，現代の組織において簿記を紙ベースで実践している組織は，いったいどれほどあるでしょうか。おそらく，中小零細法人はおろか，個人企業でさえ現在ほとんどの現場では，コンピューター（PC）を利用しているのではないでしょうか。他方，コンピューターを利用した簿記でも，そのシステムは紙ベースの帳簿と同じになっています。つまりは，500年以上前に誕生した簿記という会計技術は，今日のコンピューター時代になっても脈々と使い続けられているのです。

1.1 会計の業務と簿記

◉ 簿記の役割

　簿記の役割（機能）は，大きく分けて2つあります。1つ目は，企業における財産管理機能です。2つ目は，企業の決算書作成機能です。

　前者における役割の例として，ある特定の時点における商品在庫の金額や数量を知りたい場合，簿記を利用していない企業は店舗と倉庫に実在する商品をすべてカウント（実地調査）しなければなりません。しかし，簿記により商品の在庫管理ができていれば，即座に知りたい金額や数量を把握できます。しかも，実地調査の結果と照合することで，正規の払出以外の商品減少分（減耗や盗難）まで把握できます。

　後者における役割を示すために，決算書の代表的なものとして企業のストックの状況（財政状態）を示す**貸借対照表**（たいしゃくたいしょうひょう）と，フローの状況（経営成績）を示す**損益計算書**（そんえきけいさんしょ）を考えてみます。貸借対照表は財産の有り高としての決算書であり，損益計算書はその有り高の増減変動の原因，すなわち利益を示す決算書です。これらの決算書を作成しようとする際，貸借対照表は実地調査によって作成できないことはありませんが，損益計算書は簿記による記録が無い限り作成できません。ストックと違いフローは実在しないので，目視できないためです。通常，利害関係者（ステークホルダー）がもっとも知りたい企業の情報は損益計算書における利益ですが，それは簿記無しには把握し得ないのです。

　以上のような簿記が果たす2つの役割は，コンピューター時代の今日においてもきわめて重要であり，これらの目的達成のために企業の経理という部署は存在します。したがって経理業務と簿記は，相即不離の関係にあります。

　なお，本書では現代企業における経理実務の実情を踏まえ，紙の時代における「帳簿」という用語を「データ」という用語に置き換え，同じく「記帳」という用語を「入力」という用語に置き換えています。紙を意味する帳簿がコンピューターの中にあるというのはどう考えても不自然であり，またキーボードを叩いて記帳するというのもおかしな日本語だからです。

■ 簿記における2つの役割

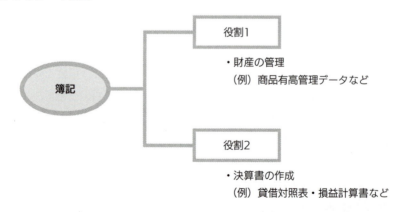

Part 1

1.2 簿記と Excel

学習の ポイント
- 経理部で扱うデータを理解する
- 経理業務における Excel の位置付けを理解する

1.2.1 簿記における入力データ

　企業における経理部署では，簿記を駆使して日々会計処理を行っていますが，簿記で利用するデータには**主要データ**（主要簿）と**補助データ**（補助簿）とがあります。主要データとは簿記において必要不可欠なデータを指し，補助データとは主要データ以外に入力するデータを指します。

　主要データには，原始データである**仕訳データ**（仕訳帳）と転記データである**総勘定管理データ**（総勘定元帳）があります。仕訳データとは取引発生順に入力する取引に関するデータであり，その入力作業を「仕訳」といいます。仕訳が行われれば次に項目（勘定科目）ごとの増減を入力することになり，それを入力する場所が総勘定管理データになります。

　仕訳データから総勘定管理データへの組み替え作業を簿記では「転記」とよびます。**基幹ソフト**（会計の専用アプリケーションソフト）を利用する企業では，仕訳を経理担当者が入力すれば，転記はコンピューターで自動的に入力されるのが一般的です。その際，経理担当者により入力された仕訳入力の貸借金額が一致していない場合，コンピューターが仕訳入力完了を認めないことから，紙の時代の簿記のように転記ミスということは基本的に生じません。主要データと補助データをまとめると，下表のとおりになります。

■ 複式簿記で使用するデータとその位置付け

	原始データ	転記データ
主要データ	仕訳データ	総勘定管理データ
補助データ	補助記入データ	補助管理データ

1.2.2 経理における Excel の利用

　現代における多くの企業では，経理業務の正確性確保，省力化，人件費抑制などを目的とし，会計の基幹ソフトを導入・利用しています。また，上場会社などの大規模企業にあっては，汎用の基幹ソフトではなく，その企業の業種・業態にマッチしたオーダーメイド的な基幹ソフトを利

1.2 簿記とExcel

用しているケースも多くなっています。そのような場合，主要データである仕訳データも総勘定管理データも基幹ソフトを利用して入力することとなりますが，補助データについては企業が独自に作成した**Excel**で処理しているケースも多く見られます。ExcelはMicrosoft社が開発・販売している表計算ソフトであり，企業規模の大小を問わず広く利用され，現代社会の「算盤」（そろばん）ともいえます。

一般的な傾向として，会計処理が膨大でその対応が大がかりにならざるを得ない大規模企業ほど基幹ソフトに多くを依存し，そうではない小規模企業になると基幹ソフトに多くを依存せず，企業独自に作成したExcelデータで対応している状況が見られます。基幹ソフトの導入には多額の投資が必要になることからも，そのような傾向は顕著です。したがって，小規模企業になればなるほど，Excelによるデータ管理が重要となってくるともいえます。

ただし，基幹ソフトを補助データ作成も含め，大々的に利用している大規模企業においても，基幹ソフトに入力する前段階としてExcelを恒常的に利用しているケースが認められます。また，税理士事務所などにおいては，クライアントへの助言・指導として，Excelによるデータ管理を推進している事務所も多く見られます。

このように，Excelが主流となった現代の経理業務ですが，過去に経理で用いられたツールとしての算盤や電卓と比べると，ある際だった違いがあります。算盤や電卓は「計算道具」としてのみ機能しており，それらとは別に記録対象である「帳簿」という紙媒体が存在していました。これに対し，Excelは「計算道具」と記録対象である「データ」とが一体となっているものです。そのため，現代の経理実務へ従事する前に，Excelを使った会計を習得しておくことが肝要となるのです。

これらの点を踏まえ，本書では主要データ・補助データともにExcelによるデータ作成・管理の要諦を示します。その際，簿記の能力は日本商工会議所主催簿記検定試験3級程度を前提とし，Excel操作は初心者を前提としています。

■ 経理業務におけるツールの今昔

算盤　　　　電卓　　　　Excel

問題 1.2

次の文章のうち，正しいものには「○」，間違っているものには「×」と解答しなさい。また，間違っているものはその理由を述べなさい。

(1) 企業における管理部門とは，企業の売上には直接結び付かないものの，企業の運営においてはなくてはならない役割を果たしている部門であり，直接部門ともいう。

(2) 簿記の役割は，企業の決算書（貸借対照表や損益計算書）を作成することのみである。

(3) 簿記で利用するデータには主要データと補助データとがあり，主要データのみで決算書の作成は可能である。

(4) 主要データには原始データである仕訳データと転記データである総勘定管理データがある。仕訳データとは項目（勘定科目）ごとの増減を入力するものであり，その入力作業を仕訳という。

(5) 表計算ソフト「Excel」は経理実務において広く利用されており，現代社会の「算盤」ともいえる。

第 **2** 部

表計算ソフトとしてのExcel
－ Excel操作の基礎 －

Part 2

2.1 表計算ソフトの意義

学習のポイント
- 表計算ソフトの意義を理解する
- Excelの画面の構成を理解する

2.1.1 表計算ソフトの機能

　表計算ソフトとは，入力された数値などのデータを元にして，様々な計算を行うことができるソフトウェアです。データは表形式にまとめられることが多く，その表の中で入力されている数値などのデータを使って，値どうしを足しあわせるような簡単な四則演算から，関数とよばれる機能を利用して合計値や平均値を計算したり，複雑な統計的処理や財務上の処理などを行ったりすることができます。

2.1.2 表計算ソフト使用の有用性

● 非効率な手計算

　表計算ソフトを利用することで，ビジネスの様々なシーンにおいて，比較的簡単に誰もがデータの集計や管理をできるようになりました。表計算ソフトを使わずに手書きで表を作り，その合計値や平均値などを電卓で計算することを考えると，どうしても電卓を打つときに入力のミスがあったり，複雑な計算を行うときには途中で計算式を間違えたりする可能性があります。また，給与計算のように定期的に何度も同じような計算をする場合，その都度，同じ作業を同じだけの時間をかけて行う必要があり，とても非効率な状況でした。

● 効率的な表計算ソフト

　計算に使うデータは表の中にあり消えることが無いため，表計算ソフトを使うことで，入力のミスも確認しやすくなります。また，複雑な計算も一度その数式を書いたり，またはあらかじめ表計算ソフトに用意されている関数という機能を利用したりすることで，計算式を間違えることが無く，入力するデータが変わっても，二度目からは瞬間的に結果を出力してくれるようになります。

● ビジネスでの応用

　表計算ソフトは，与えられたデータを元に分析し，その結果をグラフなど見やすい形に可視化することで，レポートやプレゼンテーションなどのビジネスシーンでも利用できます。

2.1.3 表計算ソフトの種類

　表計算ソフトとして代表的なものがMicrosoft社のExcelであり，本書ではExcelを使うことを前提としています。それ以外にもGoogle社のスプレッドシートやApple社のNumbersなど様々な表計算ソフトがあります。基本的な使い方はどの表計算ソフトも変わりませんが，有料／無料の違いや使い勝手などそれぞれのソフトによって得手不得手があります。

2.1.4 Excelの画面

　Excelの画面は図のようになっています。**リボン**とよばれる複数のタブの中に，アイコンなどのボタンをクリックすることで簡単に機能を利用できる領域が上部にあり，その下に**シート**とよばれる数値や文字列などのデータを入力して計算したりする画面があります。シートは表形式になっており，その表のひとつひとつのマスは**セル**とよばれています。

　シート中のセルの位置はB3とかE5などといったアルファベットと数字の組みあわせである**セル番地**で表現されます。セル番地で使われているアルファベットは左からA列，B列，C列，…となっており，セル番地の数字は上から1行，2行，3行，…となっています。このアルファベットと数字の組みあわせの番地でセルの位置を表します。なお，選択しているセルのセル番地は，リボンとシートの間の**名前ボックス**に表示されます。

　また，セルの中に入力されている数値や数式，関数などは名前ボックスの右側の**数式バー**に表示されます。

■ Excelの画面構成

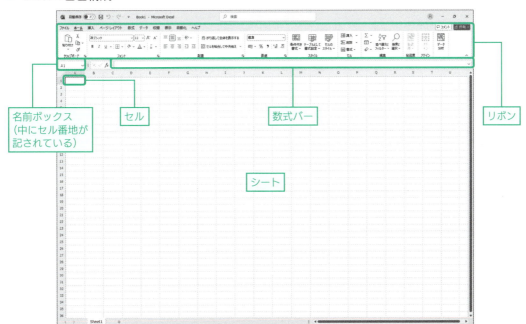

Part 2

2.2 データ入力

▶ 2_02_データ入力.xlsx

学習のポイント
- 効率的なデータ入力をマスターする

2.2.1 アクティブセル

　セルの中でこれから入力することができるセルを**アクティブセル**とよびます。アクティブセルになっているセルは，セルのまわりが太線になっています。

2.2.2 文字の入力

　日本語は日本語モードで，英数字は半角英数字モードで入力することが基本です。原則として，文字列はセルの中で左揃え，数値はセルの中で右揃えになります。中央揃えなどの位置の変更や，小数点以下をどこまで表示させるかなど，書式を変更する方法は2.3と2.4で解説します。

2.2.3 セルのコピー

　セルに入力された内容をコピーして別の場所に貼り付けるためには，**コピー**や**貼り付け**の機能を使います。

① **セルまたは範囲を選択する**
　コピーしたいセルまたはセルの範囲をマウスで選択します。

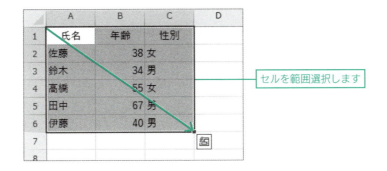

② **コピーを実行する**

範囲選択したセルの上にマウスポインタを重ね，右クリックし，出てきたメニューの中から[コピー]をクリックします。

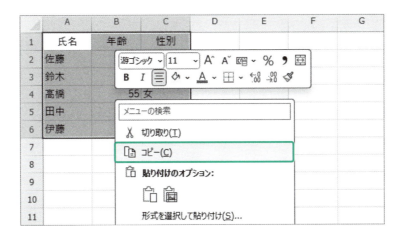

③ **貼り付けを実行する**

貼り付けたいセルの上で右クリックし，出てきたメニューの中から[貼り付け]ボタンをクリックします。

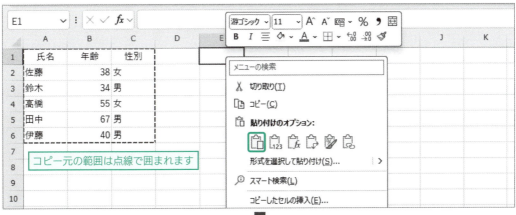

2.2 データ入力

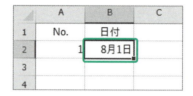

2.2.4 オートフィルを使った連続データのコピー

Excelには，連続性のあるデータを効率的にコピーできるように**オートフィル**とよばれる機能があります。オートフィル機能とは，1つのセルに入力されているデータを元にして，規則性のある値を自動的に入力する機能です。

① セルをアクティブセルにする

元にするデータが入っているセルをクリックして，アクティブセルにします。

② マウスポインタの形を確認してドラッグする

アクティブセルの右下にマウスポインタをあわせると，マウスポインタの形が+マークに変わります。そのまま，マウスの左ボタンを押したまま下に移動（ドラッグ）します。なお，このアクティブセルの右下の■マークは**フィルハンドル**とよばれています。

14

オートフィルでは，次の表にあるデータは自動的に値を変更しながら入力できます。

■ オートフィル機能を使用できるデータ

自動的に連続データを入力できるデータ	例
日付	8月1日，8月2日，8月3日，…
曜日	月曜日，火曜日，水曜日，…
月	1月，2月，3月，…
四半期	第1四半期，第2四半期，第3四半期，第4四半期

2.2.5 数字を1つずつ増やすオートフィル

　セルに入力されている値に連続データの規則性が無い場合，オートフィル機能を使うと最初のセルと同じ値がコピーされます。数値を1つずつ増やす連続データにするには，そのあとでオートフィルオプション をクリックして，[連続データ] を選択します。

① **オートフィルを実行する**

　データを下までドラッグします。

2.2 データ入力

② オートフィルオプションで連続データを実行する

規則性の無いデータなので，同じ値がコピーされます。オートフィルオプションをクリックして［連続データ］を選択すると，連続データに変更されます。

2.2.6　フラッシュフィルを使ったデータの自動入力

フラッシュフィルという機能を使うと，関数を使わなくてもまわりのデータから規則性を見つけてくれて，それにあわせて自動的にデータが入力されます。

例えば，姓と名の間に空白文字が入っている氏名のセルから，自動的に姓だけ抜き出すことができます。

① データを入力する

セルB2に姓（この場合は「井上」）を入力します。

② オートフィルを実行する

オートフィルを使って，下までコピーします。

	A	B	C	D	E	F
1	氏名	姓	名	氏名（ひらがな）	生年月日	
2	井上 りえ	井上		いのうえ りえ	2001/7/12	
3	小山 大輔	井上		こやま だいすけ	1991/11/20	
4	市村 弘	井上		いちむら ひろし	1998/1/15	
5	古田 ちさと	井上		ふるた ちさと	1972/6/22	
6	長谷川 佐知子	井上		はせがわ さちこ	1967/2/4	
7	井野 真也	井上		いの しんや	1995/5/2	
8	藤本 多恵	井上		ふじもと たえ	1981/5/3	

③ オートフィルオプションでフラッシュフィルを実行する

オートフィルオプションをクリックして，[フラッシュフィル]を選択すると，データから規則性（この場合は姓の文字だけの抽出）を判断し，それにしたがったデータに変更されます。

	A	B	C	D	E	F
1	氏名	姓	名	氏名（ひらがな）	生年月日	
2	井上 りえ	井上		いのうえ りえ	2001/7/12	
3	小山 大輔	井上		こやま だいすけ	1991/11/20	
4	市村 弘	井上		いちむら ひろし	1998/1/15	
5	古田 ちさと	井上		ふるた ちさと	1972/6/22	
6	長谷川 佐知子	井上		はせがわ さちこ	1967/2/4	
7	井野 真也	井上		いの しんや	1995/5/2	
8	藤本 多恵	井上		ふじもと たえ	1981/5/3	

- ○ セルのコピー(C)
- ○ 書式のみコピー (フィル)(F)
- ○ 書式なしコピー (フィル)(O)
- ○ フラッシュ フィル(F)

↓

	A	B	C	D	E	F
1	氏名	姓	名	氏名（ひらがな）	生年月日	
2	井上 りえ	井上		いのうえ りえ	2001/7/12	
3	小山 大輔	小山		こやま だいすけ	1991/11/20	
4	市村 弘	市村		いちむら ひろし	1998/1/15	
5	古田 ちさと	古田		ふるた ちさと	1972/6/22	
6	長谷川 佐知子	長谷川		はせがわ さちこ	1967/2/4	
7	井野 真也	井野		いの しんや	1995/5/2	
8	藤本 多恵	藤本		ふじもと たえ	1981/5/3	

規則性にしたがったデータに変更されます

2.2 データ入力

　名の項目も同様にセルC2に名（この場合は「りえ」）を入力し，オートフィルでコピーしたあと，フラッシュフィルを実行すると名だけを抜き出せます。

	A	B	C	D	E
1	氏名	姓	名	氏名（ひらがな）	生年月日
2	井上 りえ	井上	りえ	いのうえ りえ	2001/7/12
3	小山 大輔	小山	大輔	こやま だいすけ	1991/11/20
4	市村 弘	市村	弘	いちむら ひろし	1998/1/15
5	古田 ちさと	古田	ちさと	ふるた ちさと	1972/6/22
6	長谷川 佐知子	長谷川	佐知子	はせがわ さちこ	1967/2/4
7	井野 真也	井野	真也	いの しんや	1995/5/2
8	藤本 多恵	藤本	多恵	ふじもと たえ	1981/5/3
9					
10					

問題・2.2.1

曜日のように連続性のあるデータを入力するときに，最初のセルに「月曜日」だけ入力し，そのセルの右下のフィルハンドルにマウスポインタをあわせ下にドラッグして連続性のあるデータを入力するExcelの機能のことを何とよぶか。選択肢から1つ選びなさい。

(1) セル形式
(2) オートフィル
(3) コンティニュー入力
(4) ドラッグ

問題・2.2.2

次のような顧客リストの表があるとき，姓のセルの値と名のセルの値をつなげて名前のセルに入力したい。最初のセルにキーボードから姓と名をつなげた名前を入力し，オートフィルを使って下までコピーしたあと，オートフィルオプションから何を選べばよいか。選択肢から1つ選びなさい。

(1) セルのコピー
(2) 書式のみコピー（フィル）
(3) 書式なしコピー（フィル）
(4) フラッシュフィル

2.3 セルの書式設定

▶ 2_03_セルの書式設定.xlsx

学習のポイント
- セルの書式を理解する
- セルの書式変更をマスターする

2.3.1 書式設定

　Excelはセルの中に数値や文字列などのデータを入力して利用しますが，その数値や文字列が入力されているセルごとに異なる**書式**を設定できます。書式とは，中央揃えなどのデータの配置や色や罫線を付けるなど，そのデータの見た目を変更するものであり，データそのものの変更ではありません。

2.3.2 データの配置

　セル内でのデータの配置は，左右の「左揃え」「(左右)中央揃え」「右揃え」の3種類と，上下の「上揃え」「上下中央揃え」「下揃え」の3種類があります。いずれも，配置を変更したいセルを選択したあとに，[ホーム]タブの[配置]グループの中のボタンで指定することができます。

- [配置]グループのボタンの種類

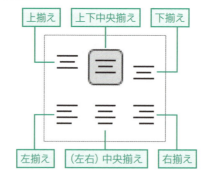

例えば，表の項目名を中央揃えに変更する場合は次のように設定します。

① **変更したい範囲を選択する**
　配置を変更したいセルを範囲選択します。

2.3 セルの書式設定

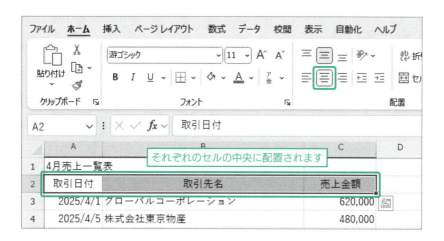

② ボタンで位置を指定する

[中央揃え] ボタンをクリックすると，それぞれの項目名が，セルの中央に配置されます。

2.3.3 セルの結合

Excelでは，複数のセルを結合して1つのセルにすることができます。**セルの結合**は，表のタイトルや見出しなどを結合することで，表の見栄えをよくするために利用されたり，特定の列を広げたり狭めたりすることで，表のレイアウトを調整したいときに利用されます。

セルを結合するには，結合したい複数のセルを範囲選択したあとに，[ホーム] タブの [セルを結合して中央揃え] ボタンをクリックします。このボタンの右側の [▼] をクリックすることで，それ以外の結合の処理も行うことができます。

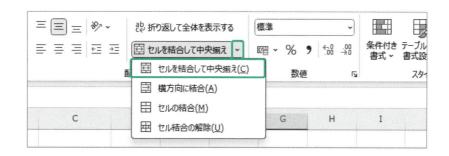

例えば，表のタイトルを結合して中央に移動したい場合は次のように設定します。

① **結合したい範囲を選択する**

結合したい複数のセルを範囲選択します。

② **ボタンで結合を指定する**

［セルを結合して中央揃え］ボタンをクリックすると，セルが結合され，結合したセルの中央に配置されます。

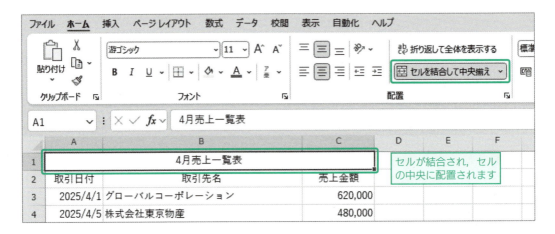

ただし，結合には注意が必要です。結合されたセルは1つのセルとして扱われるため，データをコピーしたり貼り付けたりする編集機能や並べ替えやフィルター機能などが利用できなくなることがあります。特に経理で作成する表において数値が入力されたセルは，むやみに結合しないほうがよい場合が多いです。

2.3.4 折り返して全体を表示

1つのセルのデータの文字数が多い場合，そのセルの中のデータを複数行に折り返して全体を表示することができます。折り返して全体を表示するためには，配置を変更したいセルを選択したあとに，［ホーム］タブの［折り返して全体を表示する］ボタンをクリックします。

2.3 セルの書式設定

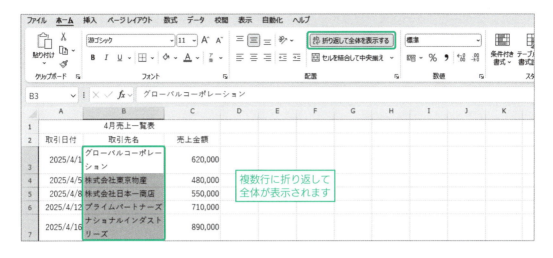

COLUMN

改行位置を決めて折り返す

　［折り返して全体を表示する］ボタンから，セルの中のデータを折り返して全体を表示したときは，その文字列がセルにおさまるように自動的に改行されます。それで問題が無い場合もありますが，改行の位置を自分で決めたいときは，セル内の改行したい位置にカーソルをあわせて，［Alt］キーを押しながら［Enter］キーを押すと，そのカーソルの位置で改行することができます。

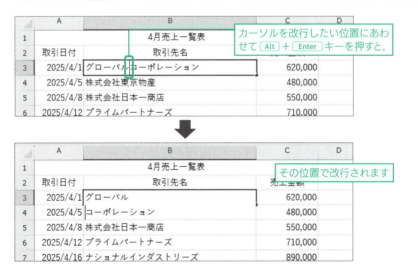

2.3.5 罫線と色

　表を見やすくするために，セルにはそのまわりに罫線を引いたり，セルやセルの中のデータに色を付けたりすることができます。

2.3 セルの書式設定

セルに罫線を引くためには，罫線を引きたい範囲を選択したあとに，[ホーム] タブの [罫線] ボタンの右側の [▼] をクリックして，罫線の種類を選択します。

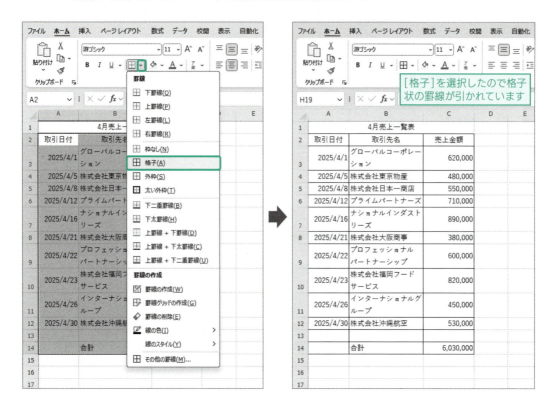

セルやセルの中のデータに色を付ける場合も，色を付けたいセルを選択したあとに，[ホーム] タブの [塗りつぶしの色] ボタンや [フォントの色] ボタンから色を選択します。

例えば，項目名のセルの文字と塗りつぶしの色を変更する場合は次のように設定します。

① 色を付けたいセルを選択する

色を付けたいセルを範囲選択します。

② **セルの色を選択する**

　セルに色を付けるため，[塗りつぶしの色] ボタンの右側の [▼] をクリックし，塗りつぶしたい色を選択します。

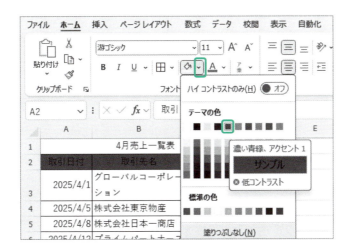

③ **文字の色を選択する**

　セルの中の文字の色を変更するため，[フォントの色] ボタンの右側の [▼] をクリックし，変更したい文字の色を選択します。

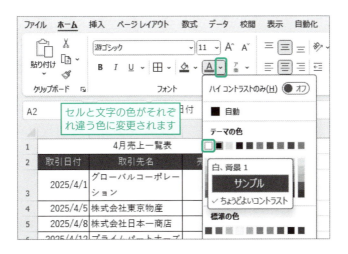

2.3 セルの書式設定

問題 2.3.1

セルの中のデータを左右の中央揃えにするボタンを選択肢から1つ選びなさい。

(1) ≡
(2) ≡
(3) ≡
(4) ←≡

問題 2.3.2

セルの中の文字の色を変更するボタンを選択肢から1つ選びなさい。

(1) ⊞
(2) 🎨
(3) A
(4) ア/亜

2.4 数値の表示形式

▶ 2_04_数値の表示形式.xlsx

学習のポイント
- 表示形式を変更しても値は変わらないことを理解する
- 表示形式の変更の方法をマスターする

2.4.1 表示形式

　Excelでは，文字列や数値，日付などの様々な種類のデータを扱えます。ただし，同じ数値でも表示の方法を様々に変更できます。例えば，円周率である「3.141592」というデータがあった場合，小数点第2位までの表示にすると「3.14」となり，整数未満を四捨五入した表示だと「3」となります。このようなデータの表示方法を**表示形式**とよびます。

　なお，表示形式を変更しても，Excelの内部では元のデータのままということに注意が必要です。整数未満を四捨五入した表示では「3」に見えていても，実際のデータは「3.141592」のままなので，このセルの値を使って計算をするときには，「3」ではなくて，「3.141592」の値が使われます。

■ 表示形式による表示の違い

2.4.2 表示形式の変更

　Excelで％表示や3桁ごとのカンマ，小数点以下の桁数の変更など，基本的な表示形式の変更は［ホーム］タブにある［数値］グループのボタンから行います。

2.4 数値の表示形式

■ ［数値］グループのボタンの種類

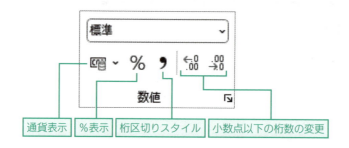

　表示形式の変更について，より詳細な設定を変更する場合には，［セルの書式設定］ダイアログボックスから行います。［セルの書式設定］ダイアログボックスはセルの上で右クリックし，［セルの書式設定］を選択することで表示できます。

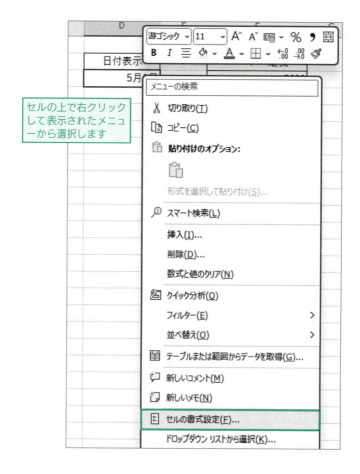

　［セルの書式設定］ダイアログボックスの［表示形式］タブから，例えば［分類］で「日付」を選択すると，右側の［種類］から様々な種類の日付の表示形式を設定できます。

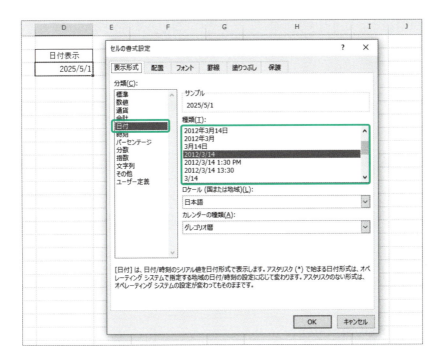

2.4.3 表示形式のユーザー定義

多くの表示形式はExcelであらかじめ用意されているため，[分類]や[種類]から選択するだけで設定できますが，独自の表示形式も設定できます。[セルの書式設定]ダイアログボックスの[分類]から「ユーザー定義」を選択し，[種類]のボックスの中に直接入力して設定します。

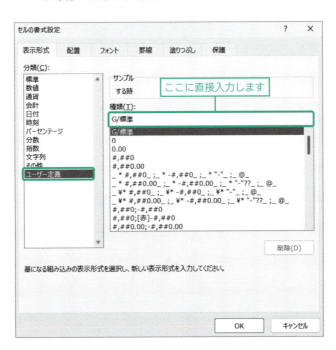

2.4 数値の表示形式

　数値の設定は，「#」「0」「?」で行います。それぞれ1桁分の数字を表示しますが，値が無いときの表示方法が違います。

■「#」「0」「?」による表示方法の違い

記号	意味	設定	5600を表示した場合
#	1桁分の数字を表示する 値が無いときは表示しない	種類(T): ###,###.###	ユーザー定義 5,600.
0	1桁分の数字を表示する 値が無いときは0を表示する	種類(T): 000,000.000	ユーザー定義 005,600.000
?	1桁分の数字を表示する 値が無いときは空白（スペース）を表示する	種類(T): ???,???.???	ユーザー定義 5,600.

正の数と負の数の表示形式

　1つのセルの中で，**正の数の表示形式**と**負の数の表示形式**を分けて，それぞれ別に設定することもできます。経理における表の中では数値が正か負かによって，例えば，正の数の場合はそのまま，負の数の場合は先頭に△を付けることがあります。そのように1つのセルの中で正の数と負の数の表示形式を分けて設定するためには，[種類]の設定の中にまず正の数の表示形式，そのあとに「;」で区切って，負の数の表示形式を記述します。

> 正の数の表示形式；負の数の表示形式

　例えば，正の数の場合は3桁ごとのカンマを付けて，負の数の場合は先頭に△を付け，3桁ごとのカンマを付ける場合は，次のように1つの表示形式で記述します。

■ 1つのセルで2つの表示形式を設定

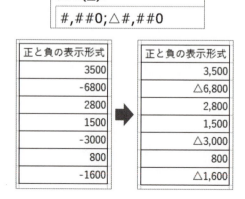

30

問題 2.4.1

「0.05」という数値について「5.0%」という表示に変更するために利用するボタンを，選択肢から2つ選びなさい。

(1) [アイコン]

(2) [%アイコン]

(3) [,アイコン]

(4) [小数点桁上げ/桁下げアイコン]

問題 2.4.2

「12.3」という数値に，「??.??」という書式を設定したときに実際に表示される数字を，選択肢から1つ選びなさい。

(1) 12.30

(2) 12.3

(3) 12.3_ （_はスペース）

(4) 12

2.5 数式とセルの参照

▶ 2_05_数式とセルの参照.xlsx

学習のポイント
- 数式を使った四則演算をマスターする
- 相対参照・絶対参照・複合参照の違いを理解する
- 適切な参照方法による効率的な計算をマスターする

2.5.1 数式

　Excelで単純な四則演算を行うときには**数式**を使います。数式は必ずイコール記号「**=**」から始め，次の表にある四則演算の記号を用います。また，数式は必ず半角英数で入力します。全角で入力したあとに半角に変換することも可能ですが，最初から直接入力にして半角で入力することが推奨されます。

■ 計算式に使う記号とその意味

四則演算の記号	意味
+	記号の左の値に右の値を足す（加算）
-	記号の左の値から右の値を引く（減算）
*	記号の左の値と右の値を掛ける（乗算）
/	記号の左の値を右の値で割る（除算）

2.5.2 数式を使った四則演算

　例えば，「367＋185」を計算します。

① 「=」を入力する

　数式を入力するセルA2をクリックしてアクティブセルにして，最初に「**=**」を入力します。

32

② 数式を入力する

数式をそのまま入力します。

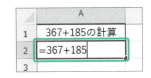

③ 計算結果を出す

Enter キーを押して確定します。

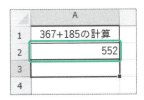

2.5.3 セルの値を使った数式

Excelの数式では，直接数字を入力しなくても，すでに入力してあるセルの数値を利用して計算することができます。例えば，次の表で金額のセルに「単価×数量」を計算します。

	A	B	C	D
1	商品	単価	数量	金額
2	ボールペン	100	10	
3	ノート	150	20	
4	マーカー	330	15	
5	シャープペンシル	120	30	
6	ファイル	1,000	5	
7	ペンケース	800	15	
8	ノートブック	300	10	
9	ホワイトボード	2,800	5	
10	ハサミ	800	25	
11	ペーパークリップ	50	40	
12				

①「=」を入力する

数式を入力するセルD2をクリックしてアクティブセルにして，最初に「=」を入力します。

	A	B	C	D
1	商品	単価	数量	金額
2	ボールペン	100	10	=
3	ノート	150	20	

2.5 数式とセルの参照

② セルを選択する

単価の数値が入っているセルB2を選択します。数式には，単価のセル番地（ここではB2）が表示されます。

	A	B	C	D	
1	商品	単価	数量	金額	
2	ボールペン	100	10	=B2	← セル番地が表示されます
3	ノート	150	20		

③ 四則演算記号を入力する

掛け算の記号「*」を入力します。

	A	B	C	D
1	商品	単価	数量	金額
2	ボールペン	100	10	=B2*
3	ノート	150	20	

④ セルを選択する

数量の数値が入っているセルC2を選択します。数式には，数量のセル番地（ここではC2）が表示されます。

	A	B	C	D
1	商品	単価	数量	金額
2	ボールペン	100	10	=B2*C2
3	ノート	150	20	

⑤ 計算結果を出す

Enter キーを押して確定します。

	A	B	C	D
1	商品	単価	数量	金額
2	ボールペン	100	10	1000
3	ノート	150	20	

⑥ オートフィルでコピーする

下のセルにも計算した結果を入力するために，オートフィル機能を利用して数式をコピーすれば完成です。なお，ここでは見やすくするために［桁区切りスタイル］を適用しています。

	A	B	C	D
1	商品	単価	数量	金額
2	ボールペン	100	10	1,000
3	ノート	150	20	3,000
4	マーカー	330	15	4,950
5	シャープペンシル	120	30	3,600
6	ファイル	1,000	5	5,000
7	ペンケース	800	15	12,000
8	ノートブック	300	10	3,000
9	ホワイトボード	2,800	5	14,000
10	ハサミ	800	25	20,000
11	ペーパークリップ	50	40	2,000
12				

オートフィルでコピーします

2.5.4 数式の中の参照方法

　Excelでは，数式の入っているセルをオートフィル機能によって下のセルにコピーしたとき，その数式の中で使われていたセル番地も自動的にその下の番地のセルに移動します。このセルの参照方法（指定方法）を**相対参照**とよびます。

　例えば，2行目のセルB2とセルC2を使って作った数式があります。

	A	B	C	D
1	商品	単価	数量	金額
2	ボールペン	100	10	=B2*C2
3	ノート	150	20	
4	マーカー	330	15	

　数式が入力されているセルD2を下の3行目にコピーすると，数式の中で利用したセル番地も，3行目のセルB3とセルC3に自動的に移動します。なお，ここでは見やすくするために［桁区切りスタイル］を適用しています。

	A	B	C	D
1	商品	単価	数量	金額
2	ボールペン	100	10	1,000
3	ノート	150	20	=B3*C3
4	マーカー	330	15	

2.5.5 絶対参照

Excelの数式は，計算に利用する数値が入っているセルが通常は同じ行にあるため，数式の中で指定したセルは相対参照にしておき，数式を下にコピーしたときに数式の中で利用するセルも一緒に下に移動する形になっているほうが便利です。

しかし，数式を下にコピーしたときに数式の中で指定したセルを一緒に下に移動させたくないケースもあります。

例えば，消費税額を「税抜価格×消費税率」で計算するとき，消費税率を1つのセルに記述しておき，そのセルの値を使って計算するとします。

	A	B	C	D	E
1	消費税率	10%			
2					
3	No.	商品名	税抜価格	消費税額	
4	1	鉛筆	100	=C4*B1	
5	2	消しゴム	50		
6	3	シャープペンシル	300		

そのとき，消費税率を記述しているセルは1つしかありませんので，数式を下にコピーしたときに消費税率を指定しているセルも下に移動してしまうと計算ができなくなります。

	A	B	C	D	E
1	消費税率	10%		数式を下にコピーすると，	
2					
3	No.	商品名	税抜価格	消費税額	
4	1	鉛筆	100	10	
5	2	消しゴム	50	=C5*B2	
6	3	シャープペンシル	300		
7	4	ノート	150		

消費税を指定しているセルも下に移動してしまいます

数式を別の場所にコピーして移動させても，その数式の中で指定しているセルの番地が移動しないようなセルの参照方法（指定方法）を **絶対参照** とよびます。

数式の中のセルの指定を絶対参照にするには，数式の中でセルを選択したあとに，F4 キーを押します。

上の例で消費税率を記述しているセルを絶対参照にして計算します。

2.5 数式とセルの参照

① 数式を入力する

数式を入力するセルD4をクリックしてアクティブセルにして，「=C4*」と入力したあと移動させたくないセルB1を選択します。

	A	B	C	D	E
1	消費税率		10%		
2					
3	No.	商品名	税抜価格	消費税額	
4	1	鉛筆	100	=C4*B1	
5	2	消しゴム	50		

移動させたくないセルを選択します

② セル番地を絶対参照にする

F4 キーを押します。数式の中のセル番地「B1」が「$B$1」に変わります。

	A	B	C	D	E
1	消費税率		10%		
2					
3	No.	商品名	税抜価格	消費税額	
4	1	鉛筆	100	=C4*$B$1	
5	2	消しゴム	50		

③ 計算結果を出す

Enter キーを押して確定します。

	A	B	C	D	E
1	消費税率		10%		
2					
3	No.	商品名	税抜価格	消費税額	
4	1	鉛筆	100	10	
5	2	消しゴム	50		

④ オートフィルでコピーする

これで数式を下にコピーしても，絶対参照のセル番地はB1のままで一緒に下に移動しません。

	A	B	C	D	E
1	消費税率		10%		
2					
3	No.	商品名	税抜価格	消費税額	
4	1	鉛筆	100	10	
5	2	消しゴム	50	=C5*$B$1	
6	3	シャープペンシル	300		
7	4	ノート	150		

数式を下にコピーしても，

絶対参照にしていた消費税率を指定しているセルは移動しません

Part 2 表計算ソフトとしてのExcel — Excel操作の基礎 —

絶対参照の場合，セル番地の表示は列番号のBの前と行番号の1の前に＄記号が付く表示になります。

$$\$B\$1$$

2.5.6 複合参照

　絶対参照は，数式をコピーして移動させても，数式の中で参照しているセルが移動しない参照の方法です。これに対して，複合参照という参照の方法もあります。

　複合参照とは，例えば数式を右にコピーしたときには参照しているセルも一緒に右のセルに移動させたいが，数式を下にコピーしたときには参照しているセルは一緒に下に移動させたくないような場合における，左右のコピーと上下のコピーで参照しているセルの動きが変わる参照の方法です。

　例えば，次のような旅行代金の表を作成します。基本料金が3種類，オプションが2種類あり，それぞれの交わっているところの合計金額を計算します。このとき，1つずつ数式を入力するのは効率が悪いので，1つの数式をセルD4に作り，それをほかのセルにもコピーするだけですべての値が計算できるような数式を考えます。

	A	B	C	D	E	F
1	旅行代金			基本料金		
2				S	A	B
3				30,000	10,000	5,000
4	オプション	なし	0			
5		あり	2,000			
6						

セルD4に1つ数式を入力して，ほかのセルにもコピーするだけですべてのセルの合計を計算したい

　数式としては，基本料金セルD3とオプションの金額セルC4の合計になります。

	A	B	C	D	E	F
1	旅行代金			基本料金		
2				S	A	B
3				30,000	10,000	5,000
4	オプション	なし	0	=D3+C4		
5		あり	2,000			
6						

ただし，このままだと数式を右にコピーしたときに，基本料金の金額を参照しているセルD3が右のセルE3に移動するのはよいのですが，オプションの金額を参照しているセルC4も一緒に右のセルD4に移動してしまいます。

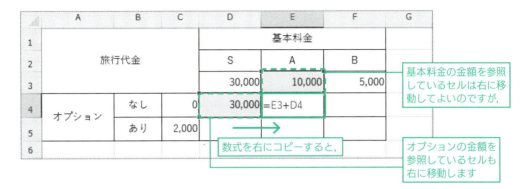

また，数式を下にコピーしたときには，オプションの金額を参照しているセルC4は下のセルC5に移動するのはよいのですが，基本料金の金額を参照しているセルD3も一緒に下のセルD4に移動してしまいます。

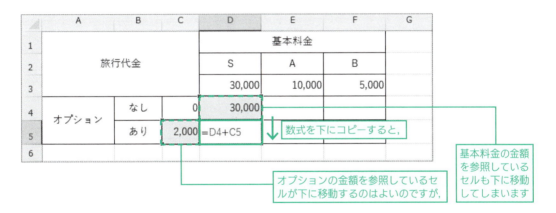

そのため，数式の中で基本料金の金額を参照しているセルD3は，「数式を右にコピーしたときには，参照しているセルも右に移動させたい」が，「数式を下にコピーしたときには，参照しているセルは移動させたくない」という指定が必要となります。

その参照の方法を指定するには，数式の中でセルを選択したあとに F4 キーを2回押します。

2.5 数式とセルの参照

また，オプションの金額を参照しているセルC4は，「数式を右にコピーしたときには，参照しているセルは移動させたくない」が，「数式を下にコピーしたときには，参照しているセルは下に移動させたい」という指定が必要となります。

その参照の方法を指定するには，数式の中でセルを選択したあとに F4 キーを3回押します。

	A	B	C	D	E	F	G
1	旅行代金			基本料金			
2				S	A	B	
3				30,000	10,000	5,000	
4	オプション	なし	0	=D$3+$C4			
5		あり	2,000				
6							

セルC4を選択したあとに，F4 キーを1回押すと $C$4 に変わり，F4 キーを2回押すと C$4 に変わり，F4 キーを3回押すと $C4 に変わります

その後 Enter キーを押して確定し，その数式をオートフィル機能を利用して，表の右と下にコピーすることで，正しくすべての値が計算されます。

	A	B	C	D	E	F	G
1	旅行代金			基本料金			
2				S	A	B	
3				30,000	10,000	5,000	
4	オプション	なし	0	30,000	10,000	5,000	
5		あり	2,000	32,000	12,000	7,000	
6							

複合参照のセル番地の指定の方法では，固定する方向の前に $ マークが付きます。

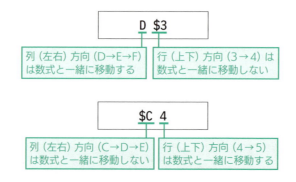

なお，F4 キーは押すたびに，「絶対参照→行固定の複合参照→列固定の複合参照」と参照の方法が変更され，もう一度 F4 キーを押すと最初の相対参照に戻ります。

■ 相対参照・絶対参照・複合参照の切り替え

このように数式の中で利用するセルの位置を絶対参照や複合参照で指定する方法は，2.6で説明するExcelの関数の中でも同様に使用できます。

COLUMN

セルの名前

Excelのセルは，一般的には「B1」などのセル番地でそのセルの位置を指定しますが，そのセルの位置に名前を付けることができ，さらに数式や関数の中で利用するセルをその名前を使って指定することもできます。

名前を付けたいセルをアクティブセルにしておいて，〔名前〕ボックスに任意の名前を入力し，Enter キーで確定します。選択するセルは範囲でも問題ありません。

例えば，上のようにセルB1を選択し，〔名前〕ボックスに「消費税率」と名前を付けておくと，そのあとこのセルの値は「消費税率」という名前で数式の中で利用することができます。なお，1つのブックに同じ名前を複数定義できないため，完成シートでは「消費税率_完成」という名前を付けています。

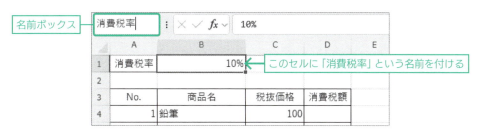

なお，セルに名前を付けて利用するときには絶対参照となっているため，数式をコピーしても数式の中で指定されたセルの位置は変わりません。

2.5 数式とセルの参照

問題 2.5.1

次の表で日ごとの販売数量からその日の売上額を計算するとき，「販売数量×商品の単価」の数式をセルC5に入力し，その数式を下にコピーすることで計算したい。この場合，セルC5に入る数式でもっとも適切なものを選択肢から1つ選びなさい。

	A	B	C	D
1	商品の単価	350		
2				
3				
4	日付	販売数量	売上額	
5	6月1日	35		
6	6月2日	28		
7	6月3日	16		
8	6月4日	48		
9	6月5日	35		
10	6月6日	45		
11	6月7日	17		
12				

(1) =B5 * B1　　(2) =$B$5 * B1
(3) =B5 * $B$1　(4) =B$5 * $B$1

問題 2.5.2

次の商品Aから商品Eまでの単価と，それぞれの商品の月ごとの販売数量が入力された表がある。このとき，それぞれの商品の月ごとの売上高を「単価×販売数量」の数式で計算したい。商品Aの1月の売上高のセルF3に数式を入力して，残りはすべて最初の数式をコピーして計算するとき，セルF3に入る数式でもっとも適切なものを選択肢から1つ選びなさい。

	A	B	C	D	E	F	G	H	I
1	商品名	単価	販売数量			売上高			
2			1月	2月	3月	1月	2月	3月	
3	商品A	100	12	14	13				
4	商品B	120	23	10	18				
5	商品C	180	33	32	23				
6	商品D	210	29	17	10				
7	商品E	250	28	24	35				
8									

(1) =B3 * C3　　(2) =$B$3 * C3
(3) =$B3 * C3　 (4) =B$3 * C3

Part 2

2.6 関数の基礎

▶ 2_06_関数の基礎.xlsx

学習のポイント
- 関数について理解する
- 合計や平均などの基本的な関数をマスターする

2.6.1 Excelの関数

　Excelの数式（四則演算）を利用するだけでも，相当の計算は可能です。しかし，例えば，多くのセルを足しあわせて合計しようとすると，参照するセルが非常に多い数式になってしまいます。また，覚えるのが難しい数式を毎回一から入力するのはかなり面倒です。そのため，Excelでは一般的によく使われる数式を効率的に計算できるように，**関数**が用意されています。

　例えば，10個の商品の合計金額を計算します。その際，数式を利用し，セルの値を1つずつ加算すれば，合計金額を計算することはできます。しかし，これが20個あるいは100個であれば，数式の入力が大変煩雑になります。このようなとき，合計の計算についてSUM関数とよばれる関数を使えば，より効率的に計算ができます。

関数を利用すると効率的に計算できます

2.6.2 関数の書式

　Excelにおける関数は，次のようになっています。イコール記号「**=**」から始まり，その後ろに「関数名」を記述し，その後ろの括弧「**()**」の中に，カンマ「**,**」で区切りながらその関数で計算を

するための材料となるセルや数値，文字列を指定します。この計算するための材料となるセルや数値，文字列のことを引数(ひきすう)とよびます。なお，記号はすべて半角で入力します。

> =関数名（ 引数1, 引数2, … ）

例えば，合計を計算する関数は次のような書式になっています。

> =SUM(C2:C11)

ここでは「=」から始まり，その後ろに関数名「SUM」を記述し，その後ろの「()」の中に，合計を計算する「セルの範囲（セルC2からセルC11までの範囲）」という引数が1つ指定されています。なお，Excelでのセルの範囲は，その範囲の左上のセル番地と右下のセル番地を「:」で区切って表示します。

このようにExcelの関数は，引数とよばれる1つ以上のセルや数値，文字列を指定し，その指定した引数を使ってあらかじめ決められたとおりに計算を行います。

2.6.3 よく使われる関数（SUM, AVERAGE, COUNT, MAX, MIN）

Excelでよく使われる関数として，合計を求める**SUM関数**，平均を求める**AVERAGE関数**，セル数をカウントする**COUNT関数**，最大値を求める**MAX関数**，最小値を求める**MIN関数**があります。それぞれの関数の書式は次のようになっています。ここで引数の[セルの範囲]はどの関数も同じで，計算するセルの範囲を指定します。

■ よく使われる関数一覧

- 合計の関数　　　　=SUM(セルの範囲)
- 平均の関数　　　　=AVERAGE(セルの範囲)
- カウントの関数　　=COUNT(セルの範囲)
- 最大値の関数　　　=MAX(セルの範囲)
- 最小値の関数　　　=MIN(セルの範囲)

これらの関数を利用するにはいくつかの方法がありますが，セルに直接入力する方法をお勧めします。関数の名前や引数に何を指定するかなどを覚えておく必要があるため難易度は高いですが，慣れるともっとも早く入力することができる方法だからです。

先ほどの例を使って合計の関数を入力します。

2.6 関数の基礎

① セルを選択する

合計を入力するセルをクリックしてアクティブセルにします。

② 関数名を入力する

「=」の後ろに関数名の「SUM」を入力します。

> アルファベットを入力すると，そのアルファベットから始まる関数のリストが表示されます。その中から下矢印キーで下に移動して Tab キーで選択することもできます

③ (を入力する

関数名に続き，「(」を入力します。

2.6 関数の基礎

④ 引数を指定する

引数の合計を計算するセルの範囲をドラッグして選択します。

⑤ 数式を完成させる

関数を閉じる「)」を入力し，Enter キーを押して確定します。

⑥ ほかの計算も同様に行う

平均や個数，最大や最小も同様の方法で関数を入力します。

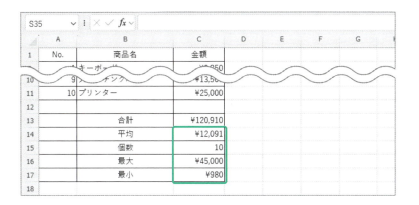

> COLUMN
>
> ## 関数を入力するそのほかの方法
>
> 　関数を入力する方法は，直接入力する方法以外にも，［オートSUM］ボタンから入力する方法や，［関数の挿入］ボタンや［数式］タブから入力する方法があります。
> 　［ホーム］タブの［オートSUM］ボタンからは，合計，平均，数値の個数，最大値，最小値のよく使われる5つの関数を選択して入力できます。
>
>
>
> 　また，［関数の挿入］ボタンや［数式］タブの［関数のライブラリ］グループのボタンから関数を挿入することも可能です。この方法では，よく使われる5つの関数以外のすべての関数を利用することができ，さらに引数をダイアログボックスで入力できるため，比較的利用しやすい反面，目的の関数を探すのに時間がかかる場合もあります。
>
>

2.6 関数の基礎

問題 2.6.1

Excelで平均を計算する関数を選択肢から1つ選びなさい。

(1) =SUM(引数)

(2) =AVERAGE(引数)

(3) =MAX(引数)

(4) =MIN(引数)

問題 2.6.2

次のような現金出納データの収入と支出の合計を計算したとき，収入の合計金額がいくらになるか。選択肢から1つ選びなさい。

	A	B	C	D	E	F
1	現金出納データ			2025/6/1	〜	2025/6/7
2	日付	科目	摘要	収入	支出	残高
3	2025/6/1		前週繰越	104,000		104,000
4	2025/6/1	通信費	郵便切手購入		35,800	68,200
5	2025/6/2	売上	上田物産(株)への売上　現金	71,500		139,700
6	2025/6/3	売掛金	辰野物産(株)から売掛金回収　現金	78,000		217,700
7	2025/6/3	仕入	(株)飯山産業から仕入		208,000	9,700
8	2025/6/4	未収入金	長野産業(株)から未収入金回収	147,000		156,700
9	2025/6/5	新聞図書費	新聞購読料支払い		14,700	142,000
10	2025/6/7		次週繰越		142,000	
11						
12						
13			合計			
14						
15						

(1) 253,500円

(2) 258,500円

(3) 400,500円

(4) 555,000円

Part 2

2.7 日付の処理

▶ 2_07_日付の処理.xlsx

学習の ポイント
- 日付の入力方法と書式について理解する
- 日付の関数をマスターする

2.7.1 日付の処理

一般的な数値の計算と違い，日付の計算は少し面倒なことが多くなります。特に経理の分野では，年次や月次など独自に設定される期間も少なくありません。そのような日付の処理を行う関数もExcelにはいくつか用意されています。

2.7.2 日付の入力と表示形式

日付を入力したいときは，数字で西暦の年を入力したあとに，スラッシュ記号「/」を，そのあとに数字で月を入力したあとにまた「/」を，最後に数字で日を入力します。

	A
1	日付の入力（年/月/日）
2	2025/5/1
3	
4	

入力後 Enter キーで確定します。

	A
1	日付の入力（年/月/日）
2	2025/5/1
3	
4	

年の入力は省略することもできます。そのときには，年は表示されませんが，内部データとしては，入力したときの年となっています。

2.7 日付の処理

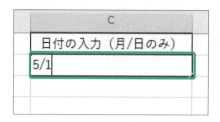

入力後 Enter キーで確定すると，○月○日表示となります．

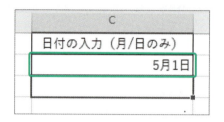

2.7.3 DATE関数

数値を日付に変換する関数として，**DATE関数**があります．DATE関数の書式は次のようになっています．

■ 数値を日付に変換する関数

=DATE(年 , 月 , 日)

ここで1番目の引数に [年] の数値を，2番目の引数に [月] の数値を，3番目の引数に [日] の数値を入力することで，入力した年月日の日付に変換できます．

例えば，次の表のように年，月，日が別々のセルに入力されているときに，DATE関数を使って日付に変換します．

	A	B	C	D	E
1	年	月	日	日付	
2	2025	1	1		
3	2025	2	1		
4	2025	3	1		
5	2025	4	1		
6	2025	5	1		
7	2025	6	1		
8	2025	7	1		
9	2025	8	1		
10	2025	9	1		
11	2025	10	1		
12	2025	11	1		
13	2025	12	1		

① 関数を入力する

関数を入力するセルD2をクリックしてアクティブセルにして，「=DATE(」を入力します。

	A	B	C	D
1	年	月	日	日付
2	2025	1	1	=DATE(
3	2025	2	1	
4	2025	3	1	
5	2025	4	1	

② 引数を指定する

1番目の引数の[年]に「年のデータが入っているセルA2」を選択，「,」で区切ったあとに2番目の引数の[月]に「月のデータが入っているセルB2」を選択，再び「,」で区切ったあとに，3番目の引数の[日]に「日のデータが入っているセルC2」を選択し，関数を閉じる「)」を入力して，Enterキーで確定します。

	A	B	C	D
1	年	月	日	日付
2	2025	1	1	=DATE(A2,B2,C2)
3	2025	2	1	
4	2025	3	1	
5	2025	4	1	

③ オートフィルでコピーする

オートフィル機能を利用して，表の下まで同じ式をコピーすれば完成です。

	A	B	C	D
1	年	月	日	日付
2	2025	1	1	2025/1/1
3	2025	2	1	2025/2/1
4	2025	3	1	2025/3/1
5	2025	4	1	2025/4/1
6	2025	5	1	2025/5/1
7	2025	6	1	2025/6/1
8	2025	7	1	2025/7/1
9	2025	8	1	2025/8/1
10	2025	9	1	2025/9/1
11	2025	10	1	2025/10/1
12	2025	11	1	2025/11/1
13	2025	12	1	2025/12/1

2.7.4 YEAR関数，MONTH関数，DAY関数

　日付から数値を取り出す関数として，年の数値を取り出す **YEAR関数**，月の数値を取り出す **MONTH関数**，日の数値を取り出す **DAY関数** があります。それぞれの関数の書式は次のようになっています。

- 日付から数値を取り出す関数
    - 年を取り出す関数　　=YEAR(日付)
    - 月を取り出す関数　　=MONTH(日付)
    - 日を取り出す関数　　=DAY(日付)

　ここで引数の[日付]はどの関数も同じで，「年/月/日」などの日付の値です。
　例えば，次のような日付表示の表から，3つの関数を使って，年や月，日の数値を取り出します。

	A	B	C	D	E
1	日付表示	年	月	日	
2	2020/1/31				
3	2021/2/28				
4	2022/3/31				
5	2023/4/30				
6	2024/5/31				
7					
8					

① 関数を入力する

　年を取り出したいセルB2をクリックしてアクティブセルにして，「=YEAR(」を入力します。

	A	B	C	D	E
1	日付表示	年	月	日	
2	2020/1/31	=YEAR(			
3	2021/2/28	YEAR(シリアル値)			
4	2022/3/31				
5	2023/4/30				
6	2024/5/31				
7					
8					

② 引数を指定する

引数として日付表示のセルA2を選択し，関数を閉じる「)」を入力して，Enterキーで確定します。

	A	B	C	D	E
1	日付表示	年	月	日	
2	2020/1/31	=YEAR(A2)			
3	2021/2/28				
4	2022/3/31				
5	2023/4/30				
6	2024/5/31				
7					
8					

③ 同様に関数を設定する

月の列も，セルC2をクリックしてアクティブセルにし，「=MONTH(」と入力して，引数として日付表示のセルA2を選択したあと「)」を入力しEnterキーで確定します。

	A	B	C	D	E
1	日付表示	年	月	日	
2	2020/1/31	2020	=MONTH(A2)		
3	2021/2/28				
4	2022/3/31				
5	2023/4/30				
6	2024/5/31				
7					
8					

④ 同様に関数を設定する

日の列も，セルD2をクリックしてアクティブセルにし，「=DAY(」と入力して，引数として日付表示のセルA2を選択したあと「)」を入力しEnterキーで確定します。

	A	B	C	D	E
1	日付表示	年	月	日	
2	2020/1/31	2020	1	=DAY(A2)	
3	2021/2/28				
4	2022/3/31				
5	2023/4/30				
6	2024/5/31				
7					
8					

2.7 日付の処理

⑤ **オートフィルでコピーする**

　B2からD2までのセル範囲を選択し，オートフィル機能を利用して，表の下まで同じ式をまとめてコピーすれば完成です。

	A	B	C	D
1	日付表示	年	月	日
2	2020/1/31	2020	1	31
3	2021/2/28	2021	2	28
4	2022/3/31	2022	3	31
5	2023/4/30	2023	4	30
6	2024/5/31	2024	5	31

2.7.5 EOMONTH関数

　締め日や支払い日の計算をするために，指定した月数だけ前または後ろの月の末日を知りたい場合は**EOMONTH関数**を使用します。EOMONTH関数の書式は次のようになっています。

■ 指定した月数だけ前または後ろの月の末日を計算する関数

```
=EOMONTH（ 開始日， 月 ）
```

　1番目の引数として入力された［開始日］から計算して，2番目の引数［月］に入力された月後（マイナスの場合は月前）の最終日を求めることができます。例えば，受注を受けた日を開始日として，6ヶ月後の月末を納期日とする場合の日付を計算します。

	A	B	C	D
1	受注日	納期日（6ヶ月後の月末）		
2	2025/5/13			
3	2025/7/30			
4	2025/9/10			

① 関数を入力する

納期日を入力したい列のセルB2をクリックしてアクティブセルにして，「`=EOMONTH(`」を入力します。

	A	B	C	D
1	受注日	納期日（6ヶ月後の月末）		
2	2025/5/13	=EOMONTH(		
3	2025/7/30	EOMONTH(開始日, 月)		
4	2025/9/10			
5				

② 1番目の引数を指定する

1番目の引数の［開始日］として，受注日が入力されているセルA2を選択し，「`,`」で区切ります。

	A	B	C	D
1	受注日	納期日（6ヶ月後の月末）		
2	2025/5/13	=EOMONTH(A2,		
3	2025/7/30	EOMONTH(開始日, 月)		
4	2025/9/10			
5				

③ 2番目の引数を指定する

2番目の引数の［月］として「**6**」を入力し，関数を閉じる「**)**」を入力して，Enter キーで確定します。

	A	B	C	D
1	受注日	納期日（6ヶ月後の月末）		
2	2025/5/13	=EOMONTH(A2,6)		
3	2025/7/30			
4	2025/9/10			

④ 表示形式を変更する

数値の表示形式で結果が算出されます。

	A	B	C	D
1	受注日	納期日（6ヶ月後の月末）		
2	2025/5/13	45991		
3	2025/7/30			
4	2025/9/10			

2.7 日付の処理

［ホーム］タブにある［数値の書式］をクリックして，［短い日付形式］を選択します。

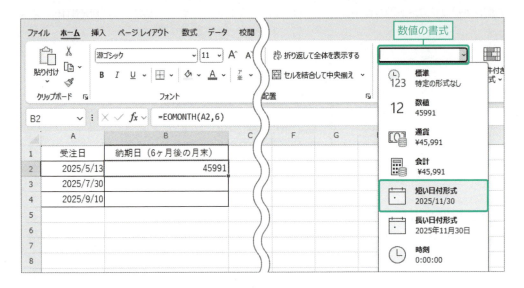

表示形式が日付表示に変更されます。

⑤ オートフィルでコピーする

オートフィル機能を利用して，表の下まで同じ式をコピーすれば完成です。

2.7.6 EDATE関数

3ヶ月後の有効期限の日付を計算するなど，ある日付から指定した月数だけ前または後ろの日付を知りたい場合は **EDATE関数** を使用します。EDATE関数の書式は次のようになっています。

■ 指定した月数だけ前または後ろの日付を計算する関数

=EDATE(開始日, 月)

1番目の引数として入力された［開始日］から計算して，2番目の引数［月］に入力された月後（マイナスの場合は月前）の日付を求めることができます。例えば，3ヶ月間有効な割引券の発行日を開始日として，その3ヶ月後の日付を計算します。

	A	B	C
1	発行日	有効期限（3ヶ月後）	
2	2025/4/1		
3	2025/6/2		
4	2025/7/29		
5	2026/2/15		
6	2026/3/6		
7			

① **関数を入力する**

有効期限を入力したい列のセルB2をクリックしてアクティブセルにして，「**=EDATE(**」を入力します。

	A	B	C
1	発行日	有効期限（3ヶ月後）	
2	2025/4/1	=EDATE(	
3	2025/6/2	EDATE(開始日, 月)	
4	2025/7/29		
5	2026/2/15		
6	2026/3/6		
7			

② **1番目の引数を指定する**

1番目の引数の［開始日］として，発行日が入力されているセルA2を選択し，「**,**」で区切ります。

2.7 日付の処理

	A	B	C
1	発行日	有効期限（3ヶ月後）	
2	2025/4/1	=EDATE(A2,	
3	2025/6/2	EDATE(開始日, 月)	
4	2025/7/29		
5	2026/2/15		
6	2026/3/6		
7			

③ 2番目の引数を指定する

2番目の引数の[月]として「**3**」を入力し，関数を閉じる「**)**」を入力し，Enter キーで確定します。

	A	B	C
1	発行日	有効期限（3ヶ月後）	
2	2025/4/1	=EDATE(A2,3)	
3	2025/6/2		
4	2025/7/29		
5	2026/2/15		
6	2026/3/6		
7			

④ 表示形式を変更する

数値の表示形式で結果が算出されます。

	A	B	C
1	発行日	有効期限（3ヶ月後）	
2	2025/4/1	45839	
3	2025/6/2		
4	2025/7/29		
5	2026/2/15		
6	2026/3/6		
7			

［ホーム］タブにある［数値の書式］をクリックして，［短い日付形式］を選択します。

2.7 日付の処理

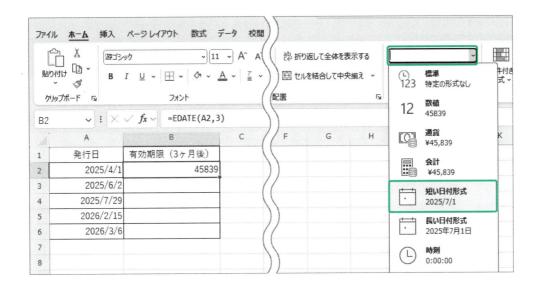

表示形式が日付表示に変更されます。

⑤ **オートフィルでコピーする**

オートフィル機能を利用して，表の下まで同じ式をコピーすれば完成です。

2.7 日付の処理

COLUMN

会計年度の計算

このEDATE関数を使うと，会計年度を4月1日から翌年の3月31日としている場合にも，入力された日付からその年度を計算することができます。1月から3月までの3ヶ月間は前の年の年度とするため，年度の数字は，実際の日付より3ヶ月前の日付の年として計算ができます。つまり，「=EDATE(日付，-3)」として計算した3ヶ月前の日付の年をYEAR関数で取り出すことで，その日付の年度を数値で表示することができます。

なお，YEAR関数とEDATE関数を組みあわせて利用する方法については，4.5で詳しく解説します。

	A	B	C
1	日付	3ヶ月前の日付	年度
2	2025/4/1	2025/1/1	2025
3	2025/5/1	2025/2/1	2025
4	2025/6/1	2025/3/1	2025
5	2025/7/1	2025/4/1	2025
6	2025/8/1	2025/5/1	2025
7	2025/9/1	2025/6/1	2025
8	2025/10/1	2025/7/1	2025
9	2025/11/1	2025/8/1	2025
10	2025/12/1	2025/9/1	2025
11	2026/1/1	2025/10/1	2025
12	2026/2/1	2025/11/1	2025
13	2026/3/1	2025/12/1	2025

「=EDATE(A2，-3)」で3ヶ月前の日付を計算します

「=YEAR(B2)」で3ヶ月前の日付の年を取り出します

2026年の1月〜3月の日付も2025年度として表示することができます

問題 2.7.1

セルA2に2025/5/1と日付が入力されているとき、その年を数値で取り出す適切な関数を選択肢から1つ選びなさい。

(1) =DAY(A2)
(2) =MONTH(A2)
(3) =YEAR(A2)
(4) =TIME(A2)

問題 2.7.2

次の表のように受注日と納期までの期間（月）が決まっている。納期日がそれぞれの期間（月）後の月末としたとき、2026/4/30が納期日となる受注は何件になるか。選択肢から1つ選びなさい。

	A	B	C
1	受注日	期間（月）	納期日
2	2025/6/13	10	
3	2025/6/15	8	
4	2025/7/10	6	
5	2025/8/15	8	
6	2025/10/10	6	
7			

(1) 2件
(2) 3件
(3) 4件
(4) 5件

2.8 端数処理

▶ 2_08_端数処理.xlsx

学習のポイント
- 端数処理を理解する
- 端数処理の関数をマスターする

2.8.1 端数処理

端数処理とは，数値の指定した桁で端数を処理することです。例えば，消費税における適格請求書の計算過程で円未満の端数を切り捨てたり，法人税における課税標準額の計算で1,000円未満を切り捨てるときなどに，端数処理の関数が利用できます。

2.8.2 端数処理の関数

Excelでは端数処理の関数として，四捨五入を行う**ROUND関数**，切り上げを行う**ROUNDUP関数**，切り捨てを行う**ROUNDDOWN関数**の3つの関数が用意されています。それぞれの関数の書式は次のようになっています。

■ 端数処理を行う関数

- 四捨五入の関数　=ROUND(数値，桁数)
- 切り上げの関数　=ROUNDUP(数値，桁数)
- 切り捨ての関数　=ROUNDDOWN(数値，桁数)

引数はどの関数も同じで，1番目の引数に［数値］を，2番目の引数に［桁数］を指定します。

1番目の引数である［数値］に入れた値や数式の結果を，2番目の引数の［桁数］に指定した値に応じて端数の処理を行います。このとき，［桁数］は次の表で示されるルールにしたがって処理されます。［桁数］が1, 2, 3, …のような正の数の場合は小数のその数値の桁未満の処理，［桁数］が0の場合は整数未満の処理（小数点以下の端数を処理），［桁数］が負の数の場合は整数第何位未満の処理となります。

2.8 端数処理

■ ［桁数］の数のもつ処理の意味

桁数	意味	（例）7,189.3652を四捨五入した場合
3	小数点第3位未満	7,189.365
2	小数点第2位未満	7,189.37
1	小数点第1位未満	7,189.4
0	整数未満（小数点以下）	7,189
-1	整数10位未満	7,190
-2	整数100位未満	7,200
-3	整数1000位未満	7,000

桁数が正の数のときは，そのまま，小数点○位未満

桁数が負の数のときは，整数○位未満

例えば，「7,189.3652」を「整数10位未満四捨五入」にする場合は，次のような数式になります。

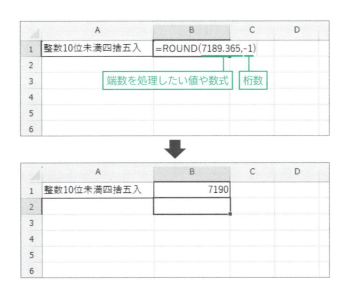

2.8 端数処理

次のような商品ごとの税抜価格が表示されている表について，消費税10%の計算を「整数未満切り捨て（小数点以下の端数を切り捨て）」で行います。

	A	B	C	D	E
1	No.	商品名	税抜価格	消費税10%（整数未満切り捨て）	
2	1	ワイヤレスイヤフォン	4,525		
3	2	ヘアドライヤー	6,838		
4	3	クーラーバッグ	3,212		
5	4	ポータブル充電器	2,989		
6	5	サンシェード	7,552		
7	6	スマートウォッチ	9,643		
8	7	ペットハンモック	5,391		
9	8	キャンプランタン	4,745		
10	9	ウォーターボトル	1,855		
11	10	ナイトランタン	3,631		
12					
13		合計	50,381	0	
14					

① 関数を入力する

関数を入力するセルD2をクリックしてアクティブセルにして，この場合は「切り捨て」を行いたいため，切り捨ての関数「**=ROUNDDOWN(**」を入力します。

	A	B	C	D	E
1	No.	商品名	税抜価格	消費税10%（整数未満切り捨て）	
2	1	ワイヤレスイヤフォン	4,525	=ROUNDDOWN(	
3	2	ヘアドライヤー	6,838	ROUNDDOWN(数値, 桁数)	
4	3	クーラーバッグ	3,212		
5	4	ポータブル充電器	2,989		
6	5	サンシェード	7,552		

② 1番目の引数を指定する

1番目の引数の［数値］に，「税抜価格」の消費税10%の数式を入力します。「税抜き価格」のセルC2を選択し，「***10%**」を入力し，「**,**」で区切ります。

2.8 端数処理

	A	B	C	D	E
1	No.	商品名	税抜価格	消費税10%（整数未満切り捨て）	
2	1	ワイヤレスイヤフォン	4,525	=ROUNDDOWN(C2*10%,	
3	2	ヘアドライヤー	6,838	ROUNDDOWN(数値, 桁数)	
4	3	クーラーバッグ	3,212		
5	4	ポータブル充電器	2,989		
6	5	サンシェード	7,552		

③ 2番目の引数を指定する

2番目の引数の［桁数］を「整数未満（小数点以下）」にしたいので,「**0**」を入力したあと，関数を閉じる「**)**」を入力し，Enter キーで確定します。

	A	B	C	D	E
1	No.	商品名	税抜価格	消費税10%（整数未満切り捨て）	
2	1	ワイヤレスイヤフォン	4,525	=ROUNDDOWN(C2*10%,0)	
3	2	ヘアドライヤー	6,838		
4	3	クーラーバッグ	3,212		
5	4	ポータブル充電器	2,989		
6	5	サンシェード	7,552		

④ オートフィルでコピーする

オートフィル機能を利用して，表の下まで同じ数式をコピーすれば完成です。

	A	B	C	D	E
1	No.	商品名	税抜価格	消費税10%（整数未満切り捨て）	
2	1	ワイヤレスイヤフォン	4,525	452	
3	2	ヘアドライヤー	6,838	683	
4	3	クーラーバッグ	3,212	321	
5	4	ポータブル充電器	2,989	298	
6	5	サンシェード	7,552	755	
7	6	スマートウォッチ	9,643	964	
8	7	ペットハンモック	5,391	539	
9	8	キャンプランタン	4,745	474	
10	9	ウォーターボトル	1,855	185	
11	10	ナイトランタン	3,631	363	
12					
13		合計	50,381	5,034	
14					

2.8.3 端数処理の注意点

2.4で示したように，Excelでは同じ数値でもそれをどのように表示するか，つまり表示形式を自由に設定できます。その際，関数を使わずに数値の表示形式の変更を使って見た目を変更すると，表示されている値は変更されたように見えますが，実際の値は表示されている値とは違っているので注意が必要です。

例えば，「18.4」という数値を，次のように表示形式を変更して小数点以下の表示を減らした場合と，関数を利用して整数未満の四捨五入を行った場合では，両方とも表示されている数値は同じ「18」に見えます。しかし，実際の値は表示形式を変更しただけの場合だと「18.4」のままです。そのため，この数値が入っているセルを使って計算をするときには，見えていない小数点以下の値も計算には使われていることになります。

■ 処理の違いによる実際の数値の違い

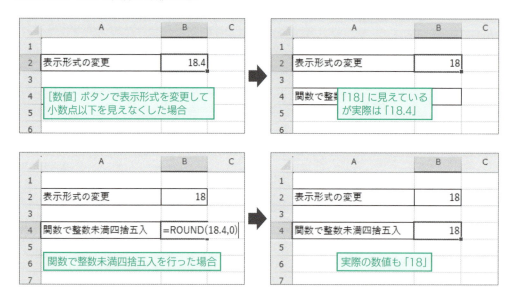

問題 2.8.1

計算結果の整数未満を切り上げる（小数点以下の端数を切り上げる）関数として，もっとも適切なものを選択肢から1つ選びなさい。

(1) =ROUND([計算結果] , 1)
(2) =ROUND([計算結果] , 0)
(3) =ROUNDUP([計算結果] , 1)
(4) =ROUNDUP([計算結果] , 0)
(5) =ROUNDDOWN([計算結果] , 1)
(6) =ROUNDDOWN([計算結果] , 0)

問題 2.8.2

次のような請求書を作成するとき，セルF13とセルF14にそれぞれ「8％対象計×8％」と「10％対象計×10％」の消費税額を，1円未満を切り捨てにして計算したい。消費税の金額は合計でいくらになるか。選択肢から1つ選びなさい。

	A	B	C	D	E	F	G
1							
2				請求書			
3						2025年6月1日	
4		(株)練馬ストア　御中			登録番号T0210xxxxx7654		
5						佐久ファーム(株)	
6		請求金額（税込）					
7		*は軽減税率対象					
8		品名	数量	単価	金額（税抜）	消費税額	
9		キャベツ*	166	167	27,722	—	
10		大葉*	394	67	26,398	—	
11		花卉	114	77	8,778	—	
12		肥料	114	417	47,538	—	
13		8％対象 計			54,120		
14		10％対象 計			56,316		
15							
16							
17					消費税金額合計		

(1) 9,959円
(2) 9,960円
(3) 9,961円
(4) 9,962円

2.9 セル数のカウント

▶ 2_09_セル数のカウント.xlsx

学習のポイント
- データの入っているセル数を関数を使ってカウントする方法をマスターする
- 空白のセル数を関数を使ってカウントする方法をマスターする

2.9.1 セル数のカウント

　多くの取引先から毎月入金があるような場合，現時点で何件の入金があったか，反対に未入金が何件あるかなどを目視で数えることは大変です。そのようなときに，指定したセル範囲内のセル数をカウントする関数が利用できます。

2.9.2 セル数をカウントする関数

　Excelではセル数をカウントする関数として，数値のデータが入力されているセル数のみをカウントする **COUNT関数**，数値や文字列などデータが入力されているセル数をカウントする **COUNTA関数**，反対に空白のセル数をカウントする **COUNTBLANK関数** の3つの関数が用意されています。それぞれの関数の書式は次のようになっています。

■ セル数をカウントする関数

■ 数値のデータのセル数をカウントする関数	=COUNT(セルの範囲)
■ データのあるセル数をカウントする関数	=COUNTA(セルの範囲)
■ 空白のセル数をカウントする関数	=COUNTBLANK(セルの範囲)

　引数の[セルの範囲]はどの関数も同じで，条件にあったセル数をカウントしたいセルの範囲を指定します。

　例えば，次のような入金一覧表があったとき，入金があった企業から「入金日」にその日付を記録していくこととします。このとき，「入金日」に日付がある顧客数を「入金済み件数」として，また反対に「入金日」が空白のセルの顧客数を「未入金件数」として数えます。

2.9 セル数のカウント

① 関数を入力する

「入金済み件数」を計算するセルC15をクリックしてアクティブセルにして，何らかのデータが入っているセル数をカウントする関数「`=COUNTA(`」を入力します（この場合，入力されている日付はExcelでは数値として扱われるため，COUNT関数を利用しても同じ結果となります）。

② 引数を指定する

引数の［セルの範囲］に，数をカウントしたい「入金日のセル範囲（セルE4からセルE13まで）」を選択し，関数を閉じる「`)`」を入力して，Enterキーで確定します。

2.9 セル数のカウント

③ 空白のセル数をカウントする関数を入力する

　同様に「未入金件数」を計算するセルC16をクリックしてアクティブセルにして，空白のセル数をカウントする関数「=COUNTBLANK(」を入力します。

14		
15	入金済み件数	4
16	未入金件数	=COUNTBLANK(
17		COUNTBLANK(範囲)
18		

④ 引数を指定する

　引数の［セルの範囲］に，セル数をカウントしたい「入金日のセル範囲（セルE4からセルE13まで）」を選択し，関数を閉じる「)」を入力して，Enterキーで確定します。

	A	B	C	D	E	F	G
1			5月入金一覧				
2							
3	No.	顧客名	製品型番	金額	入金日		
4	1	未来創造	KA-165	¥125,000			
5	2	青森テクノロジー	VJ-321	¥200,000	2025/5/2		
6	3	日光ファイナンス	AD-639	¥150,000			
7	4	福島製薬	DD-204	¥225,000	2025/5/12		
8	5	茨城エンタープライズ	LV-409	¥450,000			
9	6	富山インターナショナル	UQ-650	¥130,000			
10	7	和歌山ソリューションズ	MK-067	¥180,000	2025/5/8		
11	8	広島エレクトロニクス	XW-102	¥245,000			
12	9	福岡建設	YR-941	¥100,000	2025/5/19		
13	10	沖縄イノベーションズ	HK-181	¥250,000			
14							
15		入金済み件数	4				
16		未入金件数	=COUNTBLANK(E4:E13)				

　それぞれの件数が算出されました。

14		
15	入金済み件数	4
16	未入金件数	6
17		
18		

問題 2.9.1

引数で指定したセルの範囲の中から，データの入っていないセル数をカウントする関数を選択肢から1つ選びなさい。

(1) =COUNT(セルの範囲)
(2) =COUNTA(セルの範囲)
(3) =COUNTBLANK(セルの範囲)

問題 2.9.2

次の研修参加者リストでは，研修を受けた社員には「受講済み」の項目に，「済」の文字が入っている。この表から研修を受けた社員の数を計算して何人になるか。選択肢から1つ選びなさい。

	A	B	C	D	E	F	G	H	I
1			研修参加者リスト						
2									
3	No.	氏名	氏名（ひらがな）	年齢	受講済み		受講済み人数		
4	1	上野 浩市	うえの こういち	31					
5	2	矢野 秀雄	やの ひでお	54	済				
6	3	安井 貴裕	やすい たかひろ	56	済				
7	4	髙本 健一	たかもと けんいち	31					
8	5	髙木 麻子	たかぎ あさこ	69					
9	6	森 正興	もり まさおき	21	済				
10	7	髙橋 幸浩	たかはし ゆきひろ	53					
11	8	末永 祥子	すえなが しょうこ	73					
12	9	酒井 宏樹	さかい ひろき	73	済				
13	10	松井 康史	まつい やすし	71					
14	11	和泉 洋	いずみ ひろし	28	済				
15	12	関 淳	せき じゅん	40					
16	13	井沢 真理子	いざわ まりこ	74					
17	14	石崎 祐子	いしざき ゆうこ	28	済				
18	15	松尾 洋子	まつお ようこ	71					
19	16	吉崎 宣子	よしざき のりこ	44					
20	17	岩間 佐知	いわま さち	58					
21	18	中野 昌秀	なかの まさひで	69					
22	19	渡部 奏子	わたなべ かなこ	54	済				
23	20	須磨 ユウ	すま ゆう	37	済				
24	21	大村 伸也	おおむら しんや	60					
25	22	柴田 佳奈	しばた かな	80					
26	23	山田 浩	やまだ ひろし	56	済				
27	24	山本 裕子	やまもと ゆうこ	35	済				
28	25	荒木 美香	あらき みか	41					
29	26	倉本 祐輔	くらもと ゆうすけ	22					
30	27	遠藤 麻希	えんどう まき	35	済				
31	28	鈴木 裕也	すずき ゆうや	45					
32	29	柚木 サキ	ゆのき さき	61					
33	30	中嶋 千恵美	なかじま ちえみ	42	済				

(1) 11人
(2) 12人
(3) 13人
(4) 14人

2.10 検索と置換

▶ 2_10_検索と置換.xlsx

学習のポイント
- 検索と置換の基本的な使い方をマスターする
- 置換を応用して簡単に修正する方法をマスターする

2.10.1 検索と置換

Excelには，検索と置換という機能があります。**検索**は特定の文字列がシートの中のどこにあるかを探す機能であり，**置換**は指定した文字列を別の文字列に置き換える機能です。例えば，表の中の特定の会社名を検索したり，それを一括して別の名前に変更したりするときに使用します。

2.10.2 データの検索

特定の文字列を検索したい場合は，検索する文字列をボックスに入力して検索します。例えば，シートの中から「商品売上」という文字列が含まれているセルを検索します。

① **ダイアログボックスを表示する**

［ホーム］タブの［検索と選択］ボタンから，［検索］を選択します。

② 検索したい文字列を入力する

表示された[検索と置換]ダイアログボックスの[検索する文字列]に検索したい文字列「商品売上」を入力し，下にある[次を検索]ボタンをクリックします。

③ 検索が実行される

シートの中で検索する文字列が含まれているセルにジャンプし，セルがアクティブセルになります。

④ 結果を1つずつ確認する

[次を検索]ボタンをクリックするたびに，検索する文字列が含まれているセルにアクティブセルが移動します。

COLUMN

検索のオプション

検索を効率的に行うために，いくつかのオプションが用意されています。検索結果が多すぎて目的のセルが見つけづらいときは，[オプション]をクリックしてオプションを設定することで効率的に目的の文字列を検索できます。

オプションでは[検索場所][検索方向][検索対象]を設定できます。

⑤ 結果を一覧で確認する

［すべて検索］ボタンをクリックすると，検索する文字列が含まれるセルがすべて一覧で表示されます。

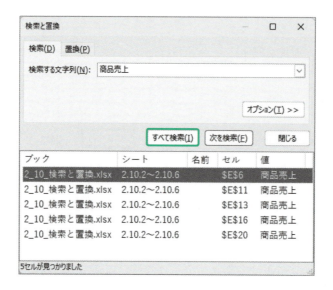

⑥ 該当するセルを確認する

一覧の中の該当する行をクリックすると，該当するセルの位置までアクティブセルがジャンプします。

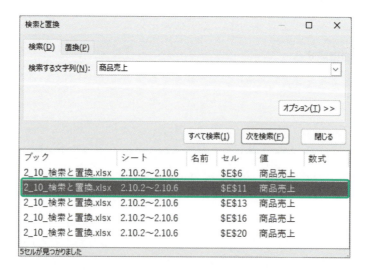

2.10.3 データの置換

　置換は検索した文字列を別の文字列で置き換える機能です。シートの中で複数のセルに入力されている文字列を一度に変更する際にはとても便利ですが，それ以外にも必要の無い文字を一度に消したり，同じ文字がセルによって半角で入力されていたり全角で入力されていたりする場合に，一度にどちらかに修正することなどにも利用できます。

　例えば，表の中で「商品」となっている文字列を，すべて「A商品」に置換します。

	A	B	C	D	E
1	日付	収入	支出	残高	摘要
2	2025/4/1	10,000円			PC売上
3	2025/4/2		5,000円		仕入れ支払
4	2025/4/3	8,000円			サービス料金収入
5	2025/4/4		3,500円		事務用品購入支払い
6	2025/4/5	12,000円			商品売上
7	2025/4/6		7,200円		電気代支払い
8	2025/4/7		1,500円		交通費支払い
9	2025/4/8	9,500円			ＰＣ売上
10	2025/4/9		4,800円		店舗家賃支払い
11	2025/4/10	11,200円			商品売上
12	2025/4/11		2,300円		食料品購入支払い
13	2025/4/12	7,800円			商品売上
14	2025/4/13		6,500円		広告費支払い
15	2025/4/14		3,200円		事務用品購入支払い
16	2025/4/15	10,500円			商品売上
17	2025/4/16		5,700円		電話料金支払い
18	2025/4/17	8,300円			ＰＣ売上
19	2025/4/18		4,000円		交通費支払い
20	2025/4/19	6,900円			商品売上
21	2025/4/20		2,800円		ガス代支払い
22	2025/4/21	9,800円			PC売上

2.10 検索と置換

① ダイアログボックスを表示する

［ホーム］タブの［検索と選択］ボタンから［置換］を選択します。

② 置換したい文字列を入力する

［検索する文字列］に「商品」，［置換後の文字列］に「A商品」を入力し，［すべて置換］ボタンをクリックします。

③ 結果を確認する

置換が実行され，置換した件数を表示したメッセージが表示されます。

2.10.4　置換の応用

例えば，間違えてすべての数字の最後に「円」の文字を入力してしまい，計算式に使えないような場合に，一度に「円」だけを消すときにも置換が使えます。この場合は，［置換後の文字列］に何も入力しないまま，置換を実行します。

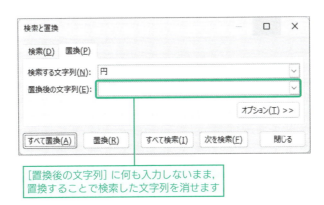

［置換後の文字列］に何も入力しないまま，置換することで検索した文字列を消せます

また，検索と同様に［オプション］ボタンをクリックするといくつかのオプションを設定することができます。例えば，半角の「PC」と入力しているセルと全角の「ＰＣ」と入力しているセルがある場合，［半角と全角を区別する］にチェックを付けて置換することで，全角の文字列を一度に半角に変更できます。

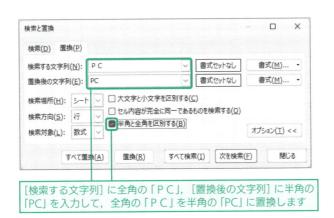

［検索する文字列］に全角の「ＰＣ」，［置換後の文字列］に半角の「PC」を入力して，全角の「ＰＣ」を半角の「PC」に置換します

2.10.5　書式の置換

置換は文字列だけでなく，その書式も変更できます。例えば，［オプション］ボタンをクリックすると現れる［置換後の文字列］の右側の［書式］ボタンから次のように設定することで，「売上」が入っているセルの書式を一度にすべて変更することができます。

2.10 検索と置換

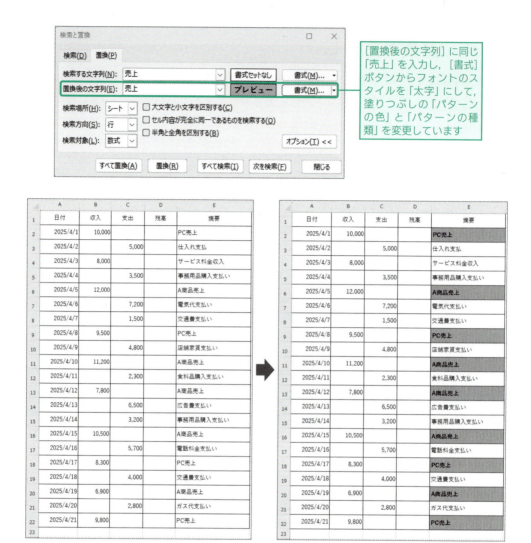

なお，書式の設定を元に戻すには，[書式] ボタンの右側の [▼] をクリックし，[書式置換のクリア] を選択します．

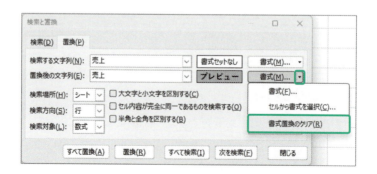

問題 2.10

次のような立替経費一覧表がある。合計を計算しようとしたが，一部の金額に間違えて「円」の文字を付けていたため，合計が計算できなくなっていた。検索と置換の機能を利用して「円」の文字を消し，合計を求めるといくらになるか。選択肢から1つ選びなさい。

	A	B	C	D
1	立替経費一覧表			
2	日付	支払先	支払内容	金額
3	5月1日	A交通	タクシー代	1,200円
4	5月2日	Bバス	バス代	220
5	5月2日	Cフラワー	見舞い花代	5,500円
6	5月6日	A交通	タクシー代	3,000円
7	5月7日	Bバス	バス代	220
8	5月10日	D書店	書籍代	1,500円
9	5月11日	Bバス	バス代	220円
10	5月11日	Eデパート	手土産代	2,500
11	5月12日	Eデパート	手土産代	3,500
12	5月19日	A交通	タクシー代	2,500円
13	5月19日	D書店	資料代	5,000円
14	5月19日	Eデパート	手土産代	6,000
15	合計			12,440

(1) 12,440円
(2) 18,440円
(3) 26,360円
(4) 31,360円

Part 2

2.11 条件判定処理

▶2_11_条件判定処理.xlsx

学習のポイント
- 条件判定処理を理解する
- IF関数を利用した条件判定処理をマスターする

2.11.1 条件判定処理

　収入欄に数字がある場合には残高欄をプラスで計算し，それ以外の場合（支出欄に数字がある場合）には残高欄をマイナスで計算するなどのように，どこにデータがあるかという条件にしたがって計算の処理を変えたい場合があります。これを**条件判定処理**といいます。そのようなときに，条件によって処理を変える関数が利用できます。

■ 条件によって処理を変える

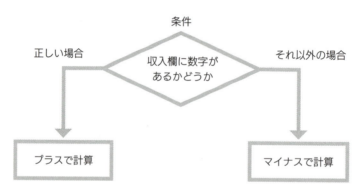

2.11.2 IF関数

　Excelでは条件によって処理を変える関数として，**IF関数**が利用できます。IF関数の書式は次のようになっています。

■ 条件によって処理を変える関数

=IF(論理式，値が真の場合の処理，値が偽の場合の処理)

　1番目の引数の［論理式］には条件を入力します。論理式は次の表にある6種類の比較演算子を使って記述します。

■ 論理式に使用する比較演算子

比較演算子	具体例	意味
=	A3 = 150	セルA3の値が150と等しい場合
<>	A3 <> 100	セルA3の値が100と等しく無い場合
>	A3 > 50	セルA3の値が50より大きい場合
>=	A3 >= 0	セルA3の値が0以上の場合
<	A3 < 50	セルA3の値が50より小さい場合
<=	A3 <= 0	セルA3の値が0以下の場合

　また，2番目の引数の［値が真の場合の処理］には，［論理式］に記述された条件が正しい場合（真の場合）の処理を，3番目の引数の［値が偽の場合の処理］には，それ以外の場合（条件が正しくなかった場合，つまり偽の場合）の処理を記述します。

　例えば，次のような売上データの月を確認して，期の欄に1月～6月の場合（6月以下の場合）は「上期」，それ以外の場合（7月以上の場合）だと「下期」と表示することにします。

	A	B	C	D	E
1			売上データ		
2	月	日	取引先	売上	期
3	1	2	A社	9,250	
4	4	29	A社	4,510	
5	6	4	A社	850	
6	8	26	A社	2,310	
7	2	3	B社	600	
8	5	8	B社	390	
9	11	13	B社	9,370	
10	12	14	B社	9,280	
11	3	11	C社	7,650	
12	7	12	C社	9,250	

① 関数を入力する

　関数を入力するセルE3をクリックしてアクティブセルにして，「**=IF(**」を入力します。

	A	B	C	D	E	F
1			売上データ			
2	月	日	取引先	売上	期	
3	1	2	A社	9,250	=IF(	
4	4	29	A社	4,510	IF(論理式, [値が真の場合], [値が偽の場合])
5	6	4	A社	850		
6	8	26	A社	2,310		

② 1番目の引数を指定する

月の値が6以下を上期とするので，1番目の引数［論理式］として月のセルA3を選択したあと，「<=6」を入力し，「,」で区切ります。

	A	B	C	D	E	F	G	H	I
1			売上データ						
2	月	日	取引先	売上	期				
3	1	2	A社	9,250	=IF(A3<=6,				
4	4	29	A社	4,510	IF(論理式, [値が真の場合], [値が偽の場合])				
5	6	4	A社	850					
6	8	26	A社	2,310					

③ 2番目の引数を指定する

2番目の引数［値が真の場合の処理］は，月の値が6以下だったときの処理である「上期」を表示したいので，「"上期"」を入力し，「,」で区切ります。

	A	B	C	D	E	F	G	H	I
1			売上データ						
2	月	日	取引先	売上	期				
3	1	2	A社	9,250	=IF(A3<=6,"上期",				
4	4	29	A社	4,510	IF(論理式, [値が真の場合], [値が偽の場合])				
5	6	4	A社	850					
6	8	26	A社	2,310					

ここで注意したい点は，Excelでは引数が文字列の場合，半角のダブルクォーテーション「"」で囲むというルールがあることです。今回の「上期」は文字列なので，「"」で囲む必要があります。

④ 3番目の引数を指定する

最後に3番目の引数［値が偽の場合の処理］として，それ以外の場合（月の値が7以上）の処理である「下期」を表示したいので，「"下期"」を入力し，関数を閉じる「)」を入力して，Enterキーで確定します。

	A	B	C	D	E	F	G	H	I
1			売上データ						
2	月	日	取引先	売上	期				
3	1	2	A社	9,250	=IF(A3<=6,"上期","下期")				
4	4	29	A社	4,510					
5	6	4	A社	850					
6	8	26	A社	2,310					

⑤ オートフィルでコピーする

オートフィル機能を利用して，表の下まで同じ式をコピーすれば完成です。

	A	B	C	D	E
1	売上データ				
2	月	日	取引先	売上	期
3	1	2	A社	9,250	上期
4	4	29	A社	4,510	上期
5	6	4	A社	850	上期
6	8	26	A社	2,310	下期
7	2	3	B社	600	上期
8	5	8	B社	390	上期
9	11	13	B社	9,370	下期
10	12	14	B社	9,280	下期
11	3	11	C社	7,650	上期
12	7	12	C社	9,250	下期
13	9	11	C社	5,100	下期

2.11.3 IFERROR関数

エラーになったときに違う処理をする関数として，**IFERROR関数**が利用できます。数式のエラーは，ゼロで割った場合や関数名が間違っている場合，参照しているセルを間違って削除してしまったりしたときなどに起こります。IFERROR関数では，数式がエラーになったときの処理方法をあらかじめ決めておくことができます。

■ エラーになったときに違う処理を行う関数

```
=IFERROR(値，エラーの場合の値)
```

1番目の引数の [値] に計算式や関数などを入力し，その計算式や関数などがエラーになった場合に表示させたい値や文字列，計算式などを，2番目の引数の [エラーの場合の値] に指定します。

例えば，次のような売上一覧表で伸び率を「今年度実績÷前年度実績」で計算するとき，セルE3に「`=D3/C3`」という式を入力するだけだと，前年度実績が0の場合は，伸び率が計算できず [`#DIV/0!`] というゼロで割ってしまった場合のエラーが表示されます。

2.11 条件判定処理

	A	B	C	D	E	F
1			売上一覧表			
2	No.	商品名	前年度実績	今年度実績	伸び率	
3	1	キーボード	180	216	1.2	
4	2	マウス	200	220	1.1	
5	3	ゲームパッド	0	130	#DIV/0!	
6	4	タッチペン	160	224	1.4	
7	5	マイク	200	180	0.9	
8						

　そこでIFERROR関数を利用して，エラーの場合は「前年度未発売」という文字列を表示することにします。

① 関数を入力する

　関数を入力するセルE3をクリックしてアクティブセルにして，「=IFERROR(」を入力します。

	A	B	C	D	E	F
1			売上一覧表			
2	No.	商品名	前年度実績	今年度実績	伸び率	
3	1	キーボード	180	216	=IFERROR(	
4	2	マウス	200	220		
5	3	ゲームパッド	0	130		
6	4	タッチペン	160	224		
7	5	マイク	200	180		
8						

IFERROR(値, エラーの場合の値)

② 1番目の引数を指定する

　1番目の引数［値］は「今年度実績÷前年度実績」の計算式とするので，今年度実績のセルD3を選択したあと，割り算の記号「/」を入力し，前年度実績のセルC3を選択し，「,」で区切ります。

	A	B	C	D	E	F
1			売上一覧表			
2	No.	商品名	前年度実績	今年度実績	伸び率	
3	1	キーボード	180	216	=IFERROR(D3/C3,	
4	2	マウス	200	220		
5	3	ゲームパッド	0	130		
6	4	タッチペン	160	224		
7	5	マイク	200	180		
8						

IFERROR(値, エラーの場合の値)

③ 2番目の引数を指定する

2番目の引数［エラーの場合の値］は，1番目の計算式がエラーになった場合に「前年度未発売」と表示したいので，「**"前年度未発売"**」を入力し，関数を閉じる「**)**」を入力して，Enterキーで確定します。

	A	B	C	D	E	F	G
1			売上一覧表				
2		No.	商品名	前年度実績	今年度実績	伸び率	
3		1	キーボード	180	216	=IFERROR(D3/C3,"前年度未発売")
4		2	マウス	200	220		
5		3	ゲームパッド	0	130		
6		4	タッチペン	160	224		
7		5	マイク	200	180		
8							

④ オートフィルでコピーする

オートフィル機能を利用して，表の下まで同じ式をコピーすれば完成です。ゼロで割ると数式の結果がエラーになるところを，代わりに「前年度未発売」と表示できています。

	A	B	C	D	E	F	G
1			売上一覧表				
2		No.	商品名	前年度実績	今年度実績	伸び率	
3		1	キーボード	180	216	1.2	
4		2	マウス	200	220	1.1	
5		3	ゲームパッド	0	130	前年度未発売	
6		4	タッチペン	160	224	1.4	
7		5	マイク	200	180	0.9	
8							

問題 2.11.1

「税率」の項目に，セルC3の値が"テイクアウト"という文字列になっているときだけ8%，それ以外のときは10%と表示する数式を次のようにIF関数で作成したい。引数の[論理式]に入力する適切な条件を選択肢から1つ選びなさい。

	A	B	C	D	E
1	消費税計算表				
2	費目	金額	テイクアウト	税率	金額×税率
3	ランチボックスA	¥600	テイクアウト		¥0
4	ランチボックスA	¥600			¥0
5	ランチボックスB	¥500	テイクアウト		¥0
6	ランチボックスB	¥500			¥0
7	ハンバーガーセット	¥400	テイクアウト		¥0
8	ハンバーガーセット	¥400			¥0

=IF([論理式], 8%, 10%)

(1) C3=テイクアウト

(2) C3="テイクアウト"

(3) C3<>"テイクアウト"

(4) C3>"テイクアウト"

問題 2.11.2

次のような口座入出金の表があるときに，収入に0より大きい値が入っているときには，「前の行の残高+収入の数字」，それ以外のとき（支出に0より大きい値が入っているとき）には，「前の行の残高−支出の数字」として残高を計算したい。この場合，最後の4月9日の娯楽費の計算を終えたあとの残高はいくらになるか。選択肢から1つ選びなさい。

	A	B	C	D	E	F
1			2025年4月　口座入出金			
2	日付	費目	摘要	収入	支出	残高
3	4月1日	給料		300,000		300,000
4	4月2日	文房具	ノート代		200	
5	4月3日	昼食代			550	
6	4月4日	雑誌			350	
7	4月5日	株の配当		15,000		
8	4月6日	光熱費	ガス代		8,000	
9	4月7日	医療費	歯医者		3,500	
10	4月8日	副業		3,500		
11	4月9日	娯楽費	ボウリング		1,000	

(1) 267,900円

(2) 304,900円

(3) 305,900円

(4) 621,000円

第 **3** 部

会計データと
決算書におけるExcel
－ Excel操作の実践 －

Part 3

3.1 簿記一巡の手続

学習のポイント
- 複式簿記の本質を確認する
- 簿記一巡の手続を理解する

3.1.1 簿記の意義

　社会一般において「簿記」とよばれる用語は，厳密にいえば「単式簿記」と「複式簿記」の双方を含みます。このうち，会社組織などで採用される簿記は，ほぼすべてが複式簿記になります。すなわち，社会一般で想定される簿記は，複式簿記といえます。

　複式簿記とは，企業などの経済主体における経済活動を，勘定科目と貸借記入原則によって秩序整然と記録・計算・整理し，その結果として財産計算（ストック計算）と損益計算（フロー計算）とを同時に完成する記録システムです。

　第1部でも触れましたが，複式簿記の役割（機能）は，第1に財産管理，第2に決算書（財務諸表ないし計算書類）作成にあります。これらの役割を果たすためには，企業において生じた取引を正確に記録した上で，簿記一巡の手続にしたがって処理することが要求されます。

3.1.2 簿記の流れ

　簿記一巡の手続は，処理が行われる時点に応じて，**①開始手続（期首）**，**②営業手続（期中）**，**③決算手続（期末）** からなります。

① 開始手続（期首）

　開始手続は資産・負債・純資産の諸勘定について行う繰越額の入力（開始仕訳）と，前期末における収益・費用の経過勘定項目に関する再振替入力（再振替仕訳）からなります。

　なお，開始仕訳については，多くの企業で採用される英米式簿記法では，前期末に資産・負債・純資産の諸勘定を締め切るとともに開始記入も同時になされるため，必要とされません。

② 営業手続（期中）

　営業手続は期中における様々な取引を記録する手続です。この手続が，経理部署における日々の業務になります。商品の売買，給料の支払い，固定資産の取得，資金の貸し借り等々，多岐にわたります。

なお，ここで対象とされる簿記上の「取引」とは，企業の資産・負債・純資産に増減変動があったものすべてが対象となります。例えば，不動産賃借契約を交わしただけでは取引に該当しませんが，現金を紛失した場合は取引に該当します。つまり，日常で使われる「取引」という用語とは，意味あいが異なる点に留意する必要があります。

③ 決算手続（期末）

決算手続は試算表の作成に始まり決算書の作成に終わる一連の手続です。これにより利益額が確定し，各データが締め切られます。

この決算手続はさらに，(a)試算表の作成などの決算予備手続，(b)決算整理やデータの締切などの決算本手続，(c)決算書の作成である決算報告手続の3段階に分かれます。

■ 簿記一巡における手続と処理イメージ

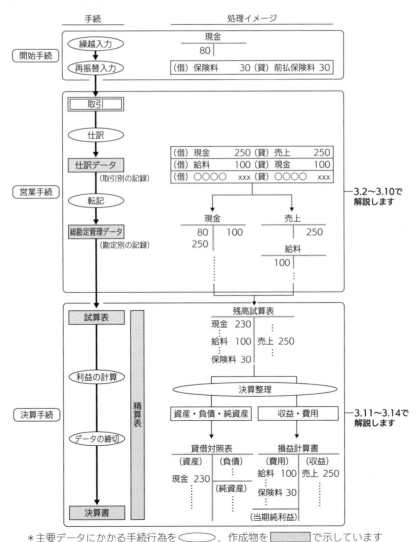

＊主要データにかかる手続行為を ◯ ，作成物を ▭ で示しています

Part 3

3.2 仕訳データの入力

▶ 3_02_仕訳データの入力.xlsx

学習のポイント
- 仕訳データ（仕訳帳）の意義を理解する
- Excelで仕訳データを作成する

3.2.1 仕訳の意義

　企業は簿記上の取引を勘定口座にデータ入力することによって管理を行いますが，取引を勘定口座に直接入力すると，借方／貸方の一方のみに入力したり，金額を誤入力する可能性を生じます。そこで，勘定口座へ入力する前段階として，取引ごとにどの勘定の借方とどの勘定の貸方に金額を入力するかを，取引の発生順に入力します。これが**仕訳入力**になります。仕訳入力の保管される場所が**仕訳データ**（仕訳帳）となります。

3.2.2 仕訳データの入力　　　　　　　　　　　　　　　表示形式　配置　罫線

　経理業務においては，Excelで作成した仕訳データを基幹ソフトや会計ソフトに読み込ませたり（Excelからのエクスポート），逆に取り込んだり（Excelへのインポート）することが多くなります。ここでは仕訳データをExcelで作成します。

　仕訳データに必要な要素（タイトル項目）には様々なものがあり，会計ソフトによっても違いがありますが，次では必要最低限の要素（日付，借方勘定科目，借方金額，貸方勘定科目，貸方金額，摘要）とします。また，Excelでは集計などの後作業が多くなるため，セルの結合を行わないことと，1セルに入力するデータは1つにすることが原則となります。

① 表題と期間を入力する

　仕訳データ入力用のシートを開き，1行目に表題「仕訳データ」と期間を入力します。日付を入力するセルB1とセルD1はリボンの［数値の書式］ボックスから［短い日付形式］を選択します。なお，配置についての明確なルールはありませんが，ここではセルB1とセルD1の日付を［左揃え］，セルC1の「〜」を［中央揃え］に設定します。

3.2 仕訳データの入力

② 仕訳データに必要な要素を入力する

2行目にタイトル項目を入力し，配置を［中央揃え］に変更します。

	A	B	C	D	E	F
1	仕訳データ	2025/4/1	〜			
2	日付	借方勘定科目	借方金額	貸方勘定科目	貸方金額	摘要
3						

③ 表示形式と配置を変更する

3行目以降の各列のデータの表示形式と配置を次のように変更します。特に，金額については，配置を［右揃え］にすることが簿記会計の基本となります。

■ 表示形式と配置

日付	借方勘定科目	借方金額	貸方勘定科目	貸方金額	摘要
日付形式	文字列	数値	文字列	数値	文字列
↑	↑	↑	↑	↑	↑
左揃え	左揃え	**右**揃え	左揃え	**右**揃え	左揃え

なお，今後，ことわりの無い限り，「日付」は［短い日付形式］，「金額」の数値については，次のように，［ホーム］タブの［表示形式］をクリックして表示されたダイアログボックスの［表示形式］で［数値］を選択し，［桁区切り(,)を使用する］にチェックを入れ，さらに［負の数の表示形式］には「△」を付ける形式を使用していきます。

ここをクリックしてダイアログボックスを表示します

3.2 仕訳データの入力

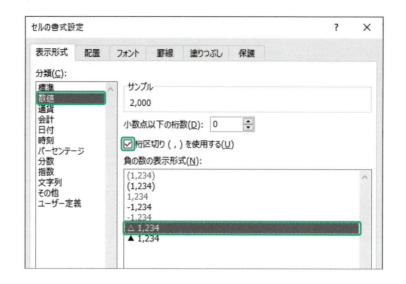

④ 罫線を引く

罫線を引き，形式を整えます。紙ベースでの帳簿における罫線のルールは細かく決まっており，赤色を使いますが，本書では黒色に統一します。また，「前頭線」とよばれる表の最上部，金額欄の両端，締切線については，二重線を用いることにしますが，データに問題が無ければ，罫線の形式にこだわる必要はありません。

	A	B	C	D	E	F
1	仕訳データ	2025/4/1	～			
2	日付	借方勘定科目	借方金額	貸方勘定科目	貸方金額	摘要
3						
4						
5						
6						

⑤ 仕訳を入力する

次の取引に基づいて，仕訳を入力します。

[取引例]

4月1日　現金￥1,000,000の出資を受け雑貨販売店を開業した。

4月5日　新宿銀行の普通預金口座に現金￥300,000を預け入れた。

4月7日　川越商事(株)より商品￥300,000を仕入れ，代金は掛けとした。

4月7日　練馬物産(株)に商品￥126,500を売り渡し，代金は現金で受け取った。

4月11日　熊谷物産(株)より商品￥100,000を仕入れ，代金は現金で支払った。

4月15日　(株)杉並工業に商品￥120,000を売り渡し，代金は掛けとした。

4月16日　新宿銀行の普通預金口座に現金￥100,000を預け入れた。

4月18日 練馬物産(株)に商品¥131,000を売り渡し，代金のうち¥50,000は現金で受け取り，残額は掛けとした。

4月19日 練馬物産(株)に売り渡した商品のうち¥50,000が，品違いにより返品されたため，売掛金と相殺した。

入力結果はこのようになります。

	A	B	C	D	E	F
1	仕訳データ	2025/4/1	～			
2	日付	借方勘定科目	借方金額	貸方勘定科目	貸方金額	摘要
3	2025/4/1	現金	1,000,000	資本金	1,000,000	出資を受け開業
4	2025/4/5	普通預金	300,000	現金	300,000	新宿銀行に預け入れ
5	2025/4/7	仕入	300,000	買掛金	300,000	川越商事(株)より仕入れ
6	2025/4/7	現金	126,500	売上	126,500	練馬物産(株)に売り渡し
7	2025/4/11	仕入	100,000	現金	100,000	熊谷物産(株)より仕入れ
8	2025/4/15	売掛金	120,000	売上	120,000	(株)杉並工業に売り渡し
9	2025/4/16	普通預金	100,000	現金	100,000	新宿銀行に預け入れ
10	2025/4/18	現金	50,000	売上	50,000	練馬物産(株)に売り渡し
11	2025/4/18	売掛金	81,000	売上	81,000	練馬物産(株)に売り渡し
12	2025/4/19	売上	50,000	売掛金	50,000	練馬物産(株)より返品
13						

なお，仕訳が2行以上となる複合仕訳については，Excelデータとしての使いやすさを考えた場合，1行1仕訳となるよう入力することが望ましいため，本書では伝票会計における取引を分解して仕訳する方法と同様の仕訳を行うこととします。例えば，上の4月18日の仕訳は，帳簿（紙ベース）であれば次のように，借方が2行の仕訳になります。

4/18 (借)現　金　50,000　　　(貸)売　上　131,000
　　　　売掛金　81,000

これに対し，Excelデータの使いやすさのためには，貸方の「売上」を2つに分解して入力し，1行1仕訳として入力します。したがって4月18日の仕訳は，次のようになります。

4/18 (借)現　金　50,000　　　(貸)売　上　50,000
4/18 (借)売掛金　81,000　　　(貸)売　上　81,000

3.2 仕訳データの入力

例題・3.2

次の株式会社埼玉商事の4月中の取引に基づいて，仕訳データを作成しなさい。なお，複合仕訳については，取引を分解する方法でデータ入力を行うこと。

- 4/1 株主から現金￥3,000,000と建物￥5,000,000の出資を受け，営業を開始した。
- 4/10 川越商事（株）から商品￥500,000を仕入れ，代金は掛けとした。
- 4/15 練馬物産（株）に商品￥600,000を売り渡し，代金は掛けとした。
- 4/20 所沢商店（株）から商品￥270,000を仕入れ，代金のうち￥100,000は現金で支払い，残額は掛けとした。
- 4/25 従業員に対する当月分の給料￥200,000の支給に際して，所得税の源泉徴収分￥10,000を控除し，現金で支払った。
- 4/26 川越商事（株）に掛代金￥500,000を現金で支払った。
- 4/28 練馬物産（株）から掛代金のうち￥400,000を現金で回収した。

解答

	A	B	C	D	E	F
1	仕訳データ	2025/4/1	〜			
2	日付	借方勘定科目	借方金額	貸方勘定科目	貸方金額	摘要
3	2025/4/1	現金	3,000,000	資本金	3,000,000	株主からの出資を受け，開業
4	2025/4/1	建物	5,000,000	資本金	5,000,000	株主からの出資を受け，開業
5	2025/4/10	仕入	500,000	買掛金	500,000	川越商事（株）より仕入れ
6	2025/4/15	売掛金	600,000	売上	600,000	練馬物産（株）に売り渡し
7	2025/4/20	仕入	100,000	現金	100,000	所沢商店（株）より仕入れ
8	2025/4/20	仕入	170,000	買掛金	170,000	所沢商店（株）より仕入れ
9	2025/4/25	給料	10,000	所得税預り金	10,000	当月分給与支払い
10	2025/4/25	給料	190,000	現金	190,000	当月分給与支払い
11	2025/4/26	買掛金	500,000	現金	500,000	川越商事（株）に買掛金支払い
12	2025/4/28	現金	400,000	売掛金	400,000	練馬物産（株）より売掛金回収

本文の解説にしたがってフォームを作成し，仕訳を入力します。表示形式や配置に注意してください。なお，摘要は取引の概要がわかれば解答どおりである必要はありません。

仕訳のうち，4月1日，4月20日，4月25日は複合仕訳であり，解答のとおり取引を分解して，1行1仕訳になるように仕訳データに入力を行います。例えば，4月1日の仕訳は，

4/1 （借）現　金　3,000,000　　（貸）資本金　8,000,000
　　　　建　物　5,000,000

のように借方が2行の仕訳になりますが，入力上は次のように貸方の資本金を2つに分解します。

4/1 （借）現　金　3,000,000　　（貸）資本金　3,000,000
4/1 （借）建　物　5,000,000　　（貸）資本金　5,000,000

問題 3.2.1

次の株式会社横浜物産の4月中の取引に基づいて，仕訳データを作成しなさい。なお，複合仕訳については，取引を分解する方法でデータ入力を行うこと。

4/1　株主から現金￥1,000,000と備品￥800,000の出資を受け，営業を開始した。
4/3　横須賀銀行に普通預金口座を開設し，現金￥400,000を預け入れた。
4/10　（株）菊名商店に商品￥300,000を注文し，手付金￥30,000を現金で支払った。
4/15　（株）菊名商店から商品￥300,000を仕入れ，代金のうち￥30,000は手付金と相殺し，残額は掛けとした。
4/17　（株）川崎商事に商品￥500,000を売り渡し，代金は掛けとした。
4/20　郵便切手￥3,000と収入印紙￥5,000を現金で購入した。
4/28　事務用パソコン￥200,000を購入し，代金はセッティング費用￥3,000とともに現金で支払った。

問題 3.2.2

仕訳データの作成に関する次の文章のうち，正しいものには「○」，間違っているものには「×」と解答しなさい。

(1) 経理業務においてデータ入力上金額を入力する際には，数値の2桁（位）ごとに位取りのカンマ（ , ）を打つ。
(2) 経理業務においては，金額を入力する列の両端の罫線は2重線とする。
(3) 金額を入力するセルの配置は，[左揃え]に設定する。
(4) Excelでは，集計などの後作業が行われることが多くなるため，1セルに入力するデータは1つとすべきである。
(5) 仕訳データには取引の仕訳を日付順に入力する。

Part 3

3.3 転記データの入力

▶ 3_03_転記データの入力.xlsx

学習のポイント
- 転記及び総勘定管理データ（総勘定元帳）の意義を理解する
- Excelで総勘定管理データ（総勘定元帳）を作成する

3.3.1 転記の意義

3.1では複式簿記について，企業などの経済主体における経済活動を，勘定科目と貸借記入原則によって秩序整然と記録・計算・整理し，その結果として財産計算（ストック計算）と損益計算（フロー計算）とを同時に完成する記録システムと説明しました。その増減の対象となる項目を**勘定**，勘定の内容を示す名称を**勘定科目**，各勘定を入力するデータを**総勘定管理データ**（総勘定元帳）とよびます。

勘定への入力は，原始データである仕訳を移し替えることで行われます。これを**転記**とよびます。転記においては，借方に入力された勘定科目については該当する勘定の借方に金額を入力し，貸方に入力された勘定科目については該当する勘定の貸方に金額を入力します。原始データである仕訳入力と対比すれば，仕訳入力は発生順による取引のデータ化であり，総勘定管理データ入力は項目ごとの取引のデータ化といえます。

● 複式簿記で扱うデータ

複式簿記においては，仕訳データと総勘定管理データを**主要データ**（主要簿）とよびます。主要データは，複式簿記のシステム上欠くことのできないデータです。これに対し，複式簿記のシステム上特に無くても決算書作成には支障が無いものの，経営管理上設けておいたほうが便利なデータを**補助データ**（補助簿）といいます。補助データには，特定取引の明細記録として機能する**補助記入データ**（補助記入帳）と，特定勘定の明細記録として機能する**補助管理データ**（補助元帳）とがあります。

補助記入データとしては，現金出納データ（現金出納帳），普通預金出納データ（普通預金出納帳），仕入データ（仕入帳）・売上データ（売上帳）などが該当し，補助管理データとしては，商品有高管理データ（商品有高帳），売掛金管理データ（売掛金元帳）・買掛金管理データ（買掛金元帳），固定資産管理データ（固定資産台帳）などが該当します。これらを表で示すと，次のようになります。

3.3 転記データの入力

■ 主要データ・補助データと原始データ・転記データの関係

	原始データ	転記データ
主要データ	仕訳データ	総勘定管理データ
補助データ	補助入力データ （現金出納データ 普通預金出納データ 仕入データ 売上データ） など	補助管理データ （販売費及び一般管理費明細データ 商品有高管理データ 売掛金管理データ 買掛金管理データ 固定資産管理データ） など

3.3.2 総勘定管理データの入力

四則演算　SUM

ここでは，一般的な総勘定管理データの様式（勘定式）にしたがって，各勘定をシート別に作成し，仕訳データから各勘定へ転記します。

① フォームを開く

総勘定管理データのフォームを開きます。ここでは，総勘定管理データのページの代わりに「勘定科目コード1111」を設定しています。勘定科目コードについては，3.6で詳しく解説します。

	A	B	C	D	E	F	G
1	現金	勘定科目コード	1111				
2	日付	摘要	借方金額	日付	摘要	貸方金額	
3							
4							
5							
6							
7							
8							
9							
10							
11							
12							
13							
14							
15							

3.3 転記データの入力

② 現金を転記入力する

仕訳データのシートから，現金増減の日付，相手科目，金額を転記入力します。

	A	B	C	D	E	F
1	仕訳データ	2025/4/1	〜	2025/4/30		
2	日付	借方勘定科目	借方金額	貸方勘定科目	貸方金額	摘要
3	2025/4/1	現金	1,000,000	資本金	1,000,000	出資を受け開業
4	2025/4/5	普通預金	400,000	現金	400,000	新宿銀行に預入
5	2025/4/7	仕入	300,000	買掛金	300,000	川越商事(株)より仕入
6	2025/4/10	現金	126,500	売上	126,500	練馬物産(株)に売り渡し
7	2025/4/11	仕入	100,000	現金	100,000	熊谷物産(株)より仕入
8	2025/4/15	売掛金	120,000	売上	120,000	(株)杉並工業に売り渡し
9	2025/4/16	普通預金	100,000	現金	100,000	新宿銀行に預入
10	2025/4/18	現金	50,000	売上	50,000	練馬物産(株)に売り渡し
11	2025/4/18	売掛金	81,000	売上	81,000	練馬物産(株)に売り渡し
12	2025/4/19	売上	50,000	売掛金	50,000	練馬物産(株)より返品

転記します

転記結果は次のようになります。

	A	B	C	D	E	F	G
1	現金	勘定科目コード	1111				
2	日付	摘要	借方金額	日付	摘要	貸方金額	
3	2025/4/1	資本金	1,000,000	2025/4/5	普通預金	400,000	
4	2025/4/10	売上	126,500	2025/4/11	仕入	100,000	
5	2025/4/18	売上	50,000	2025/4/16	普通預金	100,000	
6							
7							

③ 次月繰越（期末残高）を算出する

月末の4月30日にデータを締め切ります。セルD6に月末の日付（4月30日），セルE6に「次月繰越」と入力し，セルF6で借方合計から貸方合計を引いた月末残高を次のSUM関数を用いて算出します。

=SUM(C3:C5)-SUM(F3:F5)

3.3 転記データの入力

	A	B	C	D	E	F	G
1	現金	勘定科目コード	1111				
2	日付	摘要	借方金額	日付	摘要	貸方金額	
3	2025/4/1	資本金	1,000,000	2025/4/5	普通預金	400,000	
4	2025/4/10	売上	126,500	2025/4/11	仕入	100,000	
5	2025/4/18	売上	50,000	2025/4/16	普通預金	100,000	
6				2025/4/30	次月繰越	576,500	
7							
8							

=SUM(C3:C5)-SUM(F3:F5)

④ 借方金額と貸方金額の合計を算出する

セルC7およびセルF7でSUM関数を用いて，借方貸方それぞれの合計を算出します。

	A	B	C	D	E	F	G
1	現金	勘定科目コード	1111				
2	日付	摘要	借方金額	日付	摘要	貸方金額	
3	2025/4/1	資本金	1,000,000	2025/4/5	普通預金	400,000	
4	2025/4/10	売上	126,500	2025/4/11	仕入	100,000	
5	2025/4/18	売上	50,000	2025/4/16	普通預金	100,000	
6				2025/4/30	次月繰越	576,500	
7			1,176,500			1,176,500	
8							

=SUM(C3:C6)   =SUM(F3:F6)

⑤ 前月繰越（期首残高）を入力する

セルA8に翌月初の日付（5月1日）を，セルB8に「前月繰越」と入力します。セルC8の金額はセルF6「次月繰越」で算出したセルの数値を参照します。

	A	B	C	D	E	F	G
1	現金	勘定科目コード	1111				
2	日付	摘要	借方金額	日付	摘要	貸方金額	
3	2025/4/1	資本金	1,000,000	2025/4/5	普通預金	400,000	
4	2025/4/10	売上	126,500	2025/4/11	仕入	100,000	
5	2025/4/18	売上	50,000	2025/4/16	普通預金	100,000	
6				2025/4/30	次月繰越	576,500	
7			1,176,500			1,176,500	
8	2025/5/1	前月繰越	576,500				
9							

=F6

3.3 転記データの入力

例題 3.3

次の仕訳データから，総勘定管理データの売掛金勘定に転記し，月末にデータを締め切りなさい。

	A	B	C	D	E	F	G
1	仕訳データ	2025/4/1	〜	2025/4/30			
2	日付	借方勘定科目	借方金額	貸方勘定科目	貸方金額	摘要	
3	2025/4/1	現金	1,000,000	資本金	1,000,000	出資を受け開業	
4	2025/4/5	普通預金	400,000	現金	400,000	新宿銀行に預入	
5	2025/4/7	仕入	300,000	買掛金	300,000	川越商事(株)より仕入	
6	2025/4/10	現金	126,500	売上	126,500	練馬物産(株)に売り渡し	
7	2025/4/11	仕入	100,000	現金	100,000	熊谷物産(株)より仕入	
8	2025/4/15	売掛金	120,000	売上	120,000	(株)杉並工業に売り渡し	
9	2025/4/16	普通預金	100,000	現金	100,000	新宿銀行に預入	
10	2025/4/18	現金	50,000	売上	50,000	練馬物産(株)に売り渡し	
11	2025/4/18	売掛金	81,000	売上	81,000	練馬物産(株)に売り渡し	
12	2025/4/19	売上	50,000	売掛金	50,000	練馬物産(株)より返品	
13							
14	総勘定管理データ						
15	売掛金	勘定科目コード	1131				
16	日付	摘要	借方金額	日付	摘要	貸方金額	
17							
18							
19							
20							
21							
22							
23							
24							

解答

	A	B	C	D	E	F	G
14	総勘定管理データ						
15	売掛金	勘定科目コード	1131				
16	日付	摘要	借方金額	日付	摘要	貸方金額	
17	2025/4/15	売上	120,000	2025/4/19	売上	50,000	
18	2025/4/18	売上	81,000	2025/4/30	次月繰越	151,000	
19			201,000			201,000	
20	2025/5/1	前月繰越	151,000				
21							
22							
23							
24							
25							

売掛金勘定への転記は，次のように行います。

①仕訳データから，売掛金増減の日付，相手科目，金額を転記入力します。

②18行目の貸方の日付に月末の日付（4月30日）を，摘要に「次月繰越」と入力します。
　セルF18の金額は次の関数で算出します。

$$=SUM(C17:C18)-F17$$

③19行目のセルC19，セルF19で借方金額，貸方金額の合計をSUM関数を用いて算出します。

④20行目の借方の日付に翌月初の日付（5月1日）を，摘要に「前月繰越」と入力します。
　セルC20の金額は「次月繰越」で算出したセルF18の数値を参照します（「=F18」）。

3.3 転記データの入力

問題 3.3

次の仕訳データから，総勘定管理データの現金勘定に転記し，月末にデータを締め切りなさい。

	A	B	C	D	E	F
1	仕訳データ	2025/4/1	〜	2025/4/30		
2	日付	借方勘定科目	借方金額	貸方勘定科目	貸方金額	摘要
3	2025/4/3	現金	800,000	資本金	800,000	株主出資により開業
4	2025/4/3	備品	400,000	資本金	400,000	株主出資により開業
5	2025/4/7	仕入	100,000	現金	100,000	川越商事(株)より仕入
6	2025/4/7	仕入	200,000	買掛金	200,000	川越商事(株)より仕入
7	2025/4/12	現金	160,000	売上	160,000	(株)杉並工業に売り渡し
8	2025/4/12	売掛金	210,000	売上	210,000	(株)杉並工業に売り渡し
9	2025/4/21	給料	80,000	現金	80,000	4月分給料支払い
10	2025/4/25	現金	110,000	売掛金	110,000	(株)杉並工業から回収
11						
12	総勘定管理データ					
13	現金	勘定科目コード	1111			
14	日付	摘要	借方金額	日付	摘要	貸方金額

3.4 現預金出納データ

▶ 3_04_現預金出納データ.xlsx

学習のポイント
- 現預金出納データ（現預金出納帳）の意義を理解する
- Excelで現預金出納データを作成する

3.4.1 現金出納データ・普通預金出納データの意義

現金出納データ（現金出納帳）とは，現金の入金・出金の明細を記録する補助データ（補助簿）です。現金出納データによって，現金の入出金の詳細が明らかになります。

普通預金出納データ（普通預金出納帳）とは，普通預金の預入・引出の明細を記録する補助データです。普通預金出納データによって，預金の増減の詳細が明らかになります。

3.4.2 現預金出納データの入力　　オートフィル　四則演算　SUM　IF

現金出納データと普通預金出納データは，同様の方法で作成できます。入出金／預入引出取引ごとに，日付，科目（相手勘定科目），摘要（取引の概要），収入／預入・支出／引出金額，残高金額を入力します。ここでは，集計期間1週間の現金出納データを作成します。

① フォームを開く

現金出納データのフォームを開きます。

	A	B	C	D	E	F
1	現金出納データ			2025/6/1	〜	2025/6/7
2	日付	科目	摘要	収入	支出	残高
3						
4						
5						
6						
7						
8						
9						
10						

② 残高欄に関数を入力する

残高欄の設定を行います。セルF3は，上のセルF2が文字列「残高」となっているため，単純な数式処理はできません。そこで，前週繰越高が入力されるセルD3を参照します（「**=D3**」）。

3.4 現預金出納データ

セルF4には，次の数式を入力して残高を算出します。

$$F3 \quad + \quad D4 \quad - \quad E4$$
$$（直前の残高 \quad + \quad 収入 \quad - \quad 支出）$$

これを下の行にコピーすると，入力していない行にも計算結果が表示されてしまいます。そこで，IF関数を利用して次のように入力します。

$$=IF(A4="","",F3+D4-E4)$$

IF関数の［論理式］を「日付のセルA4が未入力（""）」とし，［値が真の場合］に空白（""）の値を返し，［値が偽の場合］つまり日付が入力されている場合に「直前の残高セルF3＋収入セルD4－支出セルE4」を算出します（詳しくは2.11を参照）。これは**空白処理**とよばれ，日付が未入力の4行目の残高には何も表示されなくなります。

③ オートフィルでコピーする

1週間分の入力に備え，セルF4の関数についてオートフィル機能を利用して，セルF5からセルF9までコピーしておきます。これで「収入」「支出」に数値を入力すれば，自動的に残高が算出できます。

④ 入出金取引を入力する

次の入出金取引から，1週間分の現金出納データを入力します。なお，6月1日における現金の前週繰越高は¥104,000とします。

[取引]

6月1日　郵便切手¥35,800を現金で購入した。
6月2日　上田物産(株)に商品¥71,500を売り渡し，代金は現金で受け取った。
6月3日　辰野物産(株)から売掛金¥78,000を普通為替証書で回収した。
6月3日　(株)飯山産業から商品¥208,000を仕入れ，代金は現金で支払った。
6月4日　長野産業(株)から未収入金¥147,000を現金で回収した。
6月5日　新聞購読料(新聞図書費)¥14,700を現金で支払った。

入力結果はこのようになります。

	A	B	C	D	E	F
1	現金出納データ			2025/6/1	〜	2025/6/7
2	日付	科目	摘要	収入	支出	残高
3	2025/6/1		前週繰越	104,000		104,000
4	2025/6/1	通信費	郵便切手購入		35,800	68,200
5	2025/6/2	売上	上田物産(株)への売上	71,500		139,700
6	2025/6/3	売掛金	辰野物産(株)から売掛金回収　普通為替証書受け取り	78,000		217,700
7	2025/6/3	仕入	(株)飯山産業から仕入		208,000	9,700
8	2025/6/4	未収入金	長野産業(株)から未収入金回収	147,000		156,700
9	2025/6/5	新聞図書費	新聞購読料支払い		14,700	142,000

⑤ 次週繰越を入力する

締切期間末(週末や月末など。ここでは週末の6月7日とします)ごとに，セルC10の摘要欄に「次週繰越」と入力し，支出のセルE10に直前の残高セルF9を参照入力します(「**=F9**」)。

	A	B	C	D	E	F
1	現金出納データ			2025/6/1	〜	2025/6/7
2	日付	科目	摘要	収入	支出	残高
3	2025/6/1		前週繰越	104,000		104,000
4	2025/6/1	通信費	郵便切手購入		35,800	68,200
5	2025/6/2	売上	上田物産(株)への売上	71,500		139,700
6	2025/6/3	売掛金	辰野物産(株)から売掛金回収　普通為替証書受け取り	78,000		217,700
7	2025/6/3	仕入	(株)飯山産業から仕入		208,000	9,700
8	2025/6/4	未収入金	長野産業(株)から未収入金回収	147,000		156,700
9	2025/6/5	新聞図書費	新聞購読料支払い		14,700	142,000
10	2025/6/7		次週繰越		142,000	

直前の残高(=F9)

⑥ 収入・支出それぞれの金額合計を算出する

11行目で，今週の収入・支出の金額合計をSUM関数で算出し，同額であることを確認します。さらに，合計線と締切線を引きます。

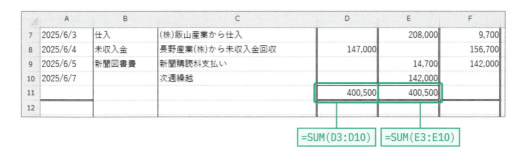

⑦ 前週繰越を入力する

最後に，6月7日の次週繰越金額を12行目に前週繰越金額として6月8日付けで移記します。セルD12で「=E10」を入力し，③と同様に残高欄へセルF9のIF関数をコピーします。

例題 3.4

次の入出金取引から，今週（6月1日〜7日）の現金出納データを作成し，締め切りなさい。なお，6月1日における現金の前週繰越高は￥205,000である。

- 6/1　収入印紙￥6,000を現金で購入した。
- 6/2　市川商事(株)へ商品￥88,000を売り渡し，代金は現金で受け取った。
- 6/3　船橋物産(株)から売掛金￥70,000を現金で回収した。
- 6/3　(株)稲毛物産から商品￥167,000を仕入れ，代金は現金で支払った。
- 6/4　三郷商店(株)から売掛金￥145,000を普通為替証書で回収した。
- 6/5　コピー用紙￥14,700を現金で購入した。

解答

	A	B	C	D	E	F	G
1	現金出納データ			2025/6/1	〜	2025/6/7	
2	日付	科目	摘要	収入	支出	残高	
3	2025/6/1		前週繰越	205,000		205,000	
4	2025/6/1	租税公課	収入印紙購入		6,000	199,000	
5	2025/6/2	売上	市川商事(株)への売上	88,000		287,000	
6	2025/6/3	売掛金	船橋物産(株)から売掛金回収	70,000		357,000	
7	2025/6/3	仕入	(株)稲毛物産から仕入		167,000	190,000	
8	2025/6/4	売掛金	三郷商店(株)から売掛金回収　普通為替証書受け取り	145,000		335,000	
9	2025/6/5	消耗品費	コピー用紙購入		14,700	320,300	
10	2025/6/7		次週繰越		320,300		
11				508,000	508,000		
12	2025/6/8		前週繰越	320,300		320,300	

フォームを開き，残高欄を設定します。残高のセルF3は，収入のセルD3を参照します（「=D3」）。セルF4には，次のIF関数を入力し，下の行以降にもコピーしておきます。

$$=IF(A4="","",F3+D4-E4)$$

続いて，6月1日の前週繰越と6月5日までの取引を入力します。10行目に週末の日付6月7日で次週繰越を入力し，11行目で収入及び支出の合計についてSUM関数を用いて算出します。

最後に，12行目に次週初日の日付6月8日で前週繰越を入力し（「=E10」），前週同様に残高欄を設定します。

なお，摘要は取引の概要がわかればよく，必ずしも解答どおりである必要はありません。

問題 3.4

次の普通預金に関する取引から，今週（7月1日〜7日）の普通預金出納データを作成し，締め切りなさい。なお，7月1日における普通預金の前週繰越高は¥1,179,200である。

7/1 事務機器の保守点検代金として¥93,500を普通預金口座から支払った（保守費として処理する）。

7/2 営業用の自動車¥1,925,000を購入し，代金は普通預金口座から支払った。なお，当社は取引銀行と借越限度額¥3,000,000の借越契約を結んでいる。

7/4 坂出商事（株）から売掛金¥1,933,800が普通預金口座に振り込まれた。

7/5 善通寺産業（株）に買掛金¥161,700を普通預金口座から支払った。

7/5 預け入れている普通預金の利息¥12,500が普通預金口座に入金された。

7/6 オフィスの今月分の家賃¥264,000が普通預金口座から引き落とされた。

3.5 仕入データ・売上データ

▶ 3_05_仕入データ・売上データ.xlsx

学習のポイント
- 仕入データ（仕入帳）・売上データ（売上帳）の意義を理解する
- Excelで仕入データ・売上データを作成する

3.5.1 仕入データ・売上データの意義

仕入データ（仕入帳）とは，商品の仕入取引の明細を記録する補助データ（補助簿）です。**売上データ**（売上帳）とは，商品の売上取引の明細を記録する補助データです。仕入データ・売上データによって，仕入・売上の明細情報（仕入先・得意先，商品名，単価，数量，決済方法など）が明らかになります。

3.5.2 仕入データ・売上データの作成　オートフィル　四則演算　SUM　IF

仕入データや売上データは，事後的な集計作業が特に多くなるデータであることから，タイトル項目の設定が重要となります。そこで，集計によく利用される要素を1つずつセルに入力できるようタイトル項目を細かく設定します。具体的には売上データであれば，日付，得意先コード，得意先名，商品名，単価（税込），数量，値引・返品，摘要（そのほかの取引概要），決済方法，売上金額（税込）をタイトル項目とします。ここでは，集計期間1週間の売上データを作成します。

① フォームを開く

売上データのフォームを開きます。

	A	B	C	D	E	F	G	H	I	J	K
1	売上データ							2025/4/1	〜	2025/4/7	
2	日付	得意先コード	得意先名	商品名	単価（税込）	数量	値引・返品	摘要	決済方法	売上金額（税込）	
3											
4											
5											
6											

タイトル項目データのそれぞれの表示形式および配置は次のとおりです。

3.5 仕入データ・売上データ

■ 表示形式と配置

日付	得意先コード	得意先名	商品名	単価（税込）	数量	値引・返品	摘要	決済方法	売上金額（税込）
日付	数値	文字列				数値	文字列		数値

↑左揃え ↑左揃え ↑左揃え ↑右揃え ↑左揃え ↑右揃え

② 売上金額に関数を入力する

売上金額（税込）のセルJ3には，「単価セルE3×数量セルF3」の数式を入力しますが，空白処理のため次のIF関数を入力し，1週間分の入力に備えて下にコピーしておきます（詳しくは3.4参照）。なお，オートフィルでは罫線もコピーされてしまうので，書式なしで数式のみコピーします。

=IF(A3="","",E3*F3)

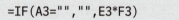

数式のみを16行目までオートフィルでコピーします

③ 取引データを入力する

取引順に1週間分の取引データを入力します。返品については「数量」にマイナスの値を入力します。また，「摘要」の列にはタイトル項目設定の無いそのほかの取引概要を入力します。

■ 取引データ

日付	コード	得意先名	商品名	単価	数量	摘要	決済方法
4月2日	10003	練馬物産（株）	A1商品	26,400	15		掛け
〃	10005	（株）杉並工業	A2商品	19,250	42		掛け
4月3日	10011	八王子商事（株）	C3商品	14,300	18		掛け
〃	10007	千代田産業（株）	A2商品	19,250	8		電子記録債権
4月4日	10013	（株）葛飾サービス	A2商品	19,250	18		電子記録債権
〃	10003	練馬物産（株）	A1商品	26,400	-5	4/2分，品違い	掛け戻し
〃	10003	練馬物産（株）	B1商品	15,400	36		掛け
4月5日	10005	（株）杉並工業	B1商品	15,400	26		掛け
〃	10007	千代田産業（株）	A2商品	19,250	17		電子記録債権
〃	10013	（株）葛飾サービス	A2商品	19,250	24		電子記録債権
4月6日	10011	八王子商事（株）	A1商品	26,400	25		掛け
〃	10007	千代田産業（株）	A2商品	19,250	-1	4/3分，不良品	電子記録債権戻し
〃	10003	練馬物産（株）	A1商品	26,400	12		掛け
〃	10005	（株）杉並工業	C3商品	14,300	13		電子記録債権

3.5 仕入データ・売上データ

	A	B	C	D	E	F	G	H	I	J	K
1	売上データ							2025/4/1	～	2025/4/7	
2	日付	得意先コード	得意先名	商品名	単価（税込）	数量	値引・返品	摘要	決済方法	売上金額（税込）	
3	2025/4/2	10003	練馬物産(株)	A1商品	26,400	15			掛け	396,000	
4	2025/4/2	10005	(株)杉並工業	A2商品	19,250	42			掛け	808,500	
5	2025/4/3	10011	八王子商事(株)	C3商品	14,300	18			掛け	257,400	
6	2025/4/3	10007	千代田産業(株)	A2商品	19,250	8			電子記録債権	154,000	
7	2025/4/4	10013	(株)葛飾サービス	A2商品	19,250	18			電子記録債権	346,500	
8	2025/4/4	10003	練馬物産(株)	A1商品	26,400	△5	返品	4/2分，品違い	掛け戻し	△132,000	
9	2025/4/4	10003	練馬物産(株)	B1商品	15,400	36			掛け	554,400	
10	2025/4/5	10005	(株)杉並工業	B1商品	15,400	26			掛け	400,400	
11	2025/4/5	10007	千代田産業(株)	A2商品	19,250	17			電子記録債権	327,250	
12	2025/4/5	10013	(株)葛飾サービス	A2商品	19,250	24			電子記録債権	462,000	
13	2025/4/6	10011	八王子商事(株)	A1商品	26,400	25			掛け	660,000	
14	2025/4/6	10007	千代田産業(株)	A2商品	19,250	△1	返品	4/3分，不良品	電子記録債権戻し	△19,250	
15	2025/4/6	10003	練馬物産(株)	A1商品	26,400	12			掛け	316,800	
16	2025/4/6	10005	(株)杉並工業	C3商品	14,300	13			電子記録債権	185,900	
17							マイナスの値には「△」が付きます	タイトル項目設定の無い取引概要は摘要欄に記します			
18											

④ 総売上高，値引・返品高，純売上高を算出する

期間末（週末，月末など）ごとにデータを締め切ります。まずは，17行目に(a)総売上高（当該期間のプラスの売上金額の合計）を算出し，次に(b)売上値引・返品高（当該期間のマイナスの売上金額の合計）を算出し，最後に，(c)純売上高「(a)−(b)」((a)+△(b))を算出します。見出しとなる項目は「摘要」のH列に入力します。

なお，総売上高は次のSUM関数を用いて算出します。引数の指定時に，Ctrlキーを押しながら離れた3つのセル範囲「J3:J7」，「J9:J13」，「J15:J16」を選択します。このような操作によって，1つの関数内で離れた範囲を指定することができます。

=SUM(J3:J7,J9:J13,J15:J16)

	A	B	C	D	E	F	G	H	I	J	K
13	2025/4/6	10011	八王子商事(株)	A1商品	26,400	25			掛け	660,000	
14	2025/4/6	10007	千代田産業(株)	A2商品	19,250	△1	返品	4/3分，不良品	電子記録債権戻し	△19,250	
15	2025/4/6	10003	練馬物産(株)	A1商品	26,400	12			掛け	316,800	
16	2025/4/6	10005	(株)杉並工業	C3商品	14,300	13			電子記録債権	185,900	a
17	2025/4/7							総売上高		4,869,150	
18	2025/4/7							売上値引・返品高		△151,250	b
19								純売上高		4,717,900	c
20											

⑤ マイナスのセルを太字にする

簿記上，値引や返品などのように金額がマイナスとなる行については赤字で記入しますが，本書では紙面の都合上，これを太字で表現します。4月4日，4月6日の返品取引の行と締切時に入力した「売上値引・返品高」の行に[太字]を設定します。

3.5 仕入データ・売上データ

売上データ (2025/4/1 ～ 2025/4/7)

	A	B	C	D	E	F	G	H	I	J
1	売上データ							2025/4/1	～	2025/4/7
2	日付	得意先コード	得意先名	商品名	単価（税込）	数量	値引・返品	摘要	決済方法	売上金額（税込）
3	2025/4/2	10003	練馬物産(株)	A1商品	26,400	15			掛け	396,000
4	2025/4/2	10005	(株)杉並工業	A2商品	19,250	42			掛け	808,500
5	2025/4/3	10011	八王子商事(株)	C3商品	14,300	18			掛け	257,400
6	2025/4/3	10007	千代田産業(株)	A2商品	19,250	8			電子記録債権	154,000
7	2025/4/4	10013	(株)葛飾サービス	A2商品	19,250	18			電子記録債権	346,500
8	2025/4/4	10003	練馬物産(株)	A1商品	26,400	△5	返品	4/2分，品違い	掛け戻し	△132,000
9	2025/4/4	10003	練馬物産(株)	B1商品	15,400	36			掛け	554,400
10	2025/4/5	10005	(株)杉並工業	B1商品	15,400	26			掛け	400,400
11	2025/4/5	10007	千代田産業(株)	A2商品	19,250	17			電子記録債権	327,250
12	2025/4/5	10013	(株)葛飾サービス	A2商品	19,250	24			電子記録債権	462,000
13	2025/4/6	10011	八王子商事(株)	A1商品	26,400	25			掛け	660,000
14	2025/4/6	10007	千代田産業(株)	A2商品	19,250	△1	返品	4/3分，不良品	電子記録債権戻し	△19,250
15	2025/4/6	10003	練馬物産(株)	A1商品	26,400	12			掛け	316,800
16	2025/4/6	10005	(株)杉並工業	C3商品	14,300	13			電子記録債権	185,900
17	2025/4/7							総売上高		4,869,150
18	2025/4/7							売上値引・返品高		△151,250
19								純売上高		4,717,900
20										

例題 3.5

次に示す4月1日から4月7日までの1週間における売上データを完成させなさい。

	A	B	C	D	E	F	G	H	I	J
1	売上データ							2025/4/1	～	2025/4/7
2	日付	得意先コード	得意先名	商品名	単価（税込）	数量	値引・返品	摘要	決済方法	売上金額（税込）
3	2025/4/1	10013	(株)葛飾サービス	A1商品	13,200	15			掛け	
4	2025/4/1	10005	(株)杉並工業	A2商品	16,250	42			掛け	
5	2025/4/2	10010	(株)文京サービス	C3商品	13,300	18			掛け	
6	2025/4/2	10002	(株)豊島製造所	A2商品	16,250	8			電子記録債権	
7	2025/4/3	10001	世田谷商事(株)	A2商品	16,250	18			電子記録債権	
8	2025/4/3	10005	(株)杉並工業	A2商品	16,250	△10	返品	4/1分，品違い	掛け戻し	
9	2025/4/3	10003	練馬物産(株)	B1商品	9,800	36			掛け	
10	2025/4/4	10005	(株)杉並工業	B1商品	9,800	26			掛け	
11	2025/4/4	10007	千代田産業(株)	A2商品	16,250	17			電子記録債権	
12	2025/4/4	10013	(株)葛飾サービス	A2商品	16,250	24			電子記録債権	
13	2025/4/5	10003	練馬物産(株)	A1商品	13,200	25			掛け	
14	2025/4/5	10007	千代田産業(株)	A2商品	16,250	△5	返品	4/4分，不良品	電子記録債権戻し	
15	2025/4/5	10003	練馬物産(株)	A1商品	13,200	12			掛け	
16	2025/4/5	10005	(株)杉並工業	C3商品	13,300	13			電子記録債権	
17	2025/4/7							総売上高		
18	2025/4/7							売上値引・返品高		
19								純売上高		
20										

解答

	A	B	C	D	E	F	G	H	I	J
1	売上データ							2025/4/1	〜	2025/4/7
2	日付	得意先コード	得意先名	商品名	単価（税込）	数量	値引・返品	摘要	決済方法	売上金額（税込）
3	2025/4/1	10013	(株)葛飾サービス	A1商品	13,200	15			掛け	198,000
4	2025/4/1	10005	(株)杉並工業	A2商品	16,250	42			掛け	682,500
5	2025/4/2	10010	(株)文京サービス	C3商品	13,300	18			掛け	239,400
6	2025/4/2	10002	(株)豊島製造所	A2商品	16,250	8			電子記録債権	130,000
7	2025/4/3	10001	世田谷商事(株)	A2商品	16,250	18			電子記録債権	292,500
8	**2025/4/3**	**10005**	**(株)杉並工業**	**A2商品**	**16,250**	**△ 10**	**返品**	**4/1分，品違い**	**掛け戻し**	**△ 162,500**
9	2025/4/3	10003	練馬物産(株)	B1商品	9,800	36			掛け	352,800
10	2025/4/4	10005	(株)杉並工業	B1商品	9,800	26			掛け	254,800
11	2025/4/4	10007	千代田産業(株)	A2商品	16,250	17			電子記録債権	276,250
12	2025/4/4	10013	(株)葛飾サービス	A2商品	16,250	24			電子記録債権	390,000
13	2025/4/5	10003	練馬物産(株)	A1商品	13,200	25			掛け	330,000
14	**2025/4/5**	**10007**	**千代田産業(株)**	**A2商品**	**16,250**	**△ 5**	**返品**	**4/4分，不良品**	**電子記録債権戻し**	**△ 81,250**
15	2025/4/5	10003	練馬物産(株)	A1商品	13,200	12			掛け	158,400
16	2025/4/5	10005	(株)杉並工業	C3商品	13,300	13			電子記録債権	172,900
17	2025/4/7							総売上高		3,477,550
18	**2025/4/7**							売上値引・返品高		**△ 243,750**
19								純売上高		3,233,800
20										

売上金額（税込）の最初のセルJ3に次の数式を入力し，セルJ16までコピーします。なお，コピー先のセルに設定してある書式が変更されないよう，書式なしで数式のみコピーします。

$$=IF(A3="","",E3*F3)$$

総売上高はプラスの売上金額，売上値引・返品高はマイナスの売上金額をそれぞれ合計して算出し，最後に純売上高「総売上高＋△売上値引・返品高」を算出します。

3.5 仕入データ・売上データ

問題 3.5

次に示す6月1日から6月30日までの1ヶ月間における仕入データを完成させなさい。

	A	B	C	D	E	F	G	H	I	J
1	仕入データ							2025/6/1	〜	2025/6/30
2	日付	仕入先コード	仕入先名	商品名	単価（税込）	数量	値引・返品	摘要	決済方法	仕入金額（税込）
3	2025/6/1	10003	川越商事(株)	C02商品	59,400	22			掛け	
4	2025/6/2	10019	熊谷物産(株)	A12商品	25,740	36			掛け	
5	2025/6/4	10011	所沢商店(株)	B08商品	34,100	17			電子記録債務	
6	**2025/6/5**	**10003**	**川越商事(株)**	**C02商品**	**59,400**	**△ 4**		**6/1分，品違い**	**掛け戻し**	
7	2025/6/8	10006	(株)川口産業	C02商品	59,400	15			掛け	
8	2025/6/10	10007	秩父商事(株)	B08商品	34,100	35			掛け	
9	2025/6/11	10011	所沢商店(株)	A12商品	25,740	18			電子記録債務	
10	2025/6/11	10019	熊谷物産(株)	C02商品	59,400	15			掛け	
11	2025/6/15	10005	久喜商店	B08商品	34,100	18			掛け	
12	2025/6/17	10003	川越商事(株)	C02商品	59,400	24			掛け	
13	2025/6/22	10011	所沢商店(株)	B08商品	34,100	13			掛け	
14	**2025/6/25**	**10003**	**川越商事(株)**	**C02商品**	**59,400**	**△ 2**		**6/17分，不良品**	**掛け戻し**	
15	2025/6/29	10006	(株)川口産業	C02商品	59,400	10			掛け	
16	2025/6/30							総仕入高		
17	2025/6/30							仕入値引・返品高		
18								純仕入高		
19										

Part 3

3.6 販売費及び一般管理費明細データ

▶ 3_06_販売費及び一般管理費明細データ.xlsx

学習のポイント
- 販売費及び一般管理費明細データの意義を理解する
- Excelで販売費及び一般管理費明細データを作成する
- 売上高販売費及び一般管理費比率を計算する

3.6.1 販売費及び一般管理費明細データの意義

販売費及び一般管理費明細データ（販売費及び一般管理費明細書）は，損益計算書における費用区分の1つである販売費及び一般管理費に計上された金額の内訳明細データです。販売費及び一般管理費は営業費用のうち売上原価以外の一切の費用であり，販売費と一般管理費からなります。**販売費**は商品等を販売するために直接かかる費用であり，**一般管理費**は会社全般の業務の管理活動にかかる費用です。いずれも営業収益たる売上高を獲得するための費用であり，売上原価とともに売上高から控除されることで営業利益が算出されます。

販売費及び一般管理費の例

販売費及び一般管理費の例としては，営業活動（本業）から生じた給与手当，法定福利費，販売手数料，広告宣伝費，旅費交通費，荷造運賃，水道光熱費，通信費，支払家賃，支払地代，保険料，修繕費，消耗品費，租税公課，諸会費，減価償却費，貸倒引当金繰入，雑費などがあります。

なお，支払利息，社債利息，社債発行費償却，創立費償却，開業費償却，有価証券売却損，売上債権以外の債権にかかる貸倒引当金繰入のような費用は，資金調達関連費用や金融活動費用であることから営業外費用に属し，販売費及び一般管理費には該当しません。

3.6.2 勘定科目コードの設定

多数の勘定科目から販売費及び一般管理費をデータ作成のたびに手作業で見つけ出すのは煩雑でもあり，ミスを招く原因になります。このような集計や抽出などの作業効率を高めるために，Excelを用いた会計処理では，得意先コードや商品コードと同様に，使用する勘定科目に**勘定科目コード**を設定することが一般的です。

勘定科目コードとは，数値や英字などを割り振ったコード番号のことです。金融庁や日本産業標準調査会（JISC）からは決算書作成時に使用するための勘定科目コードが公表されています（ただし，企業内部における会計処理においては，勘定科目や勘定科目コードは自由に設定できます）。

3.6 販売費及び一般管理費明細データ

ここでは，日本産業規格に準じる勘定科目コードを必要に応じて使用し，データの作成・集計などの操作を行います。販売費及び一般管理費については，勘定科目コードに8300番台の番号を設定し，Excelのフィルター機能を用いて集計します。

3.6.3 販売費及び一般管理費明細データの作成　フィルター　SUM

販売費及び一般管理費明細データには，販売費及び一般管理費に該当する総勘定管理データ上の諸勘定残高が集計されます。記載順序としては，概ね販売費を先に記載し，次に一般管理費を記載します。また，雑費は通常最後に記載します。なお，内訳を示したあとに合計金額を算出します。

ここでは，総勘定管理データの集計結果である決算整理後残高試算表から，販売費及び一般管理費明細データを作成します。なお，残高試算表の原理については3.12と3.13で学習します。ここではすでに用意されている決算整理後残高試算表を使用します。

① フォームを開く

販売費及び一般管理費明細データのフォームを開きます。

② 決算整理後残高試算表を開いて抽出操作を行う

決算整理後残高試算表から販売費及び一般管理費のみを抽出するため，決算整理後残高試算表のシートを開きます。項目名のセルA2からセルD2を範囲選択し，[ホーム]タブの[並べ替えとフィルター]をクリックし，[フィルター]を選択します。

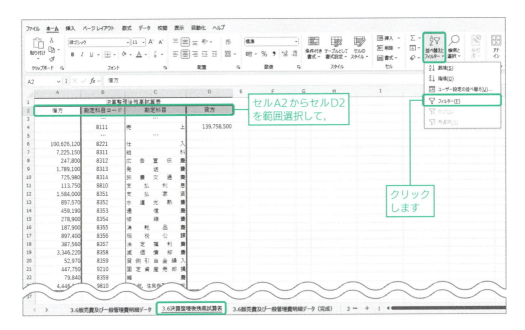

③ フィルターの種類を選択する

見出し項目に[▼]が表示されるので，セルB2の「勘定科目コード」の[▼]をクリックし，[数値フィルター]から[指定の範囲内]を選択します。

3.6 販売費及び一般管理費明細データ

④ 抽出する科目コードを指定する

表示されたダイアログボックスで［以上］の右のボックスに「8300」，［以下］のボックスに「8399」と入力し，［OK］をクリックします。

⑤ 抽出結果を確認する

勘定科目コード8300番台の販売費及び一般管理費のみが抽出されます。

行	借方	勘定科目コード	勘定科目	貸方
1		決算整理後残高試算表		
7	7,225,150	8311	給料	
8	247,800	8312	広告宣伝費	
9	1,789,100	8313	発送費	
10	725,980	8314	旅費交通費	
12	1,584,000	8351	支払家賃	
13	897,570	8352	水道光熱費	
14	459,190	8353	通信費	
15	278,900	8354	修繕費	
16	187,900	8355	消耗品費	
17	897,400	8356	租税公課	
18	387,560	8357	法定福利費	
19	3,346,220	8358	減価償却費	
20	52,970	8359	貸倒引当金繰入	
22	79,840	8359	雑費	

→ 8300番台の勘定科目が抽出されます

⑥ 販売費及び一般管理費明細データに貼り付けて合計を算出する

抽出された販売費及び一般管理費の勘定科目と金額をコピーし，販売費及び一般管理費明細データのフォームに値のみ貼り付け，SUM関数を利用して「合計」を算出します。

```
     A1          ▼  : × ✓ fx
         A       B       C       D       E       F       G       H       I
 1
 2              販売費及び一般管理費明細データ
 3              給              料        7,225,150
 4              広 告 宣 伝 費             247,800
 5              発     送     費          1,789,100
 6              旅 費 交 通 費             725,980
 7              支  払  家  賃            1,584,000
 8              水 道 光 熱 費             897,570
 9              通     信     費            459,190
10              修     繕     費            278,900
11              消  耗  品  費              187,900
12              租  税  公  課              897,400
13              法 定 福 利 費              387,560
14              減 価 償 却 費            3,346,220
15              貸 倒 引 当 金 繰 入          52,970
16              雑              費            79,840
17                                                      それぞれコピーして値のみ貼り付けます
18
19
20                      合計              18,159,580   =SUM(D3:D16)
21
22
```

⑦ **設定したフィルターを解除する**

合計の算出が終わったら，決算整理後残高試算表のシートで［ホーム］タブの［並べ替えとフィルター］をクリックし，［フィルター］を選択します。設定したフィルターが解除され，すべての数値が表示されている元の状態に戻ります。

3.6.4 売上高販売費及び一般管理費比率の算出　四則演算　表示形式

売上高販売費及び一般管理費比率（売上高販管費比率）は，売上高に対してどれだけ販売費及び一般管理費がかかったかを示す経営指標で，この比率が少ないほど経費効率がよいことになります。当該比率は，販売費及び一般管理費を売上高で除して算出します。

売上高販売費及び一般管理費比率（％）＝販売費及び一般管理費÷売上高×100

ここでは，3.6.3の販売費及び一般管理費の合計金額と決算整理後残高試算表における売上高の金額を用いて売上高販管費比率（％）を算出します。その際，小数点以下1位未満の端数があるときは，その端数を四捨五入し，小数点第1位までを算出します。

なお，Excelでは表示形式を変更し，パーセント表示および小数点以下の桁数調整を行うため，100は掛けずに計算を行います。

3.6 販売費及び一般管理費明細データ

① 販売費及び一般管理費の合計金額を参照する

セルB24に，「=」と入力したあとセルD20を選択し，続いて「/」と入力します。

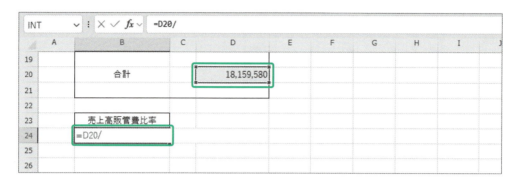

② 決算整理後残高試算表から売上高の金額を参照する

決算整理後残高試算表のシートを開き，セルD4を選択して Enter キーを押します。

③ 売上高販管費比率が算出される

セルB24に売上高販管費比率が算出されます。[ホーム]タブの[パーセントスタイル] % をクリックし，パーセント表示に変更します。小数点以下は四捨五入して表示されるため，ここでは，[ホーム]タブの[小数点以下の表示桁数を増やす]をクリックし，小数点第1位まで表示します。

3.6 販売費及び一般管理費明細データ

例題 3.6

次に示す決算整理後残高試算表より，販売費及び一般管理費明細データを完成させ，売上高販売費及び一般管理費比率（売上高販管費比率）を算出しなさい（小数点以下第2位を四捨五入すること）。

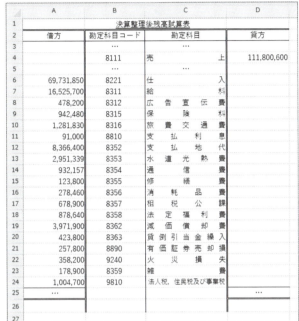
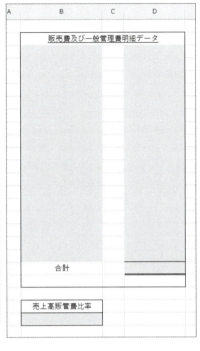

3.6 販売費及び一般管理費明細データ

> **解答**

	F	G	H	I
2	販売費及び一般管理費明細データ			
3	給　　　　　　　　料		16,525,700	
4	広　告　宣　伝　費		478,200	
5	保　　　険　　　料		942,480	
6	旅　費　交　通　費		1,281,830	
7	支　払　地　代		8,366,400	
8	水　道　光　熱　費		2,951,339	
9	通　　　信　　　費		932,157	
10	修　　　繕　　　費		123,800	
11	消　耗　品　費		278,460	
12	租　税　公　課		678,900	
13	法　定　福　利　費		878,640	
14	減　価　償　却　費		3,971,900	
15	貸　倒　引　当　金　繰　入		423,800	
16	雑　　　　　　　　費		178,900	
17				
18				
19				
20	合計		38,012,506	
21				
22				
23	売上高販管費比率			
24	34.0%			
25				

　決算整理後残高試算表の2行目にフィルターを設定し，勘定科目コード8300番台の販売費及び一般管理費のみを抽出します。

　抽出されたデータをコピーし，販売費及び一般管理費明細データに貼り付け，合計をSUM関数で算出します。

　売上高販売費及び一般管理費比率は，「販売費及び一般管理費合計÷売上高×100＝38,012,506÷111,800,600×100＝34.0%」となります。

　なお，Excelでは表示形式を変更し，パーセント表示および小数点以下の桁数調整を行うため，100は掛けずに計算を行い，問題の指示にしたがって，小数点以下第1位までのパーセント表示に変更します。またこの操作に入る前に決算整理後残高試算表のフィルターを解除しないと，売上高が表示されないので注意してください。

問題 3.6

次に示す決算整理後残高試算表より，販売費及び一般管理費明細データを完成させ，売上高販売費及び一般管理費比率（売上高販管費比率）を算出しなさい（小数点以下第2位を四捨五入すること）。

	A	B	C	D
1			決算整理後残高試算表	
2	借方	勘定科目コード	勘定科目	貸方
3		…	…	
4		8111	売　　　　　上	135,238,225
5		…	…	
6	81,731,850	8221	仕　　　　　入	
7	17,826,600	8311	給　　　　　料	
8	321,340	8312	広　告　宣　伝　費	
9	868,200	8313	発　　送　　費	
10	215,520	8314	販　売　促　進　費	
11	934,580	8316	旅　費　交　通　費	
12	122,500	8810	支　払　利　息	
13	7,640,000	8351	支　払　家　賃	
14	2,951,339	8353	水　道　光　熱　費	
15	772,213	8354	通　　信　　費	
16	78,540	8355	修　　繕　　費	
17	356,800	8356	消　耗　品　費	
18	513,400	8357	租　税　公　課	
19	878,640	8358	法　定　福　利　費	
20	312,870	8359	福　利　厚　生　費	
21	4,487,870	8362	減　価　償　却　費	
22	388,000	8363	貸倒引当金繰入	
23	179,200	9210	固　定　資　産　売　却　損	
24	523,170	9240	火　災　損　失	
25	166,800	8359	雑　　　　　費	
26	4,277,500	9810	法人税, 住民税及び事業税	
27	…			…

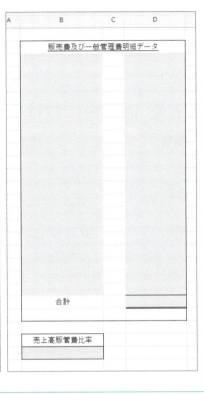

Part 3

3.7 消費税

▶ 3_07_消費税.xlsx

学習のポイント
- 消費税の適格請求書（インボイス）を理解する
- Excelで適格請求書を作成する

3.7.1 消費税における適格請求書の位置付け

消費税は商製品の販売やサービスの提供などの取引に対して，広く課される税金です。税額は最終的には商製品を購入またはサービスの提供を受ける消費者が負担しますが，納付手続は事業者（企業）が行います。このような仕組みをもつ税金を**間接税**といいます。なお，本書では執筆時点（令和7年2月）の税率で解説します。

消費税は厳密には消費税（国税：標準税率7.8%）と地方消費税（地方税：標準税率2.2%）に分かれます。消費税と地方消費税は，商製品の販売やサービス提供にかかる税金としては同質ですが，それぞれの納付先が異なります。ただし，これらの事務処理においては，両税金をまとめて所轄の税務署に納付します。

企業が商製品を販売あるいはサービスを提供した場合，消費税を加算した上でその代金を徴収します（課税売上に係る消費税額）。また，企業が商製品を購入あるいはサービスを受けた場合，消費税を加算した上でその代金を支払います（課税仕入等に係る消費税額）。その上で企業は，課税売上に係る消費税額から課税仕入等に係る消費税額を差し引いた金額を国等に納めます。その際，仕入税額を控除するためには**適格請求書（インボイス）**等の作成・保存が必要とされます。

消費税の仕訳では，**税抜経理方式**がとられます。したがって，課税取引については，取引本体価格と消費税金額とを分解して入力しなければなりません。また，仕訳の元となるのは取引時に発行される請求書であり，これが適格請求書です。

◆ 端数処理の重要性

適格請求書では，取引の様々な情報が明示されますが，実務上問題となるのが端数処理です。端数処理は，1枚の請求書や納品書ごとに税率別に1回のみとされます。そのため，個別の商品ごとに端数処理をすることはできません。また，単一の適格請求書で標準税率10%と軽減税率8%が混在する場合は，一度それぞれの税率で端数処理を行った上で，それらを合算した金額を記載します。なお，端数処理については，切り上げ，切り捨て，四捨五入など任意の方法とすることができます。

3.7.2 消費税の適格請求書の作成　四則演算　ROUNDDOWN　SUM

ここでは，8％税率の商品を2種類，10％税率の商品を2種類販売し，1つの請求書とした場合の適格請求書を作成します。

① フォームを開く

消費税のフォームを開きます。

	A	B	C	D	E	F
1						
2			請求書			
3					2025年6月1日	
4		(株)練馬ストア　御中			登録番号T0210xxxxx7654	
5					佐久ファーム(株)	
6		請求金額（税込）				
7		*は軽減税率対象				
8		品名	数量	単価	金額（税抜）	消費税額
9		キャベツ*	166	167	27,722	ー
10		大葉*	394	67	26,398	ー
11		花卉	114	77	8,778	ー
12		肥料	114	417	47,538	ー
13		8％対象 計				
14		10％対象 計				

② それぞれの税抜金額合計を算出する

8％税率の商品の税抜金額合計と，10％税率の商品の税抜金額合計をそれぞれセルE13とセルE14で算出します。

	A	B	C	D	E	F
1						
2			請求書			
3					2025年6月1日	
4		(株)練馬ストア　御中			登録番号T0210xxxxx7654	
5					佐久ファーム(株)	
6		請求金額（税込）				
7		*は軽減税率対象				
8		品名	数量	単価	金額（税抜）	消費税額
9		キャベツ*	166	167	27,722	ー
10		大葉*	394	67	26,398	ー
11		花卉	114	77	8,778	ー
12		肥料	114	417	47,538	ー
13		8％対象 計			54,120	=E9+E10
14		10％対象 計			56,316	=E11+E12

③ 8%対象の消費税額を算出する

8%税率の商品の税抜金額合計（セルE13）についての消費税額をセルF13で算出します。ここでは円未満端数切り捨てを行うため，**ROUNDDOWN関数**を入力します。ROUNDDOWN関数は，指定した数値の桁数の切り捨てを行う関数です。

=ROUNDDOWN(E13*0.08,0)

第1引数の［数値］には切り捨ての対象となる数値（ここでは「**E13*0.08**」）を指定し，第2引数［桁数］には数値を切り捨てた結果の桁数（ここでは「0」）を指定します。これでセルE13の金額の「8%」相当額の小数点未満が切り捨て処理されます。

	A	B	C	D	E	F	G	H
1								
2			請求書					
3						2025年6月1日		
4		(株)練馬ストア　御中			登録番号T0210xxxxx7654			
5					佐久ファーム(株)			
6		請求金額（税込）						
7		*は軽減税率対象						
8		品名	数量	単価	金額（税抜）	消費税額		
9		キャベツ*	166	167	27,722	ー		
10		大葉*	394	67	26,398	ー		
11		花卉	114	77	8,778	ー		
12		肥料	114	417	47,538	ー		
13		8%対象 計			54,120	=ROUNDDOWN(E13*0.08,0)		
14		10%対象 計			56,316			
15								
16								

④ 10%対象の消費税額を算出する

③と同様に，10%税率の商品の税抜金額合計（セルE14）についての消費税額をセルF14で算出するため，ROUNDDOWN関数を入力します。

=ROUNDDOWN(E14*0.1,0)

3.7 消費税

	A	B	C	D	E	F	G
1							
2			請求書				
3					2025年6月1日		
4		(株)練馬ストア　御中			登録番号T0210xxxxx7654		
5					佐久ファーム(株)		
6		請求金額（税込）					
7		*は軽減税率対象					
8		品名	数量	単価	金額（税抜）	消費税額	
9		キャベツ*	166	167	27,722	—	
10		大葉*	394	67	26,398	—	
11		花卉	114	77	8,778	—	
12		肥料	114	417	47,538	—	
13		8%対象 計			54,120	4,329	
14		10%対象 計			56,316	=ROUNDDOWN(E14*0.1,0)	
15							
16							

⑤ 請求金額（税込）を算出する

　請求金額は，「8%対象計」の金額（税抜）と消費税額および「10%対象計」の金額（税抜）と消費税額の4つのセルの合計をもって明示します。そのためにセルC6でSUM関数を利用してセル範囲E13:F14の合計を算出します。すなわち，セルE13，セルE14，セルF13，セルF14の合計額（¥120,396）となります。

	A	B	C	D	E	F	G
1							
2			請求書				
3					2025年6月1日		
4		(株)練馬ストア　御中			登録番号T0210xxxxx7654		
5					佐久ファーム(株)		
6		請求金額（税込）	=SUM(E13:F14)				
7		*は軽減税率対象					
8		品名	数量	単価	金額（税抜）	消費税額	
9		キャベツ*	166	167	27,722	—	
10		大葉*	394	67	26,398	—	
11		花卉	114	77	8,778	—	
12		肥料	114	417	47,538	—	
13		8%対象 計			54,120	4,329	
14		10%対象 計			56,316	5,631	
15							
16							

この4つのセルの合計額が，請求金額になります

3.7 消費税

例題 3.7

次に示す請求書（消費税額の端数処理は，切り捨てによる）を完成させなさい。なお，消費税額の計算には，ROUNDDOWN関数を使用すること。

	A	B	C	D	E	F	G
1							
2			請求書				
3						2025年6月1日	
4		(株)スーパー板橋　御中			登録番号T0210xxxxx5432		
5						世田谷商事(株)	
6		請求金額（税込）					
7		*は軽減税率対象					
8		品名	数量	単価	金額（税抜）	消費税額	
9		醤油500ml*	133	207		—	
10		サラダ油400g*	215	189		—	
11		みりん360ml	77	271		—	
12		ビニール袋100枚	265	94		—	
13		8%対象 計					
14		10%対象 計					
15							

解答

	A	B	C	D	E	F	G
1							
2			請求書				
3						2025年6月1日	
4		(株)スーパー板橋　御中			登録番号T0210xxxxx5432		
5						世田谷商事(株)	
6		請求金額（税込）	123,973				
7		*は軽減税率対象					
8		品名	数量	単価	金額（税抜）	消費税額	
9		醤油500ml*	133	207	27,531	—	
10		サラダ油400g*	215	189	40,635	—	
11		みりん360ml	77	271	20,867	—	
12		ビニール袋100枚	265	94	24,910	—	
13		8%対象 計			68,166	5,453	
14		10%対象 計			45,777	4,577	
15							

数量×単価で各商品の金額（税抜）を算出し，その上で8％対象，10％対象の税抜金額の合計をそれぞれ算出します。続いて，セルF13およびセルF14にROUNDDOWN関数を入力の上，消費税額を算出し，セルC6にSUM関数を利用して「E13:F14」の合計を算出します。

問題 3.7

次に示す請求書（消費税額の端数処理は，切り捨てによる）を完成させなさい。なお，消費税額の計算には，ROUNDDOWN関数を使用すること。

	A	B	C	D	E	F	G
1							
2				請求書			
3						2025年7月31日	
4		(株)葛飾商店　御中				登録番号T0210xxxxx3210	
5						(株)船橋商事	
6		請求金額（税込）					
7		*は軽減税率対象					
8		品名	数量	単価	金額（税抜）	消費税額	
9		ミネラルウォーター*	480	88		―	
10		清涼飲料水*	96	101		―	
11		ワイン	15	1,236		―	
12		日本酒	36	2,871		―	
13		グラス	24	127		―	
14		8%対象 計					
15		10%対象 計					

Part 3

3.8 商品有高管理データ

▶ 3_08_商品有高管理データ.xlsx

学習の ポイント
- 商品有高管理データ（商品有高帳）の意義を理解する
- Excelで商品有高管理データを作成する
- 商品有高管理データから商品別の売上総利益を算出する

3.8.1 商品有高管理データの意義

商品有高管理データ（商品有高帳）とは，商品の増減と残高を記録する補助データ（補助簿）です。商品有高管理データでは，商品の種類ごとに口座を設け，その受入・払出及び残高について，数量・単価・金額を入力することで，商品の在庫管理とともに商品の種類ごとの売上原価などの原価管理が可能となります。そのために，データへの金額入力はすべて原価ベースで行われます。

3.8.2 商品有高管理データの作成（先入先出法）　スピル　四則演算　SUM　IF

商品有高管理データには，取扱商品別に口座を設け，その仕入・売上取引ごとに，日付，摘要（仕入/売上），数量，単価，取引金額を入力します。さらに，取引があった日の残高について数量，単価，残高金額を入力します。なお，売上原価の算出方法としては，先入先出法，移動平均法などいくつかの方法が認められており，払出欄および残高欄は採用する方法によって異なります。

ここでは次の7月の取引を，**先入先出法**によって商品有高管理データに入力します。先入先出法は，先に仕入れた（受け入れた）商品から先に販売した（払い出した）と仮定して，商品の受け払いと残高を記録する方法です。

[取引]

7/1　A1商品（商品コード101）の前月繰越高は¥141,600（12個，@¥11,800）であった。
7/3　市ヶ谷商事（株）からA1商品を¥82,600（7個，@¥11,800）で掛仕入した。
7/9　四谷物産（株）からA1商品を¥59,600（5個，@¥11,920）で掛仕入した。
7/15　麹町商店（株）にA1商品を¥326,000（20個，@¥16,300）で掛売上した。
7/20　四谷物産（株）からA1商品を¥120,700（10個，@¥12,070）で掛仕入した。
7/26　春日商店（株）にA1商品を¥194,400（12個，@¥16,200）で掛売上した。

① フォームを開く

商品有高管理データ（先入先出法）のフォームを開きます。

	A	B	C	D	E	F	G	H	I	J	K
1	商品有高管理データ		2025/7/1		～	2025/7/31					
2	商品名	A1商品		商品コード		101					
3		（先入先出法）									
4	日付	摘要	受入数量	受入単価	受入金額	払出数量	払出単価	払出金額	残高数量	残高単価	残高金額
5											
6											
7											
8											
9											

② 関数を入力する

　受入金額，払出金額，残高金額の各列で「数量×単価」の計算が行えるよう設定します。空白処理を施した次のIF関数をセルE5に入力します（詳しくは3.4参照）。今回は，「数量」のセルC5に何も入力されていない場合には空白を，入力されていれば金額計算を行うよう関数を設定します。

$$=IF(C5="","",C5*D5)$$

③ 関数をコピーする

　セルE5の関数を，払出金額のセルH5，残高金額のセルK5にもコピーします。なお，数式中の参照セルは自動的に変更されます。さらに1ヶ月分の入力に備え，受入金額のセルE5，払出金額のセルH5，残高金額のセルK5の関数をそれぞれ15行目までコピー先の書式が変更されないよう，書式なしでオートフィルでコピーします。これで，「数量」と「単価」を入力すれば自動的に金額が算出されます。

3.8 商品有高管理データ

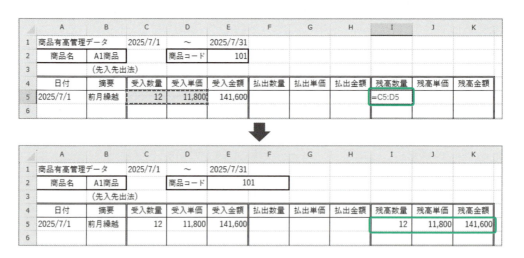

④ スピル機能を使って取引を入力する

7月1日の取引を入力します。日付，摘要，受入数量，受入単価を入力すると受入金額が算出されます。残高数量と残高単価は受入の数値と同じなので，ここでは，**スピル機能**を利用して数値を入力します。残高数量のセルI5に「`=`」と入力し，続いて，セル範囲「`C5:D5`」を選択して Enter キーを押します。これにより，セルI5とセルJ5に自動的に数値が表示されます。

このようにスピル機能は，数式を入力したセルだけでなく，隣接するセルにも結果が表示される機能です（Excelのバージョンによってはスピル機能を使えない場合がありますので，その際は1セルずつ参照してください）。なお，スピル表示させようとした範囲にすでに値が入力されていると，[**#スピル!**]エラーが発生します。

　これで，セル範囲を一括して参照することができます。Excelでは，数値の移記を元データの参照によって行うことが，ミス防止や作業効率の観点から重要になります。また，ミスがあった場合でも，参照されていない元の数値のみを修正すればすべての数値が修正されます。

⑤ 続けて取引を入力する

7月3日と7月9日の取引を入力します。7月3日の仕入は7月1日の単価と同額(@¥11,800)であり，残高数量は「19」となります。残高単価はセルD5を参照します。これに対し，7月9日の仕入は7月3日の単価と異なります。先入先出法では，単価の異なる商品の受入・払出・残高には，先に仕入れたものから順番に別々の行に分けて入力します。なお，帳簿（紙ベース）では単価の異なる商品を｛（左波括弧）でくくりますが，Excel操作が煩雑になるため，ここでは色付けで表現します。ここまでの入力結果は次のとおりです。

	A	B	C	D	E	F	G	H	I	J	K
1	商品有高管理データ		2025/7/1		～	2025/7/31					
2	商品名	A1商品		商品コード		101					
3		（先入先出法）									
4	日付	摘要	受入数量	受入単価	受入金額	払出数量	払出単価	払出金額	残高数量	残高単価	残高金額
5	2025/7/1	前月繰越	12	11,800	141,600				12	11,800	141,600
6	2025/7/3	仕入	7	11,800	82,600				19	11,800	224,200
7	2025/7/9	仕入	5	11,920	59,600		=I6:J6		19	11,800	224,200
8							=C7:D7		5	11,920	59,600
9											

⑥ 残りの取引を入力する

残りの7月中の取引を入力します。なお，取引例において売上時の単価として売価が付与されますが，商品有高管理データは原価管理を目的とするため，払出欄への入力も受入欄の入力と同様に原価で行うことに注意します。また，スピル機能を用いて参照されたセル範囲「**I7:J7**」をさらに参照したセルF9には「**=I7#**」と入力されます。「**#**」は**スピル演算子**とよばれ，セルI7を先頭とするスピル範囲演算子は直接入力することもできます。

	A	B	C	D	E	F	G	H	I	J	K
1	商品有高管理データ		2025/7/1		～	2025/7/31					
2	商品名	A1商品		商品コード		101					
3		（先入先出法）									
4	日付	摘要	受入数量	受入単価	受入金額	払出数量	払出単価	払出金額	残高数量	残高単価	残高金額
5	2025/7/1	前月繰越	12	11,800	141,600				12	11,800	141,600
6	2025/7/3	仕入	7	11,800	82,600				19	11,800	224,200
7	2025/7/9	仕入	5	11,920	59,600				19	11,800	224,200
8									5	11,920	59,600
9	2025/7/15	売上		=I7#（I7:J7を参照）		19	11,800	224,200			
10						1	11,920	11,920	4	11,920	47,680
11	2025/7/20	仕入	10	12,070	120,700				4	11,920	47,680
12									10	12,070	120,700
13	2025/7/26	売上		=I11#（I11:J11を参照）		4	11,920	47,680			
14						8	12,070	96,560	2	12,070	24,140

⑦ 商品有高管理データを締め切る

期間末（週末/月末など）ごとに，商品有高管理データを締め切ります。取引記録の次の行（15行目）に期間末の日付（7月31日）で，次月繰越として最後の取引があった時点の残高（7月26日）を払出欄に入力します。

3.8 商品有高管理データ

　続いて，7月中の受入・払出の数量合計と金額合計を最終行（16行目）でSUM関数を利用して算出し，17行目に次月の開始入力として前月繰越金額を入力します。17行目の受入数量，受入単価は前期間末（7月31日）の払出数量，払出単価をスピル機能を用いて移記します。残高数量，残高単価は受入欄から数値を移記します。さらに，次月の入力に備え，3つの金額欄（セルE17，H17，K17）にはセルE5の関数をコピーします。

期間末の日付で最後の取引があった時点の残高を入力します

	A	B	C	D	E	F	G	H	I	J	K
13	2025/7/26	売上				4	11,920	47,680			
14						8	12,070	96,560	2	12,070	24,140
15	2025/7/31	次月繰越				2	12,070	24,140			
16			34		404,500	34		404,500			
17	2025/8/1	前月繰越	2	12,070	24,140				2	12,070	24,140
18											

=SUM(E5:E15)　　=SUM(H5:H15)

　なお，セルE16とセルH16の左上には，三角マークが表示されています。これは**エラーインジケーター**とよばれ，エラーの可能性があることを表しています。今回のエラーインジケーターは，周辺のセルの数式や関数と異なることによって表示されていますが，問題が無いためセルE16とセルH16をそれぞれ選択し，表示された「！」マークの三角形をクリックすると表示されるメニューから［エラーを無視する］を選択します。

3.8.3　商品有高管理データの作成（移動平均法）　四則演算　SUM　IF　IFERROR

　3.8.2の取引例を**移動平均法**によって商品有高管理データに入力します。移動平均法では，仕入取引（受入）のたびに平均単価を計算し直します。このため，フォームに入力する関数を変更しなければなりません。

① フォームを開く

商品有高管理データ（移動平均法）のフォームを開きます。

	A	B	C	D	E	F	G	H	I	J	K
1	商品有高管理データ		2025/7/1		～	2025/7/31					
2	商品名	A1商品		商品コード		101					
3		（移動平均法）									
4	日付	摘要	受入数量	受入単価	受入金額	払出数量	払出単価	払出金額	残高数量	残高単価	残高金額
5											
6											
7											
8											
9											

② 関数を入力してコピーする

3.8.2の手順②と同様に，受入金額と払出金額の列で「数量×単価」の計算が行えるよう次の関数をセルE5に入力し，受入金額（E列）・払出金額（H列）のほかのセルにもオートフィルでコピーします（11行目まで）。なお，残高金額（K列）には別の関数を入力するためコピーしません。

$$=IF(C5="","",C5*D5)$$

③ 残高数量・残高金額の設定を行う

平均単価を自動的に「残高金額÷残高数量」と計算できるように，残高数量と残高金額の設定を行います。

最初に，残高数量の設定を行います。空白処理を施した次のIF関数をセルI5に入力します。数式は「直前の残高数量セルI4＋受入数量セルC5－払出数量セルF5」となります。

$$=IF(A5="","",I4+C5-F5)$$

次に，残高金額の設定を行います。空白処理を施した次のIF関数をセルK5に入力します。数式は「直前の残高金額セルK4＋受入金額セルE5－払出金額セルH5」となります。

$$=IF(A5="","",K4+E5-H5)$$

最後に，残高数量（I列）・残高金額（K列）のほかのセルにも関数を書式なしで数値のみオートフィルでコピーします（10行目まで）。

3.8 商品有高管理データ

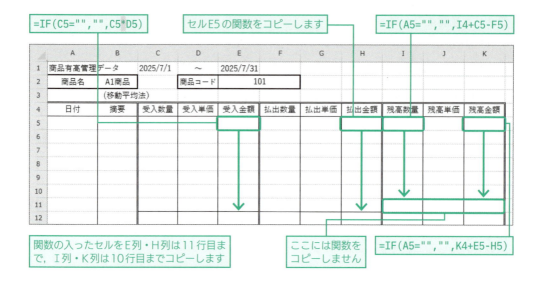

④ IFERROR関数を使って残高単価の設定を行う

残高単価の計算「残高金額÷残高数量」を行うため，次の関数をセルJ5に入力し，以降のセルにも書式なしで数式のみオートフィルでコピーします（10行目まで）。

$$\text{=IFERROR(K5/I5,"")}$$

セルJ5に数式「=K5/I5」を入力するだけでは，［#VALUE!］エラーが表示されます。この［#VALUE!］エラーは，数式に文字が含まれていると発生します。今回のケースでは，セルI5とセルK5に設定したIF関数の結果である空白の文字列「""」が計算に含まれているために発生しました。そこで，**IFERROR関数**を用いて，エラーが発生した場合には空白となるように処理をしておきます（2.11参照）。IFERROR関数は，エラーが発生した場合にエラーの代わりに表示する値を指定できる関数です。第1引数［値］にはエラーが無い場合の値または数式（ここでは「残高金額セルK5÷残高数量セルI5」）を入力します。第2引数［エラーの場合の値］には，エラーが発生したときの値（ここでは空白「""」）を指定します。

⑤ 取引を入力する

7月1日の取引を入力します。入力すると，残高数量セルI5と残高金額セルK5にも

［#VALUE!］エラーが表示されます。

	A	B	C	D	E	F	G	H	I	J	K
1	商品有高管理データ			2025/7/1	～	2025/7/31					
2	商品名	A1商品		商品コード		101					
3		(移動平均法)									
4	日付	摘要	受入数量	受入単価	受入金額	払出数量	払出単価	払出金額	残高数量	残高単価	残高金額
5	2025/7/1	前月繰越	12	11,800	141,600				#VALUE!		#VALUE!
6											
7											

　今回のケースでは，セルI4とセルK4が見出しの文字列であるために発生しました。さらに，セルH5に設定したIF関数の結果である文字列「""」もエラーの原因となります。

⑥ エラー表示に対処する

　このエラー表示の対処法はいくつかありますが，ここでは，「文字列をゼロとみなして計算する」方法を示します。

　［ファイル］タブのメニューから［オプション］を選択します。表示された［Excelのオプション］ダイアログボックスで［詳細設定］をクリックして最下部にある［Lotusとの互換性の設定の適用先］に商品有高管理データのシートを指定し，［計算方式を変更する］にチェックを入れて［OK］をクリックします。これで，文字列をゼロとみなして計算が行われます。なお，この設定はシートごとに行われますので，ほかのシートに影響はありません。

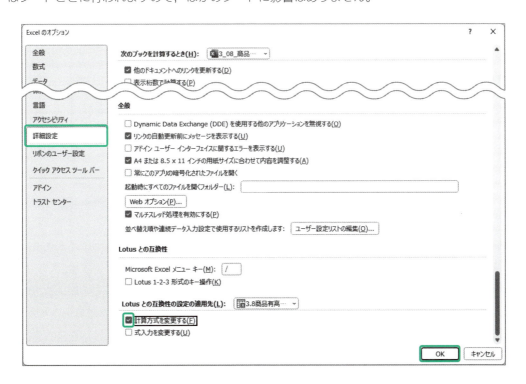

文字列がゼロとみなされて計算され，エラー表示が消えます。

	A	B	C	D	E	F	G	H	I	J	K
1	商品有高管理データ		2025/7/1		～	2025/7/31					
2	商品名	A1商品		商品コード		101					
3		(移動平均法)									
4	日付	摘要	受入数量	受入単価	受入金額	払出数量	払出単価	払出金額	残高数量	残高単価	残高金額
5	2025/7/1	前月繰越	12	11,800	141,600				12	11,800	141,600
6											
7											
8											
9											
10											

⑦ データを完成させる

　7月3日からの取引の数量と単価を入力すると，関数を設定したセルは自動計算されます。続いて3.8.2と同様に締切と次月の開始入力を行い，商品有高管理データを完成させます。結果を示すと次のようになります。受入金額，払出金額，残高数量，残高単価，残高金額の各列には，次月の入力に備え，5行目の数式をコピーします。

	A	B	C	D	E	F	G	H	I	J	K
1	商品有高管理データ		2025/7/1		～	2025/7/31					
2	商品名	A1商品		商品コード		101					
3		(移動平均法)									
4	日付	摘要	受入数量	受入単価	受入金額	払出数量	払出単価	払出金額	残高数量	残高単価	残高金額
5	2025/7/1	前月繰越	12	11,800	141,600				12	11,800	141,600
6	2025/7/3	仕入	7	11,800	82,600				19	11,800	224,200
7	2025/7/9	仕入	5	11,920	59,600				24	11,825	283,800
8	2025/7/15	売上				20	11,825	236,500	4	11,825	47,300
9	2025/7/20	仕入	10	12,070	120,700				14	12,000	168,000
10	2025/7/26	売上				12	12,000	144,000	2	12,000	24,000
11	2025/7/31	次月繰越				2	12,000	24,000			
12			34		404,500	34		404,500			
13	2025/8/1	前月繰越	2	12,000	24,000				2	12,000	24,000
14											
15											

3.8.4 商品有高管理データから売上原価を算出する　四則演算　SUM

　商品有高管理データからは，取扱商品の種類ごとに**売上原価**を把握することができます。また，売上高から売上原価を控除して取扱商品の種類ごとの**売上総利益**を把握できます。

　取扱商品の種類ごとの売上原価は，値引・返品を仕入・売上のマイナスとして処理する方法を前提として，商品有高管理データの払出金額（次月繰越を除く）を集計することで算出されます。その上で，対象となる売上取引での売価合計を売上データ等から把握し，そこから商品有高管理データで計算される売上原価を差し引くことで売上総利益を算出できます。

	日付	摘要	受入数量	受入単価	受入金額	払出数量	払出単価	払出金額	残高数量	残高単価	残高金額
4	日付	摘要	受入数量	受入単価	受入金額	払出数量	払出単価	払出金額	残高数量	残高単価	残高金額
5	2025/7/1	前月繰越	12	11,800	141,600				12	11,800	141,600
6	2025/7/3	仕入	7	11,800	82,600				19	11,800	224,200
7	2025/7/9	仕入	5	11,920	59,600				19	11,800	224,200
8									5	11,920	59,600
9	2025/7/15	売上				19	11,800	224,200			
10						1	11,920	11,920	4	11,920	47,680
11	2025/7/20	仕入	10	12,070	120,700				4	11,920	47,680
12									10	12,070	120,700
13	2025/7/26	売上				4	11,920	47,680			
14						8	12,070	96,560	2	12,070	24,140
15	2025/7/31	次月繰越				2	12,070	24,140			
16			34		404,500	34		404,500			
17	2025/8/1	前月繰越	2	12,070	24,140				2	12,070	24,140

（払出金額欄の枠で囲まれた部分：売上原価）

3.8.2 先入先出法のケースでは，払出金額の合計￥380,360が売上原価となり（枠で囲まれた部分であり，次月繰越￥24,140は含めません），これに対応する売上高は￥520,400（＝7月15日売上分￥326,000＋7月26日売上分￥194,400）ですから，売上総利益は￥140,040となります。数式は次のとおりです。

売上総利益￥140,040＝売上高￥520,400−売上原価￥380,360

COLUMN

エラーインジケーターが表示される原因

エラーインジケーターが表示される原因の主なものは次の4つです。

①周辺のセルの数式や関数と異なっている
②文字列の書式が設定されているセルに数値が入力されている
③入力された数式や関数にエラーがある
④数式や関数が計算できない

なお，③や④の場合には，［#VALUE!］などのエラー値もあわせて表示されます。

3.8 商品有高管理データ

例題 3.8

(1)次に示す商品有高管理データを先入先出法によって完成させなさい。その上で，(2)当該期間におけるC3商品の売上高と売上原価，売上総利益の金額を示しなさい。

7月18日の売上数量は19個，売価は@¥14,300，7月29日の売上数量は3個，売価は@¥14,300である。

	A	B	C	D	E	F	G	H	I	J	K
1	商品有高管理データ		2025/7/1	～	2025/7/31						
2	商品名	C3商品		商品コード	303						
3		(先入先出法)									
4	日付	摘要	受入数量	受入単価	受入金額	払出数量	払出単価	払出金額	残高数量	残高単価	残高金額
5	2025/7/1	前月繰越	12	11,440	137,280						
6	2025/7/4	仕入	5	11,440	57,200						
7	2025/7/16	仕入	4	11,880	47,520						
8											
9	2025/7/18	売上									
10											
11	2025/7/27	仕入	4	11,990	47,960						
12											
13	2025/7/29	売上									
14											
15	2025/7/31	次月繰越									
16			25		289,960						
17	2025/8/1	前月繰越									
18											
19											
20											

解 答

(1)

	A	B	C	D	E	F	G	H	I	J	K
1	商品有高管理データ		2025/7/1	～	2025/7/31						
2	商品名	C3商品		商品コード	303						
3		(先入先出法)									
4	日付	摘要	受入数量	受入単価	受入金額	払出数量	払出単価	払出金額	残高数量	残高単価	残高金額
5	2025/7/1	前月繰越	12	11,440	137,280				12	11,440	137,280
6	2025/7/4	仕入	5	11,440	57,200				17	11,440	194,480
7	2025/7/16	仕入	4	11,880	47,520				17	11,440	194,480
8									4	11,880	47,520
9	2025/7/18	売上				17	11,440	194,480			
10						2	11,880	23,760	2	11,880	23,760
11	2025/7/27	仕入	4	11,990	47,960				2	11,880	23,760
12									4	11,990	47,960
13	2025/7/29	売上				2	11,880	23,760			
14						1	11,990	11,990	3	11,990	35,970
15	2025/7/31	次月繰越				3	11,990	35,970			
16			25		289,960	25		289,960			
17	2025/8/1	前月繰越	3	11,990	35,970				3	11,990	35,970

3.8.2に示した手順で商品有高管理データを作成します。金額欄に入力する関数については，セルE5を例に示すと，次のとおりとなり，これをほかの金額欄のセルにもコピーします。

$$=IF(C5="","",C5*D5)$$

7月中の取引を入力します。その際，元データの値を参照することに注意します。次に，次月繰越として，7月29日の残高の払出を入力します。続いて，7月中の受入・払出の数量合計と金額合計を最終行（16行目）で算出します。その上で，17行目に開始入力として繰越金額を入力します。

(2)

売上高￥314,600，売上原価￥253,990，売上総利益￥60,610

売上高については，「19個×@14,300＋3個×@14,300」で算出します。売上原価は，7月18日と7月29日の払出金額を合計します。最後に，「売上高－売上原価」によって，売上総利益を算出します。

3.8 商品有高管理データ

問題 3.8

(1) 次に示す商品有高管理データを移動平均法によって完成させなさい。その上で、(2) 当該期間におけるC3商品の売上高と売上原価、売上総利益の金額を示しなさい。

7月18日の売上数量は19個，売価は@¥14,300，7月29日の売上数量は3個，売価は@¥14,300である。

	A	B	C	D	E	F	G	H	I	J	K
1	商品有高管理データ		2025/7/1	～	2025/7/31						
2	商品名	C3商品		商品コード	303						
3		(移動平均法)									
4	日付	摘要	受入数量	受入単価	受入金額	払出数量	払出単価	払出金額	残高数量	残高単価	残高金額
5	2025/7/1	前月繰越	12	11,440	137,280						
6	2025/7/4	仕入	5	11,440	57,200						
7	2025/7/16	仕入	4	11,860	47,440						
8	2025/7/18	売上									
9	2025/7/27	仕入	4	11,994	47,976						
10	2025/7/29	売上									
11	2025/7/31	次月繰越									
12			25		289,896						
13	2025/8/1	前月繰越									
14											
15											
16											
17											
18											
19											
20											

Part 3

3.9 売掛金管理データ・買掛金管理データ

▶ 3_09_売掛金管理データ・買掛金管理データ.xlsx

学習のポイント
- 売掛金管理データ（売掛金元帳）・買掛金管理データ（買掛金元帳）の意義を理解する
- Excelで売掛金管理データ・買掛金管理データを作成する

3.9.1 売掛金管理データ・買掛金管理データの意義

売掛金管理データ（売掛金元帳）とは，得意先に対する売掛金の増減と残高を記録する補助データ（補助簿）です。**買掛金管理データ**（買掛金元帳）とは，仕入先に対する買掛金の増減と残高を記録する補助データです。売掛金管理データ・買掛金管理データによって，得意先・仕入先に対する債権・債務の管理が容易になります。

3.9.2 売掛金管理データ・買掛金管理データの作成 　四則演算　SUM　IF

売掛金管理データは，取引を仕訳した際の売掛金の増減にあわせて，得意先ごとにその増減を記録します。取引日ごとの売掛金残高を記録するために，残高欄にはその時点における売掛金残高を記録します。同様に，買掛金管理データは，取引を仕訳した際の買掛金の増減にあわせて，仕入先ごとにその増減を記録します。残高欄への買掛金残高の入力方法は売掛金管理データと同様です。

ここでは，7月（集計期間1ヶ月）の売掛金管理データを作成します。

① フォームを開く

売掛金管理データのフォームを開きます。売掛金の決済方法は，売掛金管理上重要な情報であることから，独立の列項目として設定しています。

	A	B	C	D	E	F	G
1	売掛金管理データ		2025/7/1	～	2025/7/31		
2	得意先コード	10020	得意先名	(株)那覇産業			
3							
4	日付	摘要	決済方法	借方	貸方	残高	
5							
6							
7							

項目として独立させます

② 残高欄に関数を設定する

残高欄の設定を行います。設定方法は3.4の手順同様，セルF5には「**=D5**」と入力します。セルF6には，「直前の残高セルF5＋借方セルD6－貸方セルE6」という数式に，IF関数で空白処理を適用します。

$$=IF(A6="","",F5+D6-E6)$$

また，1ヶ月分の入力に備え，セルF6の関数を以降のセル（11行目まで）にもオートフィルでコピーします。これで，「借方」「貸方」に数値を入力すれば自動的に残高が算出されます。

	A	B	C	D	E	F	G
1	売掛金管理データ		2025/7/1	～	2025/7/31		
2	得意先コード	10020	得意先名	(株)那覇産業			
3							
4	日付	摘要	決済方法	借方	貸方	残高	
5						0	
6						=IF(A6="","",F5+D6-E6)	
7							
8							
9							
10							
11							

=D5　関数を入力して11行目までコピーします

③ 取引を入力する

次の(株)那覇産業（得意先コード10020）との売掛金取引に基づいて，1ヶ月分の売掛金取引を入力します。

[取引]

7月1日　月初の売掛金残高は￥420,970であった。
7月6日　(株)那覇産業に商品￥835,010を売り渡し，代金は掛けとした。
7月9日　(株)那覇産業から売掛金￥691,460を普通預金への入金により回収した。
7月15日　(株)那覇産業に商品￥604,230を売り渡し，代金は掛けとした。
7月20日　7月15日に売り渡した商品のうち￥182,270が，品違いのため返品された。
7月24日　(株)那覇産業から売掛金￥393,030を現金で回収した。
7月27日　(株)那覇産業から売掛金￥292,570を普通預金への入金により回収した。

3.9 売掛金管理データ・買掛金管理データ

	A	B	C	D	E	F
1	売掛金管理データ		2025/7/1	～	2025/7/31	
2	得意先コード	10020	得意先名	(株)那覇産業		
3						
4	日付	摘要	決済方法	借方	貸方	残高
5	2025/7/1	前月繰越		420,970		420,970
6	2025/7/6	売上		835,010		1,255,980
7	2025/7/9	入金	普通預金		691,460	564,520
8	2025/7/15	売上		604,230		1,168,750
9	2025/7/20	返品			182,270	986,480
10	2025/7/24	入金	現金		393,030	593,450
11	2025/7/27	入金	普通預金		292,570	300,880
12						

④ 次期繰越を入力する

締切期間末（週末や月末など，ここでは月末の7月31日とします）ごとに，直前の残高金額をもって次月繰越金額とし，貸方のセルE12に参照入力します（「**=F11**」）。

⑤ 借方・貸方の合計金額を算出する

13行目で，今月の借方・貸方の合計金額をSUM関数で算出し，同額であることを確認します。また，合計線と締切線も引きます。

⑥ 前月繰越を入力する

最後に，7月31日の次月繰越金額を14行目に前月繰越としてセルD14に参照入力し（「**=E12**」），残高のセルF14にセルF11のIF関数をコピーします。

=SUM(D5:D12)　　直前の残高金額（＝F11）　　=SUM(E5:E12)

	A	B	C	D	E	F
1	売掛金管理データ		2025/7/1	～	2025/7/31	
2	得意先コード	10020	得意先名	(株)那覇産業		
3						
4	日付	摘要	決済方法	借方	貸方	残高
5	2025/7/1	前月繰越		420,970		420,970
6	2025/7/6	売上		835,010		1,255,980
7	2025/7/9	入金	普通預金		691,460	564,520
8	2025/7/15	売上		604,230		1,168,750
9	2025/7/20	返品			182,270	986,480
10	2025/7/24	入金	現金		393,030	593,450
11	2025/7/27	入金	普通預金		292,570	300,880
12	2025/7/31	次月繰越			300,880	
13				1,860,210	1,860,210	
14	2025/8/1	前月繰越		300,880		300,880
15						

7月の次月繰越金額（＝E12）　　=IF(A14="","",F13+D14-E14)（F11の関数のコピー）

3.9 売掛金管理データ・買掛金管理データ

例題 3.9

次の(株)杉並工業(得意先コード10005)との売掛金取引から,今月(7月1日～7月31日)の売掛金管理データを作成し締め切りなさい。なお,7月1日における売掛金の前月繰越高は￥668,200である。

7/7　(株)杉並工業に商品￥821,500を売り渡し,代金は掛けとした。
7/9　(株)杉並工業から売掛金￥623,560を普通預金への入金により回収した。
7/17　(株)杉並工業に商品￥587,630を売り渡し,代金は掛けとした。
7/19　7月17日に売り渡した商品のうち￥142,380が,品違いのため返品された。
7/21　(株)杉並工業から売掛金￥345,000を普通為替証書で回収した。
7/26　(株)杉並工業から売掛金￥443,250を普通預金への入金により回収した。

	A	B	C	D	E	F	G
1	売掛金管理データ		2025/7/1	～	2025/7/31		
2	得意先コード	10005	得意先名	(株)杉並工業			
3							
4	日付	摘要	決済方法	借方	貸方	残高	
5							
6							
7							
8							
9							
10							
11							
12							
13							
14							
15							

解答

	A	B	C	D	E	F
1	売掛金管理データ		2025/7/1	〜	2025/7/31	
2	得意先コード	10005	得意先名	(株)杉並工業		
3						
4	日付	摘要	決済方法	借方	貸方	残高
5	2025/7/1	前月繰越		668,200		668,200
6	2025/7/7	売上		821,500		1,489,700
7	2025/7/9	入金	普通預金		623,560	866,140
8	2025/7/17	売上		587,630		1,453,770
9	2025/7/19	返品			142,380	1,311,390
10	2025/7/21	入金	普通為替証書		345,000	966,390
11	2025/7/26	入金	普通預金		443,250	523,140
12	2025/7/31	次月繰越			523,140	
13				2,077,330	2,077,330	
14	2025/8/1	前月繰越		523,140		523,140
15						

　残高のセルF5は借方のセルD5を参照(「=D5」)します。セルF6には次のIF関数を入力し，下の行以降にもコピーしておきます。

$$\text{=IF(A6="","",F5+D6-E6)}$$

　続いて，7月1日の前月繰越と7月26日までの取引を入力します。12行目に月末の日付7月31日で次月繰越を入力し，13行目で借方・貸方の合計をSUM関数を用いて算出します。

　最後に，14行目に次月初日の日付8月1日で前月繰越を入力し，前月同様に残高欄を設定します。なお，摘要は取引の概要がわかれば解答どおりである必要はありません。

3.9 売掛金管理データ・買掛金管理データ

問題 3.9

次の函館物産（株）（仕入先コード20021）との買掛金取引から，今月（9月1日〜9月30日）の買掛金管理データを作成し締め切りなさい。なお，9月1日における買掛金の前月繰越高は￥868,010である。

- 9/5　函館物産（株）に対する買掛金のうち￥416,790を普通預金から支払った。
- 9/8　函館物産（株）から商品￥502,920を仕入れ，代金は掛けとした。
- 9/15　函館物産（株）に対する買掛金のうち￥690,580を現金で支払った。
- 9/20　函館物産（株）から商品￥259,270を仕入れ，代金は掛けとした。
- 9/25　函館物産（株）から商品￥206,250を仕入れ，代金は掛けとした。
- 9/27　9/25に仕入れた商品のうち￥48,380を品質不良のため返品した。

Part 3

3.10 固定資産管理データ

▶3_10_固定資産管理データ.xlsx

学習のポイント
- 固定資産管理データ（固定資産台帳）の意義を理解する
- Excelで固定資産管理データを作成する

3.10.1 固定資産管理データの意義

固定資産管理データ（固定資産台帳）とは，保有する固定資産ごとの取得・使用・売却等に関する明細を記録する補助データ（補助簿）です。固定資産管理データには，資産名，勘定科目，取得年月日，供用年月日，数量，償却方法，耐用年数，償却率，残存価額等を明示の上，帳簿価額を入力します。これによって，固定資産の管理が適切に行われます。

3.10.2 固定資産管理データの作成 　　　　　　　　　　　　　　　　　　　四則演算

固定資産管理データには，まず固定資産を取得した時点で取得価額をはじめとする固定資産情報を入力します。また，会計期末にこの資産を保有している場合は，帳簿価額（簿価）の減額分である減価償却費の金額を入力します。また，当該資産を売却や除却により事業で使用しなくなった場合にも入力します。

コンピューターによる固定資産の管理は，入力項目も多く，減価償却手続も複雑なため，固定資産管理専用のアプリケーションソフトも存在しますが，ここではExcelによる固定資産管理データの作成方法を紹介します。

① フォームを開く

固定資産管理データのフォームを開きます。タイトル項目は次のように設定されています。

■ A列～J列

	A	B	C	D	E	F	G	H	I	J
1	固定資産管理データ		2025/4/1	～	2026/3/31					
2	管理コード	資産名	勘定科目	取得年月日	供用年月日	数量	償却方法	耐用年数	償却率	残存価額
3										
4		a	b	c		d	e	f		g
5										
6										

■ K列～Q列

K	L	M	N	O	P	Q
備考	取得価額	経過月数	期首減価償却累計額	期首帳簿価額	当期減価償却費	期末帳簿価額
h	i	j			k	

それぞれのタイトル項目の内容について説明します。

(a) 管理コードと資産名

それぞれの固定資産を区別するため，管理コードを割り当て資産名を入力します。

(b) 勘定科目

固定資産の種類を明らかにするため，それぞれの資産が該当する勘定科目を入力します。

(c) 取得年月日と供用年月日

取得年月日は固定資産を取得した日であり，供用年月日は固定資産を使い始めた日です。減価償却の開始は，供用年月日からとなります。

(d) 数量

固定資産を同時に複数取得した場合には，数量を入力します。

(e) 償却方法

固定資産の減価償却方法を入力します。ここでは定額法とします。

(f) 耐用年数と償却率

耐用年数とは，固定資産の物理的・経済的に使用可能な年数です。実務上，国税庁公表の「主な減価償却資産の耐用年数表」によって定められた年数を適用します。償却率とは，固定資産の耐用年数に応じて計算された償却額の割合であり，実務上，国税庁公表の「減価償却資産の償却率等表」によって定められた率を適用します。

(g) 残存価額

固定資産の耐用年数が経過し，減価償却が完了したあとの資産価値です。ここではゼロとします。

(h) 備考

型番や使用部署など，固定資産に関する補助的説明を入力します。

(i) 取得価額

固定資産を取得するために支出した金額です。付随費用も取得価額に含めます。

(j) 経過月数

供用年月日から当期末までの経過月数を入力します。

(k) 期首減価償却累計額・期首帳簿価額・当期減価償却費・期末帳簿価額

当期の減価償却計算を入力します。まず，取得価額から期首減価償却累計額を差し引き，期首の帳簿価額を算出します。続いて，当期減価償却費を算出し，期首帳簿価額から当期減価償却費を差し引くことで期末帳簿価額を算出します。

② 固定資産情報を入力する

3行目に，管理コードから取得価額までの固定資産情報（A列～L列）を入力します。

タイトル項目	固定資産情報
管理コード	10001
資産名	店舗
勘定科目	建物
取得年月日	2023年1月10日
供用年月日	2023年4月1日
数量	1

タイトル項目	固定資産情報
償却方法	定額法
耐用年数	22年
償却率	0.046
残存価額	零
備考	―
取得価額	20,845,000

入力結果は次のようになります。

	A	B	C	D	E
1	固定資産管理データ		2025/4/1	～	2026/3/31
2	管理コード	資産名	勘定科目	取得年月日	供用年月日
3	10001	店舗	建物	2023/1/10	2023/4/1
4					

F	G	H	I	J	K	L
数量	償却方法	耐用年数	償却率	残存価額	備考	取得価額
1	定額法	22	0.046	0	―	20,845,000

③ 当期末までの経過月数を算出する

当期末までの経過月数を算出して，セルM3に入力します。供用年月日は2023年4月1日であり，当期末が2026年3月31日なので，「36」となります。

④ 期首減価償却累計額を算出する

期首減価償却累計額を算出して，セルN3に入力します。期首減価償却累計額は次のように計算します。

> 取得価額×前期末までの経過月数÷耐用年数までの総償却月数

3.10 固定資産管理データ

「前期末までの経過月数」には，当期末までの経過月数セルM3から12ヶ月を引いた「M3-12」を用います。また，「耐用年数までの総償却月数」は，耐用年数×12ヶ月の「H3*12」となります。数式は次のようになります。なお，供用開始年度の「期首減価償却累計額」は「0」となります。

$$=L3*(M3-12)/(H3*12)$$

⑤ 期首帳簿価額を算出する

期首帳簿価額を「取得価額－期首減価償却累計額」により算出するため，セルO3に次の数式を入力します。

$$=L3-N3$$

⑥ 当期減価償却費を算出する

当期減価償却費は，「取得価額×当期の使用月数÷耐用年数までの総償却月数」により算出します。「当期の使用月数」は当期末までの経過月数36から前期末までの経過月数24を差し引いた「12」となります。したがって，セルP3に次の数式を入力します。なお，供用開始年度や売却・除却年度以外は「取得価額÷耐用年数」でも同じ結果が得られます。

$$=L3*12/(H3*12)$$

⑦ 期末帳簿価額を算出する

期末帳簿価額を「期首帳簿価額－当期減価償却費」により算出するため，セルQ3に次の数式を入力します。

$$=O3-P3$$

③から⑦までの結果を示すと次のようになります。

L	M	N	O	P	Q
取得価額	経過月数	期首減価償却累計額	期首帳簿価額	当期減価償却費	期末帳簿価額
20,845,000	36	1,895,000	18,950,000	947,500	18,002,500

なお，当期減価償却費は，実務上，税法上の「償却率（当該資産では0.046）」を用い「取得価額×償却率」の算式によって次のように算出します。

> 税法上の減価償却費＝取得価額￥20,845,000×償却率0.046=￥ 958,870

　税法上の償却率（1÷耐用年数）は小数点第3位で切り上げられているため，会計上の減価償却計算による結果とズレが生じる場合があります。本書は簿記学習者を対象としていることから，会計上の減価償却計算で処理しています。

COLUMN
単票形式の固定資産管理データ

　固定資産管理データは，単票形式で作成されることもあります。この方法では，経年の減価償却状況を時系列で把握できるというメリットがあります。

■ 単票形式で作成された固定資産管理データの例

	A	B	C	D	E	F
1	固定資産管理データ		2025/4/1	～	2026/3/31	
2	資　産　名	本社社屋	償 却 方 法	定額法		
3	勘 定 科 目	建物	耐 用 年 数	50		
4	取 得 年 月 日	2021/6/10	償　却　率	0.020		
5	供 用 年 月 日	2021/7/1	残 存 価 額	零		
6	数　　量	1	備　　考	―		
7						
8	日付	摘要	取得価額	減価償却費	帳簿価額	
9	2021/6/10	新規取得	36,400,000		36,400,000	
10	2021/7/1	供用開始			36,400,000	
11	2022/3/31	減価償却費		546,000	35,854,000	
12	2023/3/31	減価償却費		728,000	35,126,000	
13	2024/3/31	減価償却費		728,000	34,398,000	
14	2025/3/31	減価償却費		728,000	33,670,000	
15	2026/3/31	減価償却費		728,000	32,942,000	
16						
17						
18	資　産　名	営業用車両	償 却 方 法	定額法		
19	勘 定 科 目	車両運搬具	耐 用 年 数	4		
20	取 得 年 月 日	2024/10/1	償　却　率	0.250		
21	供 用 年 月 日	2024/10/1	残 存 価 額	零		
22	数　　量	1	備　　考	―		
23						
24	日付	摘要	取得価額	減価償却費	帳簿価額	
25	2024/10/1	新規取得，供用開始	2,158,000		2,158,000	
26	2025/3/31	減価償却費		269,750	1,888,250	
27	2026/3/31	減価償却費		539,500	1,348,750	
28						
29						

3.10 固定資産管理データ

例題 3.10

次に示す固定資産の情報から固定資産管理データを完成させなさい（会計期間：2025年4月1日～2026年3月31日）。

タイトル項目	固定資産情報
管理コード	10001
資産名	本社社屋
勘定科目	建物
取得年月日	2025年5月10日
供用年月日	2025年7月1日
数量	1

タイトル項目	固定資産情報
償却方法	定額法
耐用年数	50年
償却率	0.020
残存価額	零
備考	―
取得価額	36,400,000

	A	B	C	D	E	F	G	H	I	J
1	固定資産管理データ		2025/4/1		～	2026/3/31				
2	管理コード	資産名	勘定科目	取得年月日	供用年月日	数量	償却方法	耐用年数	償却率	残存価額
3										
4										
5										

	K	L	M	N	O	P	Q
	備考	取得価額	経過月数	期首減価償却累計額	期首帳簿価額	当期減価償却費	期末帳簿価額

解答

	A	B	C	D	E	F	G	H	I	J
1	固定資産管理データ		2025/4/1	～	2026/3/31					
2	管理コード	資産名	勘定科目	取得年月日	供用年月日	数量	償却方法	耐用年数	償却率	残存価額
3	10001	本社社屋	建物	2025/5/10	2025/7/1	1	定額法	50	0.020	0
4										
5										

K	L	M	N	O	P	Q
備考	取得価額	経過月数	期首減価償却累計額	期首帳簿価額	当期減価償却費	期末帳簿価額
－	36,400,000	9	0	0	546,000	35,854,000

当期に供用を開始している固定資産であることに注意してデータ入力を行います。

3行目に，管理コードから取得価額までの固定資産情報を入力します。

「経過月数」には供用年月日から当期末までの月数「9」を入力します。

「期首減価償却累計額」には，当期に供用を開始しているため「0」を入力します。

「期首帳簿価額」についても，当期に供用を開始しているため「0」を入力します。

「当期減価償却費」には，当期使用月数である「9」ヶ月を用い，数式「=L3*9/(H3*12)」を入力します。

「期末帳簿価額」には，数式「=L3-P3」を入力します。

3.10 固定資産管理データ

問題 3.10

次に示す固定資産の情報から固定資産管理データを完成させなさい（会計期間：2025年4月1日～2026年3月31日）。なお，当該固定資産は当期末現在も事業の用に供されている。

タイトル項目	固定資産情報
管理コード	10010
資産名	事務用PC
勘定科目	器具備品
取得年月日	2021年10月1日
供用年月日	2021年10月1日
数量	1

タイトル項目	固定資産情報
償却方法	定額法
耐用年数	4年
償却率	0.250
残存価額	零
備考	—
取得原価	248,400

	A	B	C	D	E	F	G	H	I	J
1	固定資産管理データ		2025/4/1		2026/3/31					
2	管理コード	資産名	勘定科目	取得年月日	供用年月日	数量	償却方法	耐用年数	償却率	残存価額
3										
4										
5										

	K	L	M	N	O	P	Q
	備考	取得価額	経過月数	期首減価償却累計額	期首帳簿価額	当期減価償却費	期末帳簿価額

Part 3

3.11 決算手続の流れ

学習のポイント
- 決算手続の流れを理解する
- 決算手続とExcelデータの関係について理解する

3.11.1 決算手続の流れ

簿記の手続は，開始手続（期首），営業手続（期中），決算手続（期末）からなります。これらのうち**決算手続**は，期末において当期純利益（または当期純損失）を計算し，決算書（財務諸表ないし計算書類）を作成するために行われる一連の手続です。

なお，決算における一連の手続は，データとは別に**精算表**の作成によってもなされます。精算表とは，決算整理前試算表から始まり決算整理記入を経て，貸借対照表・損益計算書に至る決算過程の一覧表であり，表決算手続ともよばれます。

■ 決算手続の流れ

3.11.2 決算手続とExcelデータ

決算手続とExcelデータの関係を示すと次のとおりです。これらのうち，試算表および決算書についてはこのあと学習します。

①総勘定管理データを集計し，決算整理前の試算表を作成する。
②棚卸表（決算整理事項）に基づき決算整理仕訳を行い，仕訳データに入力するとともに総勘定管理データに転記する。
③総勘定管理データを集計し，決算整理後の試算表を作成する。

3.11 決算手続の流れ

④損益振替（収益・費用諸勘定の損益勘定への振替え），資本振替（損益勘定残高の繰越利益剰余金勘定への振替え）を行い，仕訳データに入力するとともに，総勘定管理データに転記する。

⑤仕訳データ，総勘定管理データを締め切る。

⑥損益計算書・貸借対照表などの決算書を作成する。

Part 3

3.12 試算表

▶ 3_12_試算表.xlsx

学習のポイント
- 試算表の意義を理解する
- Excelで試算表を作成する

3.12.1 決算手続における試算表

　営業手続（期中）における仕訳データの転記（総勘定管理データへの入力）が正確に行われているかどうかを検証するためと，決算前における財務内容の概況を把握するために，決算ではまず**試算表**を作成します。試算表は決算整理後にも作成されることから，決算の最初の段階で作成される試算表は特に**決算整理前試算表**とよばれることがあります。

　試算表には，勘定科目ごとに借方・貸方とも合計金額で示す**合計試算表**と，貸借いずれかの残高金額で示す**残高試算表**があります。さらに，両者をあわせた形式の**合計残高試算表**もあります。合計試算表はその合計額が仕訳データの合計額と一致するため，転記の検証に適しています。これに対し，残高試算表は決算書と同様に各勘定科目が残高で示されるため，財務内容の概況把握に適しています。

■ 決算手続における試算表

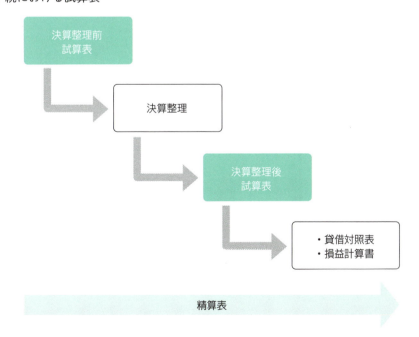

3.12.2 試算表の作成

四則演算 リンク貼り付け 置換 SUM IF

期中処理が終了した総勘定管理データには，貸借対照表勘定であれば期首残高と期中の増減高が貸借に入力され，損益計算書勘定であれば期中の増減高が貸借に入力されています。決算予備手続として，ここでは試算表（決算整理前合計残高試算表）として一表に集計します。

総勘定管理データの各勘定はシート別に作成されています。なお，当社は2025年4月1日に設立され，当期中に次の取引を行っており，決算日は2026年3月31日とします。

	A	B	C	D	E	F
1	仕訳データ	2025/4/1	～	2026/3/31		
2	日付	借方勘定科目	借方金額	貸方勘定科目	貸方金額	摘要
3	2025/4/1	現金	1,000,000	資本金	1,000,000	元入れして開業
4	2025/5/10	現金	600,000	借入金	600,000	新宿銀行より借入
5	2025/6/11	仕入	687,000	現金	687,000	川越商事(株)より仕入れ
6	2025/7/10	現金	726,500	売上	726,500	練馬物産(株)に売り渡し
7	2025/8/20	仕入	833,500	現金	833,500	熊谷物産(株)より仕入れ
8	2025/8/21	現金	25,600	仕入	25,600	8/20分，品質不良により返品
9	2025/9/30	借入金	300,000	現金	300,000	新宿銀行へ借入金返済
10	2025/9/30	支払利息	9,000	現金	9,000	新宿銀行へ利息支払い
11	2025/10/5	現金	780,000	売上	780,000	(株)杉並工業に売り渡し
12	2025/10/7	売上	50,000	現金	50,000	10/5分，品違いにより返品
13	2025/11/9	仕入	462,300	現金	462,300	熊谷物産(株)より仕入れ
14	2025/12/3	現金	635,200	売上	635,200	練馬物産(株)に売り渡し
15	2026/2/17	現金	423,200	売上	423,200	世田谷商事(株)に売り渡し
16	2026/3/31	借入金	300,000	現金	300,000	新宿銀行へ借入金返済
17	2026/3/31	支払利息	4,500	現金	4,500	新宿銀行へ利息支払い
18						

① 残高試算表のフォームを開く

決算整理前合計残高試算表のフォームを開きます。

	A	B	C	D	E	F	G
1			決算整理前合計残高試算表				
2	借方残高	借方合計	勘　定　科　目	貸方合計	貸方残高		
3			現　　　　金				
4			借　入　金				
5			資　本　金				
6			売　　　　上				
7			仕　　　　入				
8			支　払　利　息				
9							
10							
11							

② 借方合計・貸方合計を算出する

すべての勘定の借方合計・貸方合計を集計します。ここでは，各勘定（各シート）のセルB2に借方合計，セルB3に貸方合計を集計します。総勘定管理データの「現金」シートを選択し，借方合計であれば次のSUM関数を入力して合計を算出します。

$$=SUM(C5:C11)$$

「借入金」から「支払利息」シートまでの各勘定についても同様に集計を行います。

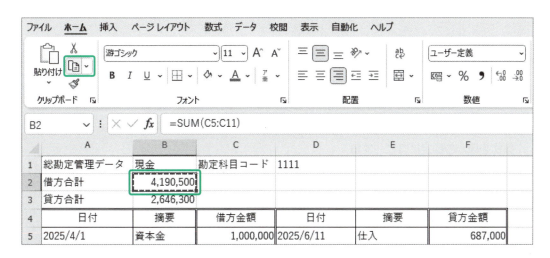

③ 借方合計をコピーする

各勘定の借方合計・貸方合計を試算表に集計します。ここでは，合計の数値が変更されると試算表の数値も同時に変更されるように**リンク貼り付け**を利用します。「現金」シートの借方合計セルB2を選択し，［ホーム］タブにある［コピー］ボタンをクリックします。

3.12 試算表

④ **借方合計をリンク貼り付けする**

「試算表」シートを選択します。セルB3を選択し、［ホーム］タブにある［貼り付け］ボタン下部をクリックすると表示されるメニューの［その他の貼り付けオプション］から［リンク貼り付け］を選択します。

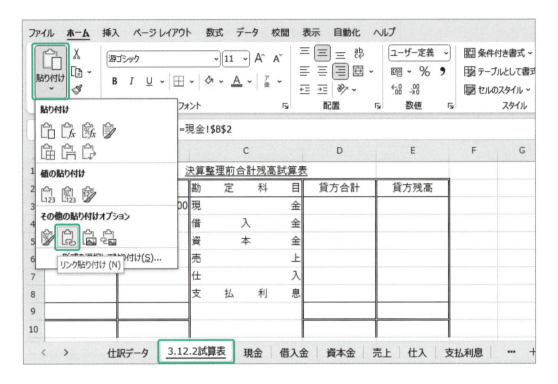

リンク貼り付けを使用することで別シートのセルが参照され、セルB3には、「=現金!$B$2」という数式が入力されます。「現金!」がリンクされたシート名を表し、「現金」シートのセル$B$2が絶対参照されます。

⑤ **数式をほかの勘定にコピーする**

リンク貼り付けはコピー元のセルの値を参照する機能なので、直接入力もできます。ここからは、④の数式をほかの勘定にもコピーし、「**シート名!**」のシート名部分（勘定名）を直接修正し、効率よく集計します。セルB3の数式をセルB4からセルB8まで書式なしで数式のみオートフィルでコピーし、それぞれのシート名に変更します。例えばセルB4では「**=借入金!$B$2**」のように数式を修正

します。

	A	B	C	D	E	F	G
			fx	=借入金!$B$2			

DATE の数式バー: =借入金!$B$2

	A	B	C	D	E	F	G
1			決算整理前合計残高試算表				
2	借方残高	借方合計	勘　定　科　目	貸方合計	貸方残高		
3		4,190,500	現　　　　　金				
4		=借入金!$B$2	借　入　　金	数式をコピーしてから，それぞれのシート名に修正します			
5		4,190,500	資　　本　　金				
6		4,190,500	売　　　　　上				

⑥ **同様に貸方合計を算出する**

　貸方合計については，まずセルB3からセルB8までの範囲をコピーし，貸方合計の列であるセルD3からセルD8に貼り付けます。続いて，数式のセル番地を貸方残高が集計されている「$B$3」に変更します。このケースでは，数字の「2」を「3」に置換すればよいため，[置換] 機能で一気に変更することもできます。

　置換を行いたい範囲（セルD3からセルD8）を選択し，[ホーム] タブから [検索と選択] ボタンをクリックし，メニューから [置換] を選択します。表示されたダイアログボックスで，[検索する文字列] に「2」を，[置換後の文字列] に「3」を入力し [すべて置換] をクリックします。なお，[次を検索] をクリックすれば，ひとつひとつ確認しながら置換を行うこともできます。

検索と置換ダイアログ：
- 検索する文字列(N): 2
- 置換後の文字列(E): 3
- [すべて置換(A)] [置換(R)] [すべて検索(I)] [次を検索(F)] [閉じる]

⑦ **結果を確認する**

　借方合計・貸方合計が集計されます。

	A	B	C	D	E	F	G
1			決算整理前合計残高試算表				
2	借方残高	借方合計	勘　定　科　目	貸方合計	貸方残高		
3		4,190,500	現　　　　　金	2,646,300			
4		600,000	借　　入　　金	600,000			
5		0	資　　本　　金	1,000,000			
6		50,000	売　　　　　上	2,564,900			
7		1,982,800	仕　　　　　入	25,600			
8		13,500	支　　払　　利　　息	0			
9							

3.12 試算表

　経理実務では数値がゼロの場合，通常その場所は空白（ブランク）とします。例えば，作成した試算表の資本金勘定の借方には数値が存在しないことを空白で示します。これは，3.4で学んだ空白処理とは考え方が異なります。しかし，Excelにおいては，例えば資本金の借方合計に空白「""」を入力してしまうと，通常の設定では残高を計算する際に四則演算を行うことができません。この問題を解決するための方法は3.8で紹介したように，文字列をゼロとみなして計算する方法もありますが，ゼロを入力しておきたい場合もあるため，4.6ではゼロを非表示にする方法について詳しく示します。

⑧ 借方残高を算出する

　試算表の現金勘定の「借方残高」のセルA3に次の関数を入力します。

$$\text{=IF(B3-D3>0,B3-D3,"")}$$

　第1引数［論理式］には「借方合計－貸方合計がゼロより大きい（**B3-D3>0**）」を指定し，第2引数［値が真の場合］に「借方合計－貸方合計（**B3-D3**）」を指定して，借方残高の場合には計算が行われるようにします。第3引数［値が偽の場合］には「**""**」を指定し，貸方残高の場合には空白が表示されるようにします。

	A	B	C	D	E
1			決算整理前合計残高試算表		
2	借方残高	借方合計	勘　定　科　目	貸方合計	貸方残高
3	=IF(B3-D3>0, B3-D3,"")	4,190,500	現　　　　金	2,646,300	
4		600,000	借　入　金	600,000	

⑨ 貸方残高を算出する

　同様に，現金勘定の「貸方残高」のセルE3に次の関数を入力します。

$$\text{=IF(D3-B3>0,D3-B3,"")}$$

　第1引数［論理式］には「貸方合計－借方合計がゼロより大きい（**D3-B3>0**）」を指定し，第2引数［値が真の場合］に「貸方合計－借方合計（**D3-B3**）」を指定して，貸方残高の場合には計算が行われるようにします。第3引数［値が偽の場合］には「**""**」を指定し，借方残高の場合には空白が表示されるようにします。

3.12 試算表

	A	B	C	D	E
SUM			fx	=IF(D3-B3>0,D3-B3,"")	

	A	B	C	D	E	F	G
1			決算整理前合計残高試算表				
2	借方残高	借方合計	勘　定　科　目	貸方合計	貸方残高		
3	1,544,200	4,190,500	現　　　　　金	2,646,300	=IF(D3-B3>0,D3-B3,"")		
4		600,000	借　　入　　金	600,000			
5	0	資　　本　　金	1,000,000				

⑩ 関数をコピーする

セルA3およびセルE3の関数を支払利息の行まで，関数のみオートフィルで書式なしでコピーします。

	A	B	C	D	E	F	G
1			決算整理前合計残高試算表				
2	借方残高	借方合計	勘　定　科　目	貸方合計	貸方残高		
3	1,544,200	4,190,500	現　　　　　金	2,646,300			
4		600,000	借　　入　　金	600,000			
5		0	資　　本　　金	1,000,000	1,000,000		
6		50,000	売　　　　　上	2,564,900	2,514,900		
7	1,957,200	1,982,800	仕　　　　　入	25,600			
8	13,500	13,500	支　　払　利息	0			
9							

⑪ 集計して試算表を完成させる

借方残高・借方合計，貸方合計・貸方残高についてSUM関数を利用して集計し，試算表を完成させます。これらが一致することで仕訳データの転記が正確に行われていることが検証されます。

	A	B	C	D	E
E9			fx	=SUM(E3:E8)	

	A	B	C	D	E	F	G
1			決算整理前合計残高試算表				
2	借方残高	借方合計	勘　定　科　目	貸方合計	貸方残高		
3	1,544,200	4,190,500	現　　　　　金	2,646,300			
4		600,000	借　　入　　金	600,000			
5		0	資　　本　　金	1,000,000	1,000,000		
6		50,000	売　　　　　上	2,564,900	2,514,900		
7	1,957,200	1,982,800	仕　　　　　入	25,600			
8	13,500	13,500	支　　払　利息	0			
9	3,514,900	6,836,800		6,836,800	3,514,900		

=SUM(A3:A8)　=SUM(B3:B8)　=SUM(D3:D8)　=SUM(E3:E8)

3.12 試算表

問題 3.12　　使用ファイル ▶ 3_12_問題.xlsx，3.12_解答.xlsx

当社は，2025年4月1日に設立され，当期中に次の取引を行った。総勘定管理データの各勘定に転記するとともに，期末における決算予備手続として，決算整理前合計残高試算表を作成しなさい。当社は総勘定管理データの各勘定をシート別に作成している。なお，決算日は2026年3月31日である。

	A	B	C	D	E	F
1	仕訳データ	2025/4/1	～	2026/3/31		
2	日付	借方勘定科目	借方金額	貸方勘定科目	貸方金額	摘要
3	2025/4/1	現金	5,000,000	資本金	5,000,000	出資を受け開業
4	2025/4/1	備品	2,000,000	資本金	2,000,000	出資を受け開業
5	2025/4/15	支払家賃	720,000	現金	720,000	家賃支払い（半年分）
6	2025/4/30	普通預金	2,500,000	現金	2,500,000	渋谷銀行へ預入
7	2025/5/11	消耗品費	36,870	現金	36,870	消耗品購入
8	2025/6/10	仕入	1,236,800	買掛金	1,236,800	熊谷物産(株)より仕入れ
9	2025/6/13	買掛金	42,700	仕入	42,700	6/10分，品質不良により返品
10	2025/7/7	現金	500,000	前受金	500,000	練馬物産(株)より手付金受取
11	2025/8/10	仕入	853,000	買掛金	853,000	熊谷物産(株)より仕入れ
12	2025/9/15	支払家賃	720,000	普通預金	720,000	家賃支払い（半年分）
13	2025/10/5	前受金	500,000	売上	500,000	練馬物産(株)に売り渡し
14	2025/10/5	売掛金	3,082,000	売上	3,082,000	練馬物産(株)に売り渡し
15	2025/10/7	売上	42,000	売掛金	42,000	10/5分，品違いにより返品
16	2025/10/5	水道光熱費	78,250	現金	78,250	水道光熱費支払い
17	2025/10/10	買掛金	1,850,000	普通預金	1,850,000	熊谷物産(株)に買掛金支払い
18	2025/10/31	普通預金	721	受取利息	721	渋谷銀行より利息受取
19	2025/11/9	普通預金	2,500,000	売掛金	2,500,000	練馬物産(株)から売掛金回収
20	2025/12/3	仕入	1,423,820	買掛金	1,423,820	熊谷物産(株)より仕入れ
21	2026/2/17	売掛金	578,300	売上	578,300	世田谷商事(株)に売り渡し
22	2026/3/5	水道光熱費	83,560	現金	83,560	水道光熱費支払い
23	2026/3/31	普通預金	582,000	売掛金	582,000	練馬物産(株)から売掛金回収

下記は，総勘定管理データの現金勘定のフォームである。

	A	B	C	D	E	F	G
1	総勘定管理データ	現金		勘定科目コード	1111		
2	借方合計		0				
3	貸方合計		0				
4	日付	摘要	借方金額	日付	摘要	貸方金額	
5							
6							
7							
8							
9							

シート：問題3.12仕訳データ｜決算整理前残高試算表｜現金｜普通預金｜売掛金｜備品｜買掛金｜前受金｜資本金

Part 3

3.13 決算書

▶ 3_13_決算書.xlsx

学習のポイント
- 貸借対照表・損益計算書の役割を理解する
- Excelで貸借対照表・損益計算書を作成する

3.13.1 貸借対照表・損益計算書の役割

　第1部や3.1でも触れましたが，複式簿記の役割（機能）は，第1に財産管理，第2に決算書作成にあります（なお，厳密にいえば，金融商品取引法における金額情報による決算書は「財務諸表」とよばれ，会社法におけるそれは「計算書類」とよばれますが，ここでは両者に共通するよび方として「決算書」を用います）。第1の役割は仕訳データ，総勘定管理データおよび様々な補助データを通じて達成されます。ここでは第2の役割について学びます。

　簿記一巡の手続は，処理が行われる時点に応じて，①開始手続（期首），②営業手続（期中），③決算手続（期末）に分けられることを3.1で解説しました。③における手続の最終形が決算書になります。いい換えれば，簿記の終着点は決算書の作成です。決算書により，企業の利害関係者は当該企業の経営活動の状況を総合的に理解することができます。企業と利害関係者を橋渡しする重要な書類が決算書になります。

　決算書は貸借対照表，損益計算書，株主資本等変動計算書等，様々な書類からなりますが，本書では基本となる**貸借対照表**と**損益計算書**の作成方法を学びます。貸借対照表とは，会計期間末における企業のストックの状況（財政状態）を表す決算書です。損益計算書とは，一会計期間における企業のフローの状況（経営成績）を表す決算書です。貸借対照表と損益計算書の関係を簡潔に表現すれば，貸借対照表は一会計期間の企業活動の結果が示される決算書であり，その結果に至る原因が示される決算書が損益計算書になります（詳しくは1.1.2を参照）。

■ 貸借対照表と損益計算書

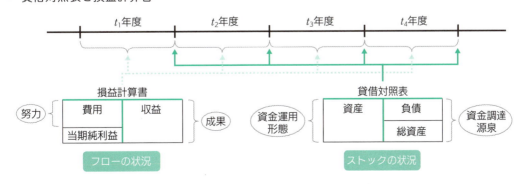

3.13.2 損益計算書の構造

損益計算書は，決算整理後の収益・費用がすべて振替えられた損益勘定を元に作成されますが，ここでは決算整理後残高試算表から収益・費用の項目を集計して作成する方法を示します。

略式（勘定式）ではなく外部報告用（報告式）の損益計算書は，収益と費用を取引の性質ごとに分類の上，区分を設けて表示します。

収益の区分は，本業の収益である**売上高**，本業以外の収益ではあるものの臨時性は認められない**営業外収益**，臨時の収益である**特別利益**の3つの区分です。

これに対して費用の区分は，本業の費用として，売上高を得るための商品等の仕入原価である**売上原価**と，売上高を得るための間接的原価である**販売費及び一般管理費**，本業以外の費用ではあるものの臨時性は認められない**営業外費用**，臨時の費用である**特別損失**の4つの区分です。

さらに，末尾において法人税，住民税及び事業税が別記されます。

また，その上で，同質の収益と費用を対応表示させ，段階的に5つの利益を算出表示します。5つの利益の関係は，次のようになります。

① 売上高－売上原価＝**売上総利益**
　…販売商品等の売り値とその仕入値との差額であり，実務上，「粗利」ともよばれます。

② 売上総利益－販売費及び一般管理費＝**営業利益**
　…販売商品等の売価からその仕入原価および間接的原価を差し引いた金額であり，本業上の利益を示します。

③ 営業利益＋営業外収益－営業外費用＝**経常利益**
　…本業上の利益に本業以外の収益と費用を加減した金額であり，経常的な利益を示します。

④ 経常利益＋特別利益－特別損失＝**税引前当期純利益**
　…経常的な利益に臨時的な収益と費用を加減した金額であり，その年度に獲得した全体的な利益を示します。

⑤ 税引前当期純利益－法人税，住民税及び事業税＝**当期純利益**
　…その年度に獲得した全体的な利益から当期に負担すべき法人税・住民税・事業税のうち所得に対して課される税額を控除した金額であり，最終利益を示します。

損益計算書（報告式）の作成例を示すと，次のようになります。

3.13 決算書

■ 損益計算書（報告式）の作成例

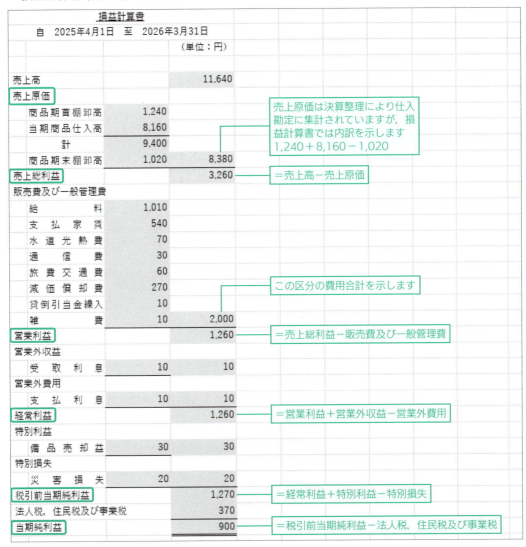

3.13.3 損益計算書の作成

スピル　四則演算　SUM

　ここでは次に示す決算整理後残高試算表より，損益計算書を完成させます。なお，当会計期間は2025年4月1日から2026年3月31日までの1年間とします。

3.13 決算書

	A	B	C
1		決算整理後残高試算表	
2	借方	勘定科目	貸方
3	1,868,532	現　　　　　金	
4	18,550,200	普　通　預　金	
5	8,450,000	売　掛　　金	
6	4,186,600	繰　越　商　品	
7	42,940	貯　蔵　品	
8	130,000	前　払　費　用	
9	77,452,000	建　　　　　物	
10	10,920,000	備　　　　　品	
11	2,210,000	差　入　保　証　金	
12		買　掛　　金	6,803,850
13		未　払　　金	3,153,800
14		未　払　消　費　税	876,400
15		未　払　法　人　税　等	996,500
16		未　払　費　用	872,650
17		長　期　借　入　金	4,500,000
18		貸　倒　引　当　金	84,500
19		建物減価償却累計額	60,412,560
20		備品減価償却累計額	6,006,000
21		資　本　　金	22,100,000
22		繰越利益剰余金	13,751,116
23		売　　　　　上	111,800,600
24		受　取　手　数　料	250,900
25		受　取　利　息	77,102
26		建　物　売　却　益	1,120,700
27	72,670,390	仕　　　　　入	
28	17,768,200	給　　　　　料	
29	8,366,400	支　払　家　賃	
30	2,951,339	水　道　光　熱　費	
31	932,157	通　信　費	
32	1,281,830	旅　費　交　通　費	
33	2,729,400	減　価　償　却　費	
34	42,380	貸　倒　引　当　金　繰　入	
35	90,000	支　払　利　息	
36	13,010	雑　　　　　損	
37	358,200	備　品　売　却　損	
38	1,793,100	法人税，住民税及び事業税	
39	232,806,678		232,806,678
41	*商品期首棚卸高は次のとおりである。		
42	3,895,450		

① フォームを開く

損益計算書のフォームを開きます（決算整理後残高試算表と同じシートになります）。わかりやすいように，金額を入力するセルに色付けしています。決算整理後残高試算表の仕入の金額は3分法（商品売買に関する勘定科目を，繰越商品，仕入，売上の3勘定で処理する方法）においては売上原価の金額を示していますが，外部報告用の損益計算書では売上原価の内訳を表示します。

売上原価は次のように内訳表示します。売上原価の考え方は，3.8を参照してください。

売上原価＝商品期首棚卸高＋当期商品仕入高－商品期末棚卸高

	E	F	G	H	I	J	K	L	M
1			損益計算書						
2		自　2025年4月1日　至　2026年3月31日							
3				（単位：円）					
4									
5	売上高								
6	売上原価								
7	商品期首棚卸高								
8	当期商品仕入高								
9	計								
10	商品期末棚卸高								
11	売上総利益								

売上原価は内訳を表示します

② 売上原価の内訳を入力する

損益計算書の各セルに，決算整理後残高試算表の金額を参照表示します。例えば，売上高は，セルH5に「**=C23**」と入力します。

なお，決算書で使用される表示科目名は，必ずしも企業内部で使用している勘定科目名と同じであるとは限らないので注意が必要です。

損益計算書と決算整理後残高試算表のセルの対応で，注意が必要な項目を表に示します。

■ セルの対応で注意が必要な項目

損益計算書	決算整理後残高試算表
売上高　　　　　：セルH5	売上　　　　：セルC23
商品期首棚卸高　：セルG7	―　　　　　：別途記載（セルA42）
当期商品仕入高　：セルG8	―　　　　　：売上原価から逆算
商品期末棚卸高　：セルG10	繰越商品　　：セルA6
売上原価　　　　：セルH10	仕入　　　　：セルA27

商品期首棚卸高と当期商品仕入高は決算整理後残高試算表に記載がありません。セルG7の商品期首棚卸高については金額が別途記載されているので，セルA42を参照します。セルG8の当期商品仕入高は売上原価から逆算します。つまり，「当期商品仕入高＝売上原価－商品期首棚卸高＋商品期末棚卸高」であり，セルG8に次の数式を入力して算出します。

=H10-G7+G10

最後に，計の金額「商品期首棚卸高＋当期商品仕入高」をセルG9で算出します。

=G7+G8

	E	F	G	H	I	J	K	L
5	売上高			111,800,600		セルC23を参照		
6	売上原価					セルA42を参照		
7		商品期首棚卸高	3,895,450			=H10-G7+G10		
8		当期商品仕入高	72,961,540			=G7+G8		
9		計	76,856,990					
10		商品期末棚卸高	4,186,600	72,670,390		セルA27を参照		
11	売上総利益					セルA6を参照		

③ 売上総利益を算出する

売上総利益を算出します。売上高から売上原価を引いてセルH11の売上総利益を算出します（**=H5-H10**）。

3.13 決算書

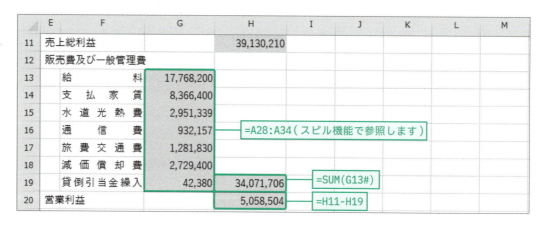

④ 営業利益を算出する区分を作成する

損益計算書12行目から，営業利益を算出する区分を作成します。決算整理後残高試算表の給料から貸倒引当金繰入（セルA28からセルA34）までをスピル機能を利用して各金額を参照します（3.8参照）。金額の入力が終わったら，SUM関数を利用してセルH19で販売費及び一般管理費合計を算出します（=SUM(G13#)）。最後に，売上総利益から販売費及び一般管理費合計を引いてセルH20の営業利益を算出します（=H11-H19）。

⑤ 経常利益算出の区分を作成する

損益計算書21行目から，経常利益を算出する区分を作成します。④と同様に，決算整理後残高試算表から各セルの金額を参照し，セルH23で営業外収益合計，セルH26で営業外費用合計を算出します。セルH27の経常利益は，「営業利益＋営業外収益－営業外費用」で算出します（=H20+H23-H26）。

	E	F	G	H	I	J	K	L	M
20	営業利益			5,058,504					
21	営業外収益								
22		受 取 手 数 料	250,900		=C24:C25（スピル機能）				
23		受 取 利 息	77,102	328,002	=SUM(G22#)				
24	営業外費用				=A35:A36（スピル機能）				
25		支 払 利 息	90,000						
26		雑 損	13,010	103,010	=SUM(G25#)				
27	経常利益			5,283,496	=H20+H23-H26				

⑥ 当期純利益算出の区分を作成する

損益計算書28行目から，当期純利益を算出する区分を作成します。④⑤と同様の方法で，セルH29で特別利益合計，セルH31で特別損失合計を算出します。セルH32の税引前当期純利益は，「経常利益＋特別利益－特別損失（**=H27+H29-H31**）」で算出します。最後にセルH33の法人税，住民税及び事業税を決算整理後残高試算表から参照し，税引前当期純利益から引くことでセルH34の当期純利益を算出して（**=H32-H33**），損益計算書を完成させます。

	E	F	G	H	I	J	K	L	M
27	経常利益			5,283,496					
28	特別利益								
29		建 物 売 却 益	1,120,700	1,120,700					
30	特別損失								
31		備 品 売 却 損	358,200	358,200					
32	税引前当期純利益			6,045,996	=H27+H29-H31				
33	法人税，住民税及び事業税			1,793,100					
34	当期純利益			4,252,896	=H32-H33				

3.13.4 貸借対照表の構造

決算整理後残高試算表から，資産・負債・純資産の項目を集計して貸借対照表を作成します。その際，外部報告用の貸借対照表は，**資産の部**を借方で示し，**負債の部**と**純資産の部**を貸方で示します。さらにそれぞれの内訳区分として資産の部は短期性の資産である**流動資産**と長期性の資産である**固定資産**，負債の部は短期性の負債である**流動負債**と長期性の負債である**固定負債**に区分し，純資産の部は**株主資本**とそれ以外の区分を設けます。それぞれの区分では合計金額を示します。

貸借対照表を作成する際の注意点

貸借対照表を作成する際の注意点は，次のとおりです。

①流動資産に表示される現金及び預金は，決算整理後残高試算表上の現金勘定と普通預金勘定など短期性預金の合計額となります。

②決算整理後残高試算表上貸方に記されている貸倒引当金は，売掛金等の金銭債権にかかる取立不能見込額を意味し，対象となる資産のマイナス勘定（評価勘定）となるため，貸借対照表上は対象資産から控除する形式で表示します。同様に減価償却累計額は，建物や備品等の有形固定資産にかかるその決算期末までの価値減少の総額を意味し，対象となる資産のマイナス勘定となるため，貸借対照表上は対象資産から控除する形式で表示します。

③純資産における株主資本内で示される繰越利益剰余金の金額は，理論上は決算整理後残高試算表の金額に損益計算書で算出された当期純利益金額を加算した金額となります。ただし，この金額は貸借対照表の貸借差額でも算出可能なため，貸借対照表のみを作成する場合には，貸借差額で算出します。

④各区分の合計金額は，次のとおり算出します。

借方：流動資産合計＋固定資産合計＝資産合計
貸方：流動負債合計＋固定負債合計＝負債合計
　　　負債合計＋純資産合計＝負債純資産合計

貸借対照表の作成例を示すと次のようになります。なお，借方合計である資産合計と貸方合計である負債純資産合計は同じ行に配置しなければならないため，貸借いずれかが上の行で終わってしまう場合には空白行を挿入し，そこに余白線（斜線）を引き，貸借合計の行をあわせます。

■ 貸借対照表の作成例

貸借対照表
2026年3月31日 現在
（単位：円）

資産の部				負債の部		
流動資産				流動負債		
現金及び預金			2,620	買掛金		630
売掛金		880		未払消費税		80
貸倒引当金	△	10	870	未払法人税等		220
商品			1,020	流動負債合計		930
貯蔵品			70	固定負債		
前払費用			10	長期借入金		670
流動資産合計			4,590	固定負債合計		670
固定資産				負債合計		1,600
備品		550		純資産の部		
減価償却累計額	△	370	180	株主資本		
長期性預金			230	資本金		680
固定資産合計			410	繰越利益剰余金		2,720
				株主資本合計		3,400
				純資産合計		3,400
資産合計			5,000	負債純資産合計		5,000

注記：
- ①現金と短期性の預金は合算表示します
- ②売掛金の取立不能見込額のため控除で示します
- ②期末時点の価値減少の総額であるため控除で示します
- ③前期から繰り越された繰越利益剰余金に当期純利益を加算して算出しますが，ここでは貸借差額で算出します

3.13.5 貸借対照表の作成

四則演算　SUM　スピル　図形の挿入

ここでは次の決算整理後残高試算表より，貸借対照表を完成させます。なお，当会計期間は2025年4月1日から2026年3月31日までの1年間とします。

決算整理後残高試算表

	A	B	C
1		決算整理後残高試算表	
2	借方	勘定科目	貸方
3	1,868,532	現　　　　　金	
4	18,550,200	普　通　預　金	
5	8,450,000	売　　掛　　金	
6	4,186,600	繰　越　商　品	
7	42,940	貯　　蔵　　品	
8	130,000	前　払　費　用	
9	77,452,000	建　　　　　物	
10	10,920,000	備　　　　　品	
11	2,210,000	差　入　保　証　金	
12		買　　掛　　金	6,803,850
13		未　　払　　金	3,153,800
14		未　払　消　費　税	876,400
15		未　払　法　人　税　等	996,500
16		未　払　費　用	872,650
17		長　期　借　入　金	4,500,000
18		貸　倒　引　当　金	84,500
19		建物減価償却累計額	60,412,560
20		備品減価償却累計額	6,006,000
21		資　　本　　金	22,100,000
22		繰越利益剰余金	13,751,116
23		売　　　　　上	111,800,600
24		受　取　手　数　料	250,900
25		受　取　利　息	77,102
26		建　物　売　却　益	1,120,700
27	72,670,390	仕　　　　　入	
28	17,768,200	給　　　　　料	
29	8,366,400	支　払　家　賃	
30	2,951,339	水　道　光　熱　費	
31	932,157	通　　信　　費	
32	1,281,830	旅　費　交　通　費	
33	2,729,400	減　価　償　却　費	
34	42,380	貸　倒　引　当　金　繰　入	
35	90,000	支　払　利　息	
36	13,010	雑　　　　　損	
37	358,200	備　品　売　却　損	
38	1,793,100	法人税，住民税及び事業税	
39	232,806,678		232,806,678
41	*商品期首棚卸高は次のとおりである。		
42	3,895,450		

① フォームを開く

貸借対照表のフォームを開きます（決算整理後残高試算表と同じシートになります）。わかりやすいように，金額を入力するセルに色付けし，セルG8, セルG15, セルG17に控除することを明示する「△」を入力しています。

	E	F	G	H	I	J	K	L	M	N
1					貸借対照表					
2			控除することを明示する「△」		2026年3月31日　現在					
3										（単位：円）
4			資産の部				負債の部			
5	流動資産						流動負債			
6		現　金　及　び　預　金					買　　掛　　金			
7		売　　掛　　金					未　　払　　金			
8		貸　倒　引　当　金	△				未　払　消　費　税			
9		商　　　品					未　払　法　人　税　等			
10		貯　蔵　品					未　払　費　用			
11		前　払　費　用					流動負債合計			
12		流動資産合計					固定負債			
13	固定資産						長　期　借　入　金			

3.13 決算書

② 流動資産の区分を作成する

流動資産の区分を作成します。貸借対照表の各セルに，決算整理後残高試算表の金額を参照表示します。現金及び預金については，「現金＋普通預金（**=A3+A4**）」で算出します。貸倒引当金は売掛金から控除する形式で表示し，セルI8で売掛金の貸借対照表価額を算出します（**=H7-H8**）。また，商品は3分法上繰越商品勘定で処理されているため，決算整理後残高試算表上の「繰越商品」の金額を参照します。最後に，SUM関数でセルI6からセルI11を集計し，セルI12の流動資産合計を算出します。

	E	F	G	H	I	J	K	L	M
4		資産の部			=A3+A4		負債の部		
5	流動資産					流動負債			
6		現 金 及 び 預 金			20,418,732		買 掛 金		
7		売 掛 金		8,450,000			未 払 金		
8		貸 倒 引 当 金	△	84,500	8,365,500		未 払 消 費 税	=H7-H8	
9		商 品			4,186,600		未 払 法 人 税 等		
10		貯 蔵 品		「繰越商品」の金額=A6	42,940		未 払 費 用		
11		前 払 費 用			130,000		流動負債合計		
12		流動資産合計	=SUM(I6:I11)		33,143,772	固定負債			

③ 固定資産の区分を作成する

②と同様の方法で固定資産の区分を作成します。減価償却累計額は固定資産から控除する形式で表示します。セルI15は「**=H14-H15**」，セルI17は「**=H16-H17**」で算出します。最後に，SUM関数でI15からセルI18を集計し，セルI19の固定資産合計を算出します。

	E	F	G	H	I	J	K	L	M
13	固定資産				=H14-H15		長 期 借 入 金		
14		建 物		77,452,000			固定負債合計		
15		減価償却累計額	△	60,412,560	17,039,440		負債合計		
16		備 品		10,920,000				純資産の部	
17		減価償却累計額	△	6,006,000	4,914,000	株主資本			
18		差 入 保 証 金	=H16-H17		2,210,000		資 本 金		
19		固定資産合計			24,163,440		繰越利益剰余金		
20			=SUM(I15:I18)				株主資本合計		

④ 資産合計を算出し，斜線を引く

「流動資産合計＋固定資産合計（**=I12+I19**）」でセルI22の資産合計を算出します。なおここでは，貸借対照表の貸方側（J列～N列）より借方のほうが2行短くなるため余白線（斜線）を挿入します。[挿入] タブの [図形] ボタンをクリックし，[線] を選択して，セルF20右上からセルF21左下にかけて斜線を引き，線の色を [黒] に変更します。

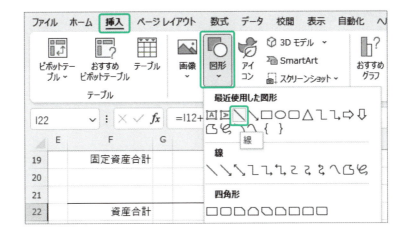

セルF20とセルF21に黒い斜線が引かれます。

入力しない部分には斜線を引きます

=I2+I19

⑤ 負債の部を作成する

負債の部を作成します。次のように決算整理後残高試算表の金額を参照表示し，SUM関数でセルN11の流動負債合計とセルN14の固定資産合計を算出します。最後に，「流動負債合計＋固定負債合計」でセルN15の負債合計を算出します（**=N11+N14**）。

3.13 決算書

⑥ 純資産の部を作成する

　純資産の部を作成します。セルN19の繰越利益剰余金については「資産合計－負債合計－資本金（=I22-N15-N18）」で算出します。その上で，SUM関数でセルN20の株主資本合計を算出します。なお，本事例では純資産の部は株主資本しかありませんので，純資産合計は株主資本合計と同額とします。最後に，「負債合計＋純資産合計（=N15+N21）」で負債純資産合計を算出します。

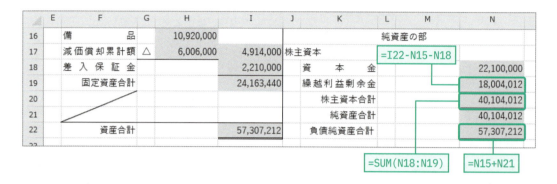

問題 3.13

次の決算整理後残高試算表より，損益計算書と貸借対照表を完成させなさい。なお，当会計期間は2025年4月1日から2026年3月31日までの1年間である。

	A	B	C
1		決算整理後残高試算表	
2	借方	勘定科目	貸方
3	3,509,675	現　　　　　　　金	
4	29,831,753	普　通　預　金	
5	10,563,000	電　子　記　録　債　権	
6	12,332,500	繰　越　商　品	
7	853,000	短　期　貸　付　金	
8	162,500	前　払　費　用	
9	96,815,000	建　　　　　　　物	
10	6,650,000	車　両　運　搬　具	
11	2,762,500	長　期　性　預　金	
12		電　子　記　録　債　務	7,649,720
13		未　　払　　金	4,841,170
14		未　払　消　費　税	978,300
15		未　払　法　人　税　等	2,648,750
16		長　期　借　入　金	8,125,000
17		貸　倒　引　当　金	105,630
18		建物減価償却累計額	75,515,700
19		車両運搬具減価償却累計額	4,507,500
20		資　　本　　金	10,000,000
21		繰　越　利　益　剰　余　金	38,735,110
22		売　　　　　　　上	139,758,500
23		受　取　利　息	45,418
24		車　両　運　搬　具　売　却　益	400,870
25	100,626,120	仕　　　　　　　入	
26	12,210,250	給　　　　　　　料	
27	6,426,000	支　払　地　代	
28	897,570	水　道　光　熱　費	
29	459,190	通　　信　　費	
30	725,980	旅　費　交　通　費	
31	3,346,220	減　価　償　却　費	
32	52,970	貸　倒　引　当　金　繰　入	
33	79,840	雑　　　　　　　費	
34	113,750	支　払　利　息	
35	447,750	災　害　損　失	
36	4,446,100	法人税，住民税及び事業税	
37	293,311,668		293,311,668
38			
39	*商品期首棚卸高は次のとおりである。		
40	14,879,540		
41	*貸倒引当金は電子記録債権に対して設定されている。		

3.13 決算書

	E	F	G	H
1			損益計算書	
2		自　2025年4月1日　至　2026年3月31日		
3				(単位：円)
4				
5	売上高			
6	売上原価			
7		商品期首棚卸高		
8		当期商品仕入高		
9		計		
10		商品期末棚卸高		
11	売上総利益			
12	販売費及び一般管理費			
13		給　　　　　料		
14		支　払　地　代		
15		水　道　光　熱　費		
16		通　　信　　費		
17		旅　費　交　通　費		
18		減　価　償　却　費		
19		貸倒引当金繰入		
20		雑　　　　　費		
21	営業利益			
22	営業外収益			
23		受　取　利　息		
24	営業外費用			
25		支　払　利　息		
26	経常利益			
27	特別利益			
28		車両運搬具売却益		
29	特別損失			
30		災　害　損　失		
31	税引前当期純利益			
32	法人税，住民税及び事業税			
33	当期純利益			

	J	K	L	M	N	O	P	Q	R	S	T
1					貸借対照表						
2				2026年3月31日　現在							
3									(単位：円)		
4			資産の部				負債の部				
5	流動資産					流動負債					
6		現　金　及　び　預　金					電　子　記　録　債　務				
7		電　子　記　録　債　権					未　　払　　金				
8		貸　倒　引　当　金	△				未　払　消　費　税				
9		商　　　　品					未　払　法　人　税　等				
10		短　期　貸　付　金					流動負債合計				
11		前　払　費　用				固定負債					
12		流動資産合計					長　期　借　入　金				
13	固定資産						固定負債合計				
14		建　　　　物					負債合計				
15		減価償却累計額	△						純資産の部		
16		車　両　運　搬　具				株主資本					
17		減価償却累計額	△				資　　本　　金				
18		長　期　性　預　金					繰　越　利　益　剰　余　金				
19		固定資産合計					株主資本合計				
20							純資産合計				
21		資産合計					負債純資産合計				

Part 3

3.14 精算表

▶ 3_14_精算表.xlsx

学習の ポイント
- 精算表の役割を理解する
- Excel で精算表を作成する

3.14.1 精算表の意義

　決算は試算表の作成に始まり，決算整理手続を経て，貸借対照表と損益計算書が作成されることで終わります。これら一連の過程を一覧表にしたものが**精算表**です。通常の決算手続は仕訳と転記によりデータ入力を行いますが，精算表ではそれらを表において行います。なお，精算表の作成は，Excel の利用にうってつけの作業であり，Excel が普及した当初より精算表は Excel で作成されていました。

　正規の決算手続において，精算表は必ずしも必要とされるものではありませんが，決算の全体を概観するために便利なことから多くの企業において作成されます。また伝票式簿記においては，精算表をもって決算の処理を行います。

● 精算表の種類

　精算表の形式は，決算整理前残高試算表，修正記入（決算整理），修正後残高試算表，損益計算書，貸借対照表のそれぞれの貸借からなる **10桁精算表**のほか，修正後残高試算表を作成しない **8桁精算表**もあります。

3.14.2 精算表の作成　　　　　　　　　　　　四則演算　SUM　IF

　ここでは次に示す10桁精算表を完成させます。

　フォームを開きます。なお，フォームですでに入力済みとなっている状態までの作成手順は，次のとおりです。

　残高試算表の欄に決算整理前残高試算表の金額を総勘定管理データから集計します。次に，修正記入の欄に決算整理仕訳を入力して締め切ります。その際，残高試算表に設けられていない勘定科目（本事例では，雑損以下の諸勘定）は新たな行を追加して入力します。

3.14 精算表

	A	B	C	D	E	F	G	H	I	J	K
1	精算表(10桁精算票)										
2	勘定科目	残高試算表		修正記入		修正後残高試算表		損益計算書		貸借対照表	
3		借方	貸方	借方	貸方	借方	貸方	借方	貸方	借方	貸方
4	現　　　　　金	1,881,542			13,010						
5	普　通　預　金	18,550,200									
6	売　　掛　　金	8,450,000									
7	繰　越　商　品	3,895,450		4,186,600	3,895,450						
8	貯　　蔵　　品	19,240		23,700							
9	建　　　　　物	77,452,000									
10	備　　　　　品	10,920,000									
11	差　入　保　証　金	2,210,000									
12	仮　払　消　費　税	1,918,600			1,918,600						
13	仮　払　法　人　税　等	796,600			796,600						
14	買　　掛　　金		6,803,850								
15	未　　払　　金		3,153,800								
16	仮　受　消　費　税		2,795,000	2,795,000							
17	長　期　借　入　金		4,500,000								
18	貸　倒　引　当　金		42,120		42,380						
19	建物減価償却累計額		58,389,810		2,022,750						
20	備品減価償却累計額		5,299,350		706,650						
21	資　　本　　金		22,100,000								
22	繰越利益剰余金		13,751,116								
23	売　　　　　上		111,800,600								
24	受　取　手　数　料		250,900								
25	受　取　利　息		77,102								
26	建　物　売　却　益		1,120,700								
27	仕　　　　　入	72,961,540		3,895,450	4,186,600						
28	給　　　　　料	15,653,050		872,650							
29	支　払　家　賃	8,496,400			130,000						
30	水　道　光　熱　費	2,951,339									
31	通　　信　　費	955,857			23,700						
32	旅　費　交　通　費	1,281,830									
33	減　価　償　却　費	1,242,500		2,729,400							
34	支　払　利　息	90,000									
35	備　品　売　却　損	358,200									
36		230,084,348	230,084,348								
37	雑　　　　　損			13,010							
38	貸倒引当金繰入			42,380							
39	前　払　費　用			130,000							
40	未　払　費　用				872,650						
41	法人税,住民税及び事業税			1,793,100							
42	未　払　消　費　税				876,400						
43	未　払　法　人　税　等				996,500						
44	当　期　純　利　益										
45				16,481,290	16,481,290						

① **修正後残高試算表の借方欄に関数を入力する**

　残高試算表の金額に修正記入を加味して，修正後残高試算表の借方欄に入力します。その際，貸借が同じ側のものは加算，反対側のものは減算します。

　セルF4に次の関数を入力し，セルF43まで関数をオートフィルでコピーします。

$$\text{=IF(B4-C4+D4-E4>0,B4-C4+D4-E4,"")}$$

「（残高試算表の借方－貸方）＋（修正記入の借方－貸方）」がゼロより大きいなら修正後残高試算表は借方残高となるため，計算を行い，それ以外なら空白「""」にしておきます。

3.14 精算表

[F4セル: =IF(B4-C4+D4-E4>0,B4-C4+D4-E4,"")]

	A	B	C	D	E	F	G
1	精算表(10桁精算票)						
2	勘定科目	残高試算表		修正記入		修正後残高試算表	
3		借方	貸方	借方	貸方	借方	貸方
4	現　　　　金	1,881,542			13,010	1,868,532	
5	普　通　預　金	18,550,200				18,550,200	
6	売　　掛　　金	8,450,000				8,450,000	
7	繰　越　商　品	3,895,450		4,186,600	3,895,450	4,186,600	
8	貯　　蔵　　品	19,240		23,700		42,940	
9	建　　　　物	77,452,000				77,452,000	
10	備　　　　品	10,920,000				10,920,000	
11	差　入　保　証　金	2,210,000				2,210,000	

※セルF43まで関数をコピーします

② 修正後残高試算表の貸方欄に関数を入力する

セルG4に次の関数を入力し，セルG43まで関数をオートフィルでコピーします。

$$=\text{IF}(C4-B4+E4-D4>0,C4-B4+E4-D4,"")$$

「(残高試算表の貸方－借方)＋(修正記入の貸方－借方)」がゼロより大きいなら修正後残高試算表は貸方残高となるため，計算を行い，それ以外なら空白「""」にしておきます。

[G4セル: =IF(C4-B4+E4-D4>0,C4-B4+E4-D4,"")]

	A	B	C	D	E	F	G
1	精算表(10桁精算票)						
2	勘定科目	残高試算表		修正記入		修正後残高試算表	
3		借方	貸方	借方	貸方	借方	貸方
4	現　　　　金	1,881,542			13,010	1,868,532	
5	普　通　預　金	18,550,200				18,550,200	
6	売　　掛　　金	8,450,000				8,450,000	
7	繰　越　商　品	3,895,450		4,186,600	3,895,450	4,186,600	
8	貯　　蔵　　品	19,240		23,700		42,940	
9	建　　　　物	77,452,000				77,452,000	
10	備　　　　品	10,920,000				10,920,000	
11	差　入　保　証　金	2,210,000				2,210,000	
12	仮　払　消　費　税	1,918,600			1,918,600		
13	仮払法人税等	796,600			796,600		
14	買　　掛　　金		6,803,850				6,803,850
15	未　　払　　金		3,153,800				3,153,800

※セルG43まで関数をコピーします

3.14 精算表

③ 修正後残高試算表の借方と貸方の合計を算出する

借方と貸方の合計をそれぞれセルF45とセルG45で算出して締め切ります。

	A	B	C	D	E	F	G
42	未 払 消 費 税				876,400		876,400
43	未 払 法 人 税 等				996,500		996,500
44	当 期 純 利 益						
45				16,481,290	16,481,290	232,806,678	232,806,678
46							

セルF45: `=SUM(F4:F44)`、セルG45: `=SUM(G4:G44)`

④ 損益計算書と貸借対照表に移記する

修正後残高試算表の金額を収益・費用の項目は損益計算書の欄に移記し，資産・資産の評価勘定・負債・純資産の項目は貸借対照表の欄に移記します。移記する際のミスをなくすため，数値は修正後残高試算表のセルの値を参照します。

	A	B	C	F	G	H	I	J	K
1	精算表(10桁精算票)								
2	勘定科目	残高試算表		修正後残高試算表		損益計算書		貸借対照表	
3		借方	貸方	借方	貸方	借方	貸方	借方	貸方
4	現 金	1,881,542		1,868,532				1,868,532	
5	普 通 預 金	18,550,200		18,550,200				18,550,200	
6	売 掛 金	8,450,000		8,450,000				8,450,000	
7	繰 越 商 品	3,895,450		4,186,600				4,186,600	
8	貯 蔵 品	19,240		42,940				42,940	
9	建 物	77,452,000		77,452,000				77,452,000	
10	備 品	10,920,000		10,920,000				10,920,000	
11	差 入 保 証 金	2,210,000		2,210,000				2,210,000	
12	仮 払 消 費 税	1,918,600							
13	仮 払 法 人 税 等	796,600							
14	買 掛 金		6,803,850		6,803,850				6,803,850
15	未 払 金		3,153,800		3,153,800				3,153,800
16	仮 受 消 費 税		2,795,000						
17	長 期 借 入 金		4,500,000		4,500,000				4,500,000
18	貸 倒 引 当 金		42,120		84,500				84,500
19	建物減価償却累計額		58,389,810		60,412,560				60,412,560
20	備品減価償却累計額		5,299,350		6,006,000				6,006,000
21	資 本 金		22,100,000		22,100,000				22,100,000
22	繰 越 利 益 剰 余 金		13,751,116		13,751,116				13,751,116
23	売 上		111,800,600		111,800,600		111,800,600		
24	受 取 手 数 料		250,900		250,900		250,900		
25	受 取 利 息		77,102		77,102		77,102		
26	建 物 売 却 益		1,120,700		1,120,700		1,120,700		
27	仕 入	72,961,540		72,670,390		72,670,390			
28	給 料	15,653,050		16,525,700		16,525,700			
29	支 払 家 賃	8,496,400		8,366,400		8,366,400			
30	水 道 光 熱 費	2,951,339		2,951,339		2,951,339			
31	通 信 費	955,857		932,157		932,157			
32	旅 費 交 通 費	1,281,830		1,281,830		1,281,830			
33	減 価 償 却 費	1,242,500		3,971,900		3,971,900			
34	支 払 利 息	90,000		90,000		90,000			
35	備 品 売 却 損	358,200		358,200		358,200			
36		230,084,348	230,084,348						
37	雑 損			13,010		13,010			
38	貸 倒 引 当 金 繰 入			42,380		42,380			
39	前 払 費 用			130,000				130,000	
40	未 払 費 用				872,650				872,650
41	法人税,住民税及び事業税			1,793,100		1,793,100			
42	未 払 消 費 税				876,400				876,400
43	未 払 法 人 税 等				996,500				996,500
44	当 期 純 利 益								
45				232,806,678	232,806,678				
46									

⑤ 損益計算書の当期純利益を算出する

損益計算書の貸借差額を当期純利益（または当期純損失）として借方（または貸方）に入力して締め切ります。まずセルI45で収益金額の合計をSUM関数「`=SUM(I4:I44)`」で算出します。次に収益合計から費用合計を差し引く関数をセルH44に入力します。費用合計はSUM関数で算出し，本事例であれば「`=I45-SUM(H27:H43)`」のようになります。

なお，セルH44で示された金額がプラスであれば当期純利益となりますが，金額がマイナスの場合は当期純損失となるため，貸方側のセルI44で当期純損失の計算を行います。

	D	E	F	G	H	I	J	K
27	3,895,450	4,186,600	72,670,390		72,670,390			
28	872,650		16,525,700		16,525,700			
29		130,000	8,366,400		8,366,400			
30			2,951,339		2,951,339			
31		23,700	932,157		932,157			
32			1,281,830		1,281,830			
33	2,729,400		3,971,900		3,971,900			
34			90,000		90,000			
35			358,200		358,200			
36								
37	13,010		13,010		13,010			
38	42,380		42,380		42,380	=SUM(I4:I44)		
39	130,000		130,000					
40		872,650		872,650	=I45-SUM(H27:H43)			
41	1,793,100		1,793,100		1,793,100			
42		876,400		876,400				
43		996,500		996,500				
44					4,252,896			
45	16,481,290	16,481,290	232,806,678	232,806,678		113,249,302		
46								

⑥ 貸借対照表の当期純利益を算出する

貸借対照表の貸借差額を当期純利益（または当期純損失）として貸方（または借方）に入力して締め切ります。まずセルJ45で資産金額の合計をSUM関数「`=SUM(J4:J44)`」で算出し，次に資産の合計から負債，資産の評価勘定および純資産の合計を差し引く関数をセルK44に入力します。負債，資産の評価勘定および純資産の合計はSUM関数で算出し，本事例であれば「`=J45-SUM(K14:K43)`」のようになります。

なお，ここで示された金額がプラスであれば当期純利益となりますが，マイナスの場合は当期純損失となるため，借方側のセルJ44で当期純損失の計算を行います。

また，精算表全体が正しく作成されている限り，⑤で算出した損益計算書上の当期純利益（または当期純損失）とここで算出した貸借対照表上の当期純利益（または当期純損失）は貸借を反対として同じ金額になります。

3.14 精算表

	D	E	F	G	H	I	J	K
32			1,281,830		1,281,830			
33	2,729,400		3,971,900		3,971,900			
34			90,000		90,000			
35			358,200		358,200			
36								
37	13,010		13,010		13,010			
38	42,380		42,380		42,380			
39	130,000		130,000				130,000	
40		872,650		872,650				872,650
41	1,793,100		1,793,100		1,793,100			
42		876,400		876,400				876,400
43		996,500		996,500				996,500
44					4,252,896			4,252,896
45	16,481,290	16,481,290	232,806,678	232,806,678		113,249,302	123,810,272	

- `=SUM(J4:J44)`
- `=J45-SUM(K14:K43)`

⑦ それぞれの列の合計を算出する

45行目にSUM関数を利用してすべての列の合計を算出し、精算表を完成させます。

	A	B	C	D	E	F	G	H	I	J	K
32	旅 費 交 通 費	1,281,830				1,281,830		1,281,830			
33	減 価 償 却 費	1,242,500		2,729,400		3,971,900		3,971,900			
34	支 払 利 息	90,000				90,000		90,000			
35	備 品 売 却 損	358,200				358,200		358,200			
36		230,084,348	230,084,348								
37	雑 損			13,010		13,010		13,010			
38	貸倒引当金繰入			42,380		42,380		42,380			
39	前 払 費 用			130,000		130,000				130,000	
40	未 払 費 用				872,650		872,650				872,650
41	法人税,住民税及び事業税			1,793,100		1,793,100		1,793,100			
42	未 払 消 費 税				876,400		876,400				876,400
43	未 払 法 人 税 等				996,500		996,500				996,500
44	当 期 純 利 益							4,252,896			4,252,896
45				16,481,290	16,481,290	232,806,678	232,806,678	113,249,302	113,249,302	123,810,272	123,810,272

それぞれの列の合計を出します

なお、データ入力決算手続では、資本振替手続において当期純利益（または当期純損失）の金額が資本の勘定（繰越利益剰余金）に振替えられていますが、精算表ではその振替記入がなされないため、貸借対照表欄の資本の勘定は期首（および期中）の金額を示すこととなる一方、貸借対照表欄においても当期純利益（または当期純損失）が示されます。

本事例は修正後残高試算表の欄を設ける10桁精算表でしたが、8桁精算表の作成手順は、上記10桁精算表の作成手順中、①から③の修正後残高試算表の作業を省略したものとなります。

問題 3.14

次に示す8桁精算表を完成させなさい。

勘定科目	残高試算表 借方	残高試算表 貸方	修正記入 借方	修正記入 貸方	損益計算書 借方	損益計算書 貸方	貸借対照表 借方	貸借対照表 貸方
現　　　　　金	3,509,550						3,509,550	
普　通　預　金	28,881,258						28,881,258	
電子記録債権	10,563,000						10,563,000	
繰　越　商　品	14,879,540		12,332,500	14,879,540			12,332,500	
短　期　貸　付　金	853,000						853,000	
建　　　　　物	97,765,620						97,765,620	
車　両　運　搬　具	6,650,000						6,650,000	
長　期　性　預　金	2,762,500						2,762,500	
仮　払　消　費　税	2,515,600			2,515,600				
仮　払　法　人　税　等	1,797,350			1,797,350				
電子記録債務		7,649,720						7,649,720
未　払　金		3,890,550						3,890,550
仮　受　消　費　税		3,493,900	3,493,900					
長　期　借　入　金		8,125,000						8,125,000
貸　倒　引　当　金		52,660		52,970				105,630
建物減価償却累計額		73,820,430		2,645,890				76,466,320
車両運搬具減価償却累計額		4,238,370		269,130				4,507,500
資　　本　　金		10,000,000						10,000,000
繰越利益剰余金		38,735,110						38,735,110
売　　　　　上		139,758,500				139,758,500		
受　取　利　息		45,418				45,418		
車両運搬具売却益		400,870				400,870		
仕　　　　　入	98,079,080		14,879,540	12,332,500	100,626,120			
給　　　　　料	12,210,250				12,210,250			
支　払　地　代	6,588,500			162,500	6,426,000			
水　道　光　熱　費	897,570				897,570			
通　　信　　費	459,190				459,190			
旅　費　交　通　費	725,980				725,980			
減　価　償　却　費	431,200		2,915,020		3,346,220			
雑　　　　　費	79,840				79,840			
支　払　利　息	113,750				113,750			
災　害　損　失	447,750				447,750			
	290,210,528	290,210,528						
貸倒引当金繰入			52,970		52,970			
前　払　費　用			162,500				162,500	
法人税, 住民税及び事業税			4,446,100		4,446,100			
未　払　消　費　税				978,300				978,300
未　払　法　人　税　等				2,648,750				2,648,750
当　期　純　利　益					10,373,048			10,373,048
			38,282,530	38,282,530	140,204,788	140,204,788	163,479,928	163,479,928

第 **4** 部

会計業務におけるExcelの活用
― Excel操作の応用 ―

Part 4

4.1 VLOOKUP関数の活用

▶ 4_01_VLOOKUP関数の活用.xlsx

学習のポイント
- VLOOKUP関数の機能を理解する
- 一覧からコードに対応するデータを取り出し，売上データを完成させる
- マスタを変更してデータを置き換える

4.1.1 VLOOKUP関数の概要

　経理のExcel業務において，特によく使われる関数の1つに**VLOOKUP関数**があります。VLOOKUP関数を使えば，表を縦方向に検索し，特定のデータに対応する値を取り出すことができます。例えば，一覧から得意先コードや商品コードを確認してそれに対応するデータをひとつひとつ手入力していくのは効率が悪く，ミスの原因にもなります。そのような場合，VLOOKUP関数が有効になります。ここでは，売上データを題材とし，VLOOKUP関数の基本と活用方法について学びます。

　VLOOKUP関数の書式は次のとおりです。

=VLOOKUP（検索値，範囲，列番号，検索方法）

4.1.2 VLOOKUP関数の基礎　　　　　　　　　　　　　　VLOOKUP

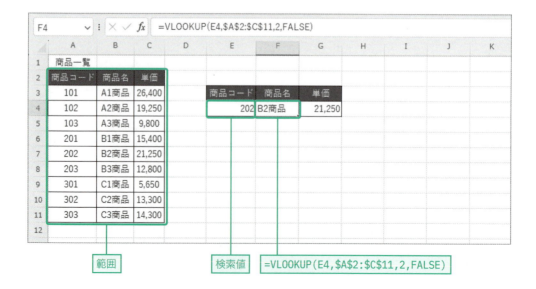

ここではセルF4に次の関数が入力されています。

=VLOOKUP(E4,$A$2:$C$11,2,FALSE)

　商品一覧から，セルE4の商品コード「202」に対応する商品名「B2商品」が取り出されています。このように，VLOOKUP関数を使用することで，一覧表からコードなどに対応する情報を取り出すことが可能になります。
　第1引数は［検索値］で，検索したいデータまたはそのデータが入力されているセル番地を指定します。ここでは，商品コードが入力されている「E4」となります。なお，[検索値]の検索対象は必ず［範囲］の左端の列（左から1列目）にしておかなければなりません。
　第2引数は［範囲］で，検索対象となる商品一覧の範囲を指定します。ここでは，数式をコピーしても範囲が移動しないように絶対参照で「$A$2:$C$11」を指定します。
　第3引数は［列番号］で，取り出したいデータが表（範囲）の何列目にあるかを指定します。ここでは，商品名が入力されている2列目を指定します。
　第4引数は［検索方法］で，検索したいデータが見つからなかった場合にどうするかを論理値で指定します。「FALSE」を指定すると，データが見つからなかった場合に［#N/A］エラーが表示されます。これは，値が無い場合のエラーです。一方，「TRUE」を指定（または省略）すると，データが見つからなかった場合に検索値を超えない最大値を検索表示します。しかし，経理業務においては，完全に一致するデータを検索するケースが多く，「FALSE」を指定する操作が有効です。
　なお，セルG4にも次のVLOOKUP関数を入力すれば，セルE4の商品コードに対応する商品一覧3列目の単価を取り出すことができます。

=VLOOKUP(E4,$A$2:$C$11,3,FALSE)

4.1.3　一覧から売上データへの得意先名の取り出し　オートフィル　VLOOKUP

　VLOOKUP関数を使い，得意先一覧から得意先コードに該当する得意先名を取り出して，売上データを完成させます。

① 関数を入力する

　フォームを開き，セルC3に次の関数を入力します。

=VLOOKUP(B3,$L$4:$M$17,2,FALSE)

4.1 VLOOKUP関数の活用

セルC4以降に関数をコピーしても範囲が移動しないように，第2引数には絶対参照で「**$L$4:$M$17**」を指定します。

② 抽出されたデータを確認する

得意先一覧からセルB3の得意先コード「10003」に対応する表2列目のデータ「練馬物産（株）」が，セルC3に取り出されます。

③ 関数をコピーする

入力した関数はオートフィル機能を使って下方向にコピーすることにより，第1引数[検索値]のセル番地のみが自動的に対応する得意先コードのセル番地に変換され，一気に得意先名を取り出せます。なお，返品の行には太字が設定されているため，[オートフィルオプション]から，[書式なしコピー（フィル）]を選択します。

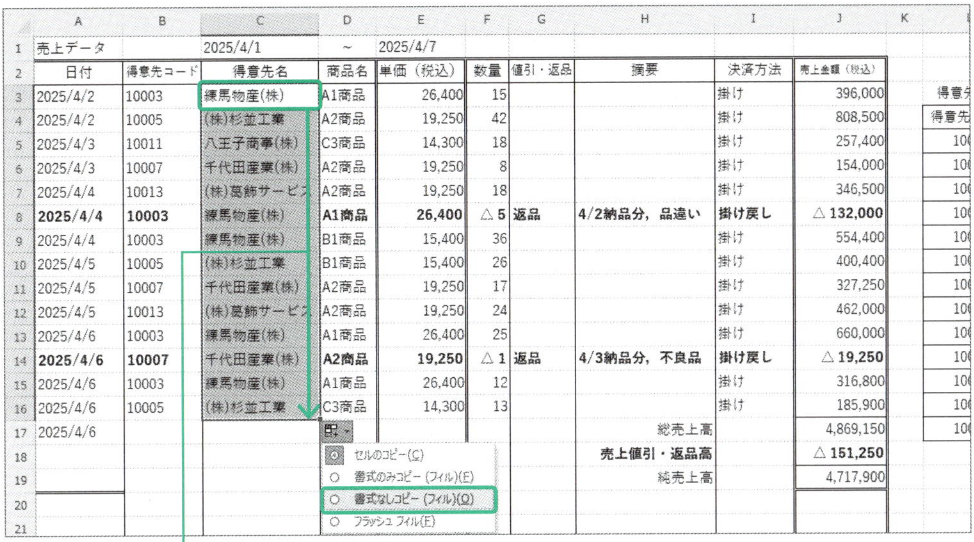

4.1 VLOOKUP関数の活用

オートフィルで関数をコピーすると一気に取り出されます

また，先にC列へ関数を入力しておき，得意先コードを入力するだけで得意先名が入力されるようにしておくと作業効率が上がります。しかし，得意先コードが入力されていない行には，[#N/A] エラーが表示されるので，空白処理をしておく必要があります（コラム参照）。

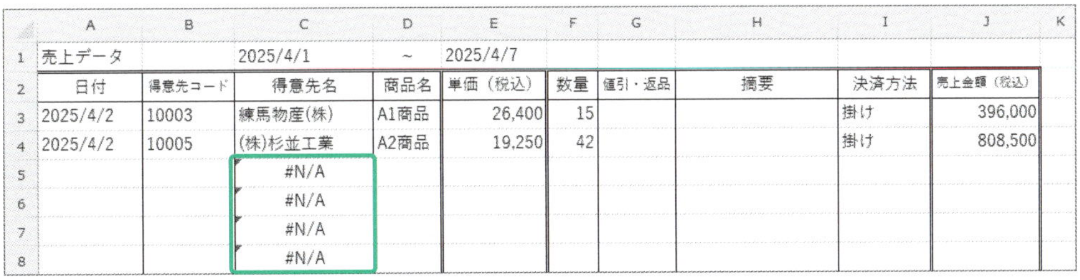

COLUMN

入力したVLOOKUP関数への空白処理

空白処理を行うには，IF関数とVLOOKUP関数を複合利用し（4.5で詳しく学習します），上図セルC3の関数を次のように書き換え，下のセルにもコピーします。これにより，セルB3の得意先コードが入力されていない場合には空白「""」が，得意先コードが入力されている場合にはVLOOKUP関数の結果が表示されます。

```
=IF(B3="","",VLOOKUP(B3,$L$4:$M$17,2,FALSE))
```

4.1 VLOOKUP関数の活用

4.1.4　マスタ変更によるデータ置き換え　オートフィル　VLOOKUP

　VLOOKUP関数を利用すれば，得意先一覧，商品一覧，勘定科目一覧といったマスタのみを変更し，マスタのデータを参照しているセルの値を自動的に置き換えることや，シートやブック間の連携を行うこともできます。

　例えば，商品の単価が変わった場合などに，マスタとなる商品一覧のシートの単価だけを変更すれば，ほかのシートでVLOOKUP関数を使用してこのマスタデータと紐付けておくことにより，新しい単価を各資料に瞬時に反映させることができます。

マスタの変更を，参照しているセルにも瞬時に反映させることができます

① 関数を途中まで入力する

　フォームを開き，マスタを参照したいシート（ここでは「4.1.4売上データ」）の得意先名のセルC3に「`=VLOOKUP(B3,`」と入力します。

② シートを切り替えて続きを入力する

　そのままマスタとなる「4.1.4得意先一覧」のシートを表示し，範囲（ここではセルA2からセルB15）を選択します。続いて F4 キーを押し，選択範囲を絶対参照に切り替えます。

　別のシートを参照するには，次のように参照する場所を指定します。なお，記号やスペース，数字が含まれているシート名は，単一引用符「`'`」で自動的にくくられることもあります。

=シート名!セル番地

4.1 VLOOKUP関数の活用

[Excel画面: A2セルに =VLOOKUP(B3,'4.1.4得意先一覧'!$A$2:$B$15 と入力中。得意先一覧シート表示]

得意先コード	得意先名
10001	世田谷商事(株)
10002	(株)豊島製造所
10003	練馬物産(株)
10004	(株)町田サービス
10005	(株)杉並工業
10006	(株)渋谷商事
10007	千代田産業(株)
10008	新宿物産(株)
10009	(株)板橋商事
10010	(株)文教サービス
10011	八王子商事(株)
10012	江東工業(株)
10013	(株)葛飾サービス

範囲を選択してから［F4］キーを押して絶対参照に切り替えます

③ 関数を完成させてコピーする

残りの引数，［列番号］と［検索方法］も次のように入力し関数を完成させ，入力した関数を下方向にコピーします。なお，返品の行には太字が設定されているため，［オートフィルオプション］から，［書式なしコピー（フィル）］を選択します。

```
=VLOOKUP(B3,'4.1.4得意先一覧'!$A$2:$B$15,2,FALSE)
```

	A	B	C	D	E	F	G	H	I	J
1	売上データ		2025/4/1	～	2025/4/7					
2	日付	得意先コード	得意先名	商品名	単価(税込)	数量	値引・返品	摘要	決済方法	売上金額(税込)
3	2025/4/2	10003	練馬物産(株)	A1商品	26,400	15			掛け	396,000
4	2025/4/2	10005	(株)杉並工業	A2商品	19,250	42			掛け	808,500
5	2025/4/3	10011	八王子商事(株)	C3商品	14,300	18			掛け	257,400
6	2025/4/3	10007	千代田産業(株)	A2商品	19,250	8			掛け	154,000
7	2025/4/4	10013	(株)葛飾サービス	A2商品	19,250	18			かけ	346,500

関数を完成させたらオートフィルでコピーします

④ マスタの値を変更する

マスタ（得意先一覧）の得意先コード「10003」の得意先名を，「NERIMA物産(株)」に変更します。

4.1 VLOOKUP関数の活用

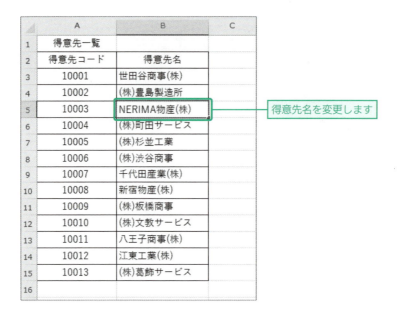

得意先名を変更します

⑤ **変更の反映を確認する**

売上データのシートに，マスタの変更が反映されたことを確認します。

	A	B	C	D	E	F	G	H	I	J	K
1	売上データ		2025/4/1		~	2025/4/7					
2	日付	得意先コード	得意先名	商品名	単価（税込）	数量	値引・返品	摘要	決済方法	売上金額（税込）	
3	2025/4/2	10003	NERIMA物産(株)	A1商品	26,400	15			掛け	396,000	
4	2025/4/2	10005	(株)杉並工業	A2商品	19,250	42			掛け	808,500	
5	2025/4/3	10011	八王子商事(株)	C3商品	14,300	18			掛け	257,400	
6	2025/4/3	10007	千代田産業(株)	A2商品	19,250	8			掛け	154,000	
7	2025/4/4	10013	(株)葛飾サービス	A2商品	19,250	18			かけ	346,500	
8	**2025/4/4**	**10003**	**NERIMA物産(株)**	**A1商品**	**26,400**	**△ 5**	**返品**	**4/2納品分，品違い**	**掛け戻し**	**△ 132,000**	
9	2025/4/4	10003	NERIMA物産(株)	B1商品	15,400	36			掛け	554,400	
10	2025/4/5	10005	(株)杉並工業	B1商品	15,400	26			掛け	400,400	
11	2025/4/5	10007	千代田産業(株)	A2商品	19,250	17			掛け	327,250	
12	2025/4/5	10013	(株)葛飾サービス	A2商品	19,250	24			掛け	462,000	
13	2025/4/6	10003	NERIMA物産(株)	A1商品	26,400	25			掛け	660,000	
14	**2025/4/6**	**10007**	**千代田産業(株)**	**A2商品**	**19,250**	**△ 1**	**返品**	**4/3納品分，不良品**	**掛け戻し**	**△ 19,250**	
15	2025/4/6	10003	NERIMA物産(株)	A1商品	26,400	12			掛け	316,800	
16	2025/4/6	10005	(株)杉並工業	C3商品	14,300	13			掛け	185,900	
17	2025/4/6							総売上高		4,869,150	
18								売上値引・返品高		△ 151,250	
19								純売上高		4,717,900	
20											

例題 4.1

次に示す仕入データで，仕入先コードを入力すると仕入先名が表示されるようセルC3〜セルC16に関数を設定し，セルB3に得意先コード「10005」を入力しなさい。

	A	B	C	D	E	F	G	H	I	J	K	L	M
1	仕入データ		2025/4/1	〜									
2	日付	仕入先コード	仕入先名	商品名	単価（税込）	数量	値引・返品	摘要	決済方法	仕入金額（税込）		仕入先一覧	
3	2025/4/3											仕入先コード	仕入先名
4												10001	川越商事(株)
5												10002	熊谷物産(株)
6												10003	所沢商店(株)
7												10004	(株)川口産業
8												10005	秩父商事(株)
9												10006	久喜商店
10													
...													
17								総仕入高					
18								仕入値引・返品高					
19								純仕入高					
20													

解答

	A	B	C	D	E	F	G	H	I	J	K	L	M
1	仕入データ		2025/4/1	〜									
2	日付	仕入先コード	仕入先名	商品名	単価（税込）	数量	値引・返品	摘要	決済方法	仕入金額（税込）		仕入先一覧	
3	2025/4/3	10005	秩父商事(株)									仕入先コード	仕入先名
4			#N/A									10001	川越商事(株)
5			#N/A									10002	熊谷物産(株)
6			#N/A									10003	所沢商店(株)
7			#N/A									10004	(株)川口産業
8			#N/A									10005	秩父商事(株)
9			#N/A									10006	久喜商店
10			#N/A										
11			#N/A										
12			#N/A										
13			#N/A										
14			#N/A										
15			#N/A										
16			#N/A										
17								総仕入高					
18								仕入値引・返品高					
19								純仕入高					
20													

仕入データのセルC3に次の関数を入力し，セルC16までコピーします。数式をコピーしても範囲が移動しないよう，絶対参照にしておくことが重要です。

=VLOOKUP(B3,$L$4:$M$10,2,FALSE)

4.1 VLOOKUP関数の活用

問題 4.1　　使用ファイル ▶ 4_01_問題.xlsx

同一ブック内に，マスタとなる次の「商品一覧」シートとそれを参照する「売上データ」シートを作成した。売上データで，商品コードを入力すれば商品名と単価（税込）が表示されるようにしたい。売上データの単価のセルF3に入力すべき関数を選択肢から1つ選びなさい。なお，商品コードを入力する売上データのセルは「D3」とする。

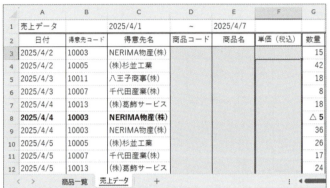

(1) =VLOOKUP(D3,商品一覧!$A$2:$C$8,2,FALSE)

(2) =VLOOKUP(D3,商品一覧!$A$2:$C$8,3,FALSE)

(3) =VLOOKUP(A4,商品一覧!$A$2:$C$8,3,FALSE)

(4) =VLOOKUP(D3,売上データ!$A$2:$C$8,3,FALSE)

4.2 SUMIFS関数の活用

▶ 4_02_SUMIFS関数の活用.xlsx

学習のポイント
- SUMIFS関数の機能を理解する
- 普通預金出納データの複数条件を満たす金額のみを集計する
- ワイルドカードの役割を理解する

4.2.1 SUMIFS関数の基礎　　　　SUMIFS

SUM関数には数値を合計する機能がありますが，経理業務では特定の条件を満たす数値のみを集計するケースがあります。このような場合には，**SUMIFS関数**が使われます。ここではSUMIFS関数を用いて条件にあった数値を集計する方法について示します。

SUMIFS関数の書式は次のとおりです。

=SUMIFS(合計対象範囲，条件範囲1，条件1，条件範囲2，条件2，…)

上のセルH2には次の関数が入力され，一覧から，担当者が「石山」という条件に当てはまる売上金額のみが集計されています。

=SUMIFS(E3:E8,D3:D8,"石山")

SUMIFS関数を使えば，複数の条件に一致するセルを検索し，見つかったセルと同じ行（または列）にある［合計対象範囲］のセルの数値の合計を求めることができます。なお，この例のようにSUMIFS関数は条件が1つでも機能します。そのため，条件が1つしか指定できないSUMIF関数よりも，SUMIFS関数を使ったほうが作業効率はよくなります。

第1引数は［合計対象範囲］で，金額を合計したいデータのある範囲を指定します。ここでは，E列の「売上金額（税込）」を集計したいので，「E3:E8」を指定します。

第2引数以降は条件1つにつき，条件範囲と検索条件をペアで指定します。最大127ペアまでの条件が設定できます。ここでは，まず［条件範囲1］を担当者の列である「D3:D8」に，［条件1］は文字列「"石山"」を指定して，条件範囲内の担当者石山のみを検索して，石山の売上合計を集計しました。

検索条件は原則として「"」でくくり，文字列として設定することが必要です。また，合計対象範囲と条件範囲の行番号が異なると［#VALUE!］エラーが発生するので，すべての行番号を揃える必要があります。

4.2.2 複数条件を満たすデータのみの集計　ワイルドカード　SUMIFS

次の普通預金出納データを使って，船橋商事（株）からの売掛金回収（決済）額のみを集計するケースを考えます。

	A	B	C	D	E	F	G	H	I
1	普通預金出納データ				2025/7/1	〜	2025/7/7	船橋商事からの売掛金回収額	
2	日付	科目	摘要	預入	引出	残高		得意先名	金額
3	2025/7/1		前週繰越	1,179,200		1,179,200		船橋商事（株）	
4	2025/7/1	消耗品費	プリンタトナー代金支払い		8,900	1,170,300			
5	2025/7/2	備品	事務用パソコン購入代金		623,500	546,800			
6	2025/7/4	売掛金	船橋商事（株）から売掛金決済	715,600		1,262,400			
7	2025/7/5	売掛金	市川産業（株）から売掛金決済	172,200		1,434,600			
8	2025/7/5	売掛金	売掛金決済（船橋商事（株））	328,900		1,763,500			
9	2025/7/5	受取利息	預金利子入金	8,500		1,772,000			
10	2025/7/6	売掛金	船橋商事（株）より売掛金回収	212,000		1,984,000			
11	2025/7/7		次週繰越		1,984,000				
12				2,616,400	2,616,400				
13	2025/7/8		前週繰越	1,984,000		1,984,000			

まず，普通預金の増加が売掛金の回収によるものか否かは，科目の列（B列）から判断できます。また，船橋商事（株）からの回収であるか否かは，摘要欄（C列）に「船橋商事」という文字列があることで判断できます。

フォームを開き，セルI4に次のSUMIFS関数を入力します。

=SUMIFS(D3:D10,B3:B10,"売掛金",C3:C10,"*船橋商事*")

この関数には，2つの条件が設定されており，2つの条件を両方ともに満たすセルD3からセルD10までの数値のみが合計されます。

まず，第1引数［合計対象範囲］には，売掛金の回収で増加する普通預金の金額が入力される「預入」の列である「D3:D10」を指定します。

1つ目の条件は，科目名が「売掛金」であることです。［条件範囲1］に科目名の列「**B3:B10**」を指定し，「条件1」に文字列「**"売掛金"**」を指定します。

2つ目の条件は，摘要欄に「船橋商事」の文字列があることです。これで船橋商事（株）以外との普通預金取引を排除することができます。［条件範囲2］に摘要の列「**C3:C10**」を指定し，「条件2」に文字列「**"*船橋商事*"**」を指定します。

記号「*」は**ワイルドカード**とよばれ，「*」の位置にどのような文字列があっても検索対象とすることができます。したがって，文字列「**"船橋商事"**」の前と後ろに「*」を入力することで，摘要欄に「船橋商事」と入力された数値すべてが合計対象となります。

ここでは，科目欄に「売掛金」と入力され，摘要欄に「船橋商事〜」または「〜船橋商事〜」と入力された金額が合計されることにより，セルI4に¥1,256,500が集計されます。

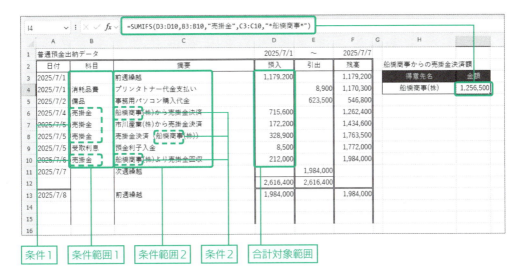

4.2 SUMIFS関数の活用

例題 4.2

次に示す普通預金出納データから,丸亀商事(株)および坂出商事(株)の普通預金による売掛金決済額の集計表を完成させなさい。

	A	B	C	D	E	F	G	H	I	J
1	普通預金出納データ				2025/7/1	~	2025/7/7			
2	日付	科目	摘要	預入	引出	残高		普通預金による売掛金決済額		
3	2025/7/1		前週繰越	2,179,200		2,179,200		得意先名	金額	
4	2025/7/1	保守費	事務機器保守点検代金		93,500	2,085,700		丸亀商事(株)		
5	2025/7/2	車両運搬具	車両購入代金		1,925,000	160,700		坂出商事(株)		
6	2025/7/4	売掛金	丸亀商事(株)から売掛金決済	1,933,800		2,094,500		合計		
7	2025/7/4	買掛金	善通寺産業(株)に買掛金決済		161,700	1,932,800				
8	2025/7/5	売掛金	坂出商事(株)から売掛金決済	623,000		2,555,800				
9	2025/7/5	受取利息	預金利子入金	12,500		2,568,300				
10	2025/7/6	売掛金	売掛金決済(丸亀商事(株))	342,300		2,910,600				
11	2025/7/7	売掛金	売掛金決済(坂出商事(株))	124,800		3,035,400				
12	2025/7/7	支払家賃	オフィス家賃支払い		264,000	2,771,400				
13			次週繰越		2,771,400					
14				5,215,600	5,215,600					
15	2025/7/8		前週繰越	2,771,400						
16										
17										

解答

	A	B	C	D	E	F	G	H	I	J
1	普通預金出納データ			2025/7/1	～	2025/7/7				
2	日付	科目	摘要	預入	引出	残高		普通預金による売掛金決済額		
3	2025/7/1		前週繰越	2,179,200		2,179,200		得意先名	金額	
4	2025/7/1	保守費	事務機器保守点検代金		93,500	2,085,700		丸亀商事(株)	2,276,100	
5	2025/7/2	車両運搬具	車両購入代金		1,925,000	160,700		坂出商事(株)	747,800	
6	2025/7/4	売掛金	丸亀商事(株)から売掛金決済	1,933,800		2,094,500		合計	3,023,900	
7	2025/7/4	買掛金	善通寺産業(株)に買掛金決済		161,700	1,932,800				
8	2025/7/5	売掛金	坂出商事(株)から売掛金決済	623,000		2,555,800				
9	2025/7/5	受取利息	預金利子入金	12,500		2,568,300				
10	2025/7/6	売掛金	売掛金決済（丸亀商事(株)）	342,300		2,910,600				
11	2025/7/7	売掛金	売掛金決済（坂出商事(株)）	124,800		3,035,400				
12	2025/7/7	支払家賃	オフィス家賃支払い		264,000	2,771,400				
13			次週繰越		2,771,400					
14				5,215,600	5,215,600					
15	2025/7/8		前週繰越	2,771,400						
16										
17										

セルI4とセルI5に次のSUMIFS関数を入力し，合計をSUM関数でセルI6に集計します。

セルI4：=SUMIFS(D3:D12,B3:B12,"売掛金",C3:C12,"*丸亀商事*")

セルI5：=SUMIFS(D3:D12,B3:B12,"売掛金",C3:C12,"*坂出商事*")

合計対象範囲には，預入の列「**D3:D12**」を指定します。

条件1には科目欄「**B3:B12**」の「売掛金」を，条件2には摘要欄「**C3:C12**」のそれぞれの得意先名を指定します。また，得意先名の前後に文字列が入力されていますので，ワイルドカード「*」を入力しないと集計することができない点に注意します。

なお，すべての検索条件を，「"」でくくって文字列として指定する必要があります。

4.2 SUMIFS関数の活用

問題・4.2

次に示す売掛金管理データから，8月中の現金による売掛金回収額をセルF2に集計しなさい。集計にはSUMIFS関数を用い，合計対象範囲はセルD5からセルD20まで（D5:D20）とする。

	A	B	C	D	E	F	G
1	売掛金管理データ		2025/7/1	～	2025/8/31		
2	得意先名	(株)那覇産業		8月の現金による売掛金回収額			
3							
4	日付	摘要	借方	貸方	残高		
5	2025/7/1	前月繰越	420,970		420,970		
6	2025/7/6	売上	835,010		1,255,980		
7	2025/7/9	入金（普通預金）		691,460	564,520		
8	2025/7/15	売上	604,230		1,168,750		
9	2025/7/20	返品	182,270		1,351,020		
10	2025/7/24	入金（現金）		393,030	957,990		
11	2025/7/27	入金（普通預金）		592,570	365,420		
12	2025/7/31	次月繰越		365,420			
13			2,042,480	2,042,480			
14	2025/8/1	前月繰越	365,420		365,420		
15	2025/8/1	売上	416,790		782,210		
16	2025/8/6	入金（現金）		502,920	279,290		
17	2025/8/9	売上	690,580		969,870		
18	2025/8/11	入金（現金）		259,270	710,600		
19	2025/8/20	売上	206,250		916,850		
20	2025/8/31	次月繰越		916,850			
21			1,679,040	1,679,040			
22	2025/9/1	前月繰越	916,850				
23							
24							

4.3 COUNTIFS関数の活用

▶ 4_03_COUNTIFS関数の活用.xlsx

学習のポイント
- COUNTIFS関数の機能を理解する
- 売上データから得意先別・商品別に売上件数をマトリクス集計する
- 売上データと得意先別・商品別売上件数の集計表を突合する

4.3.1 COUNTIFS関数の基礎　　　COUNTIFS

COUNT関数（2.9参照）にはセル数をカウントする機能がありますが，経理業務では特定の条件を満たす値の個数のみをカウントするケースがあります。このような場合には，**COUNTIFS関数**が使われます。ここでは，COUNTIFS関数を用いてセル範囲に条件を設定し，条件が満たされたセル数をカウントする方法について示します。

COUNTIFS関数の書式は次のとおりです。

=COUNTIFS(検索条件範囲1, 検索条件1, 検索条件範囲2, 検索条件2, …)

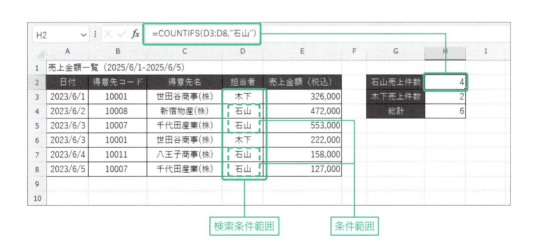

上のセルH2には次の関数が入力され，指定した範囲で担当者が「石山」という条件が満たされたセル数をカウントしています。

=COUNTIFS(D3:D8,"石山")

4.3 COUNTIFS関数の活用

　この例のようにCOUNTIFS関数は条件が1つだけでも機能します。そのため，条件が1つのみしか設定できないCOUNTIF関数よりもCOUNTIFS関数を使ったほうが作業効率はよくなります。

　COUNTIFS関数では，条件1つにつき検索条件範囲と検索条件をペアで指定し，最大127ペアまでの条件が設定できます。ここでは，［検索条件範囲1］に担当者の列である「`D3:D8`」を，［検索条件1］に文字列「`"石山"`」を指定して，担当者が石山の売上件数をカウントしました。検索条件は原則として「`"`」でくくり，文字列として設定することが必要です。また，複数条件を設定する場合には，検索条件範囲の行番号が異なると［#VALUE!］エラーが発生するので，すべての行番号を揃える必要があります。

4.3.2 複数条件を満たすデータ件数の集計　　COUNTIFS　SUM

　COUNTIFS関数を使って，売上データから得意先別・商品別に値引・返品取引を除いた売上件数をマトリクス集計する表（集計表）を作成します。

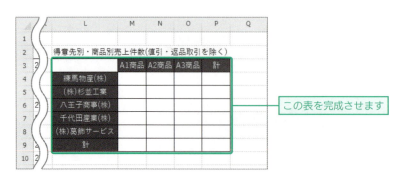

この表を完成させます

① 関数を入力する

フォームを開きます。セルM4に練馬物産（株）へのA1商品の値引・返品取引を除いた売上件数を集計するには，次のCOUNTIFS関数を入力します。

```
=COUNTIFS($C$3:$C$16,$L4,$D$3:$D$16,M$3,$J$3:$J$16,">0")
```

この関数には3つの条件が設定されており，条件をすべて満たしたセル数がカウントされます。

1つ目の条件は，得意先名が「練馬物産（株）」であることです。第1引数［検索条件範囲1］には，売上データの得意先名が入力されている「`$C$3:$C$16`」を，コピーしても範囲が移動しないように絶対参照で指定します。第2引数［検索条件1］は，集計表の「練馬物産（株）」が入力されている「`$L4`」を，右の列にコピーしても得意先名が入力されている列が移動しないようにL列だけを固定した複合参照で指定します。

2つ目の条件は，商品名が「A1商品」であることです。第3引数［検索条件範囲2］には，売上データの商品名が入力されている「`$D$3:$D$16`」を，コピーしても範囲が移動しないように絶対参照で指定します。第4引数［検索条件2］は，集計表の「A1商品」が入力されている「`M$3`」を，下の行にコピーしても商品名が入力されている行が移動しないように3行目だけを固定した複合参照で指定します。

3つ目の条件は，売上金額が「プラス」であること，つまり値引・返品ではないことです。第5引数［検索条件範囲3］には，売上データの売上金額が入力されている「`$J$3:$J$16`」を，コピーしても範囲が移動しないように絶対参照で指定します。第6引数［検索条件3］は，指定した範囲の値がプラスであることを，比較演算子を使って「`">0"`」と指定します。

② 集計を確認する

セルM4に，練馬物産（株）へのA1商品の値引・返品取引を除いた売上件数が集計されます。

③ 関数を横方向にコピーする

　オートフィルを使って，セルM4の数式をセルN4とセルO4にコピーします。相対参照されている列番号のみが変更され，それぞれの件数が集計されます。

④ 関数を縦方向にコピーする

　オートフィルを使って，セル範囲「`M4:O4`」を8行目までコピーします。相対参照されている行番号のみが変更され，それぞれの件数が集計されます。

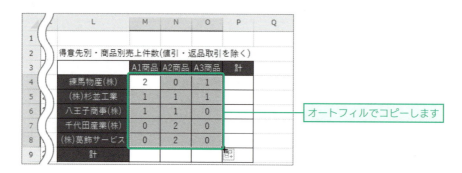

⑤ 合計を算出する

　セル範囲「`M4:P9`」を選択後，［ホーム］タブの［合計］ボタンをクリックしSUM関数を自動入力します。縦と横の「計」が算出され集計表が完成します。

4.3.3 データの突合

COUNTIFS

経理業務では新たに作成したデータが元データと整合しているか，集計漏れや重複が無いかなどの検証を行うことがあります。これをデータの**突合**とよびます。

ここでは，COUNTIFS関数を利用して，得意先別・商品別売上件数の表（集計表）に得意先名の集計漏れや重複が無いか，元データである売上データと突合する方法について学びます。

① フォームを開く

フォームを開きます。売上データの表の横に列を挿入し，K列に「チェック」欄を設けています。

集計漏れや重複が無いか突合を行うには，集計表の得意先名が入力されている範囲「M4:M8」で，売上データの得意先名欄の各行に入力された得意先名が1つだけあれば，チェック欄に「1」とカウントされるようにします。一方，集計漏れがある場合には「0」とカウントされ，重複していれば「2」以上の件数がカウントされます。

② 関数を入力してコピーする

チェック欄のセルK3に次の関数を入力し，16行目までコピーします。

=COUNTIFS($M$4:$M$8,C3)

第1引数[検索条件範囲1]は，チェック対象である集計表の得意先名が入力されている範囲「$M$4:$M$8」をコピーしても範囲が移動しないように絶対参照で指定します。第2引数[検索条件1]は，売上データの得意先名が入力されている「C3」を指定します。

③ 結果を確認する

「(株)杉並工業」のチェック欄に「0」とカウントされ，集計漏れが発見できます。また，「練馬物産(株)」のチェック欄に「2」がカウントされ，重複が発見できます。

4.3 COUNTIFS関数の活用

「(株)杉並工業」の集計漏れと「練馬物産(株)」の重複が見つかります

④ 集計表を修正する

集計表のセルM8「練馬物産(株)」を「(株)杉並工業」に変更して集計表を修正し、チェック欄のカウントがすべて「1」になっていることを確認します。

4.3 COUNTIFS関数の活用

例題 • 4.3

次に示す仕入データから，値引・返品取引を除く仕入先別・商品別仕入件数の集計表を完成させ，(株)川口産業からのC02商品の値引・返品取引を除く仕入件数を求めなさい。

	A	B	C	D	E	F	G	H	I	J	K	L	M	N	O	P
1	仕入データ							2025/6/1	～	2025/6/30		仕入先別・商品別仕入件数(値引・返品取引を除く)				
2	日付	仕入先コード	仕入先名	商品名	単価(税込)	数量	値引・返品	摘要	決済方法	仕入金額(税込)			C01商品	C02商品	C03商品	計
3	2025/6/1	10003	川越商事(株)	C02商品	59,400	22			掛け	1,306,800		川越商事(株)				
4	2025/6/2	10019	熊谷物産(株)	C01商品	25,740	36			掛け	926,640		所沢商店(株)				
5	2025/6/4	10004	所沢商店(株)	C03商品	34,100	17			電子記録債務	579,700		久喜商店				
6	**2025/6/5**	**10003**	**川越商事(株)**	**C02商品**	**59,400**	△4	返品	6/1分，品違い	掛け戻し	△ **237,600**		(株)川口産業				
7	2025/6/8	10006	(株)川口産業	C02商品	59,400	15			掛け	891,000		秩父商事(株)				
8	2025/6/10	10007	秩父商事(株)	C03商品	34,100	35			掛け	1,193,500		熊谷物産(株)				
9	2025/6/11	10004	所沢商店(株)	C01商品	25,740	18			電子記録債務	463,320		計				
10	2025/6/11	10019	熊谷物産(株)	C02商品	59,400	15			掛け	891,000						
11	2025/6/15	10005	久喜商店	C03商品	34,100	18			掛け	613,800						
12	2025/6/17	10003	川越商事(株)	C02商品	59,400	24			掛け	1,425,600						
13	2025/6/22	10004	所沢商店(株)	C03商品	34,100	13			掛け	443,300						
14	**2025/6/25**	**10003**	**川越商事(株)**	**C02商品**	**59,400**	△2	返品	6/17分，不良品	掛け戻し	△ **118,800**						
15	2025/6/29	10006	(株)川口産業	C02商品	59,400	10			掛け	594,000						
16	2025/6/30							総仕入高		9,328,660						
17	2025/6/30							仕入値引・返品高		△ **356,400**						
18								純仕入高		8,972,260						

解答

2

	A	B	C	D	E	F	G	H	I	J	K	L	M	N	O	P
1	仕入データ							2025/6/1	～	2025/6/30		仕入先別・商品別仕入件数(値引・返品取引を除く)				
2	日付	仕入先コード	仕入先名	商品名	単価(税込)	数量	値引・返品	摘要	決済方法	仕入金額(税込)			C01商品	C02商品	C03商品	計
3	2025/6/1	10003	川越商事(株)	C02商品	59,400	22			掛け	1,306,800		川越商事(株)	0	2	0	2
4	2025/6/2	10019	熊谷物産(株)	C01商品	25,740	36			掛け	926,640		所沢商店(株)	1	0	2	3
5	2025/6/4	10004	所沢商店(株)	C03商品	34,100	17			電子記録債務	579,700		久喜商店	0	0	1	1
6	**2025/6/5**	**10003**	**川越商事(株)**	**C02商品**	**59,400**	△4	返品	6/1分，品違い	掛け戻し	△ **237,600**		(株)川口産業	0	**2**	0	2
7	2025/6/8	10006	(株)川口産業	C02商品	59,400	15			掛け	891,000		秩父商事(株)	0	0	1	1
8	2025/6/10	10007	秩父商事(株)	C03商品	34,100	35			掛け	1,193,500		熊谷物産(株)	1	1	0	2
9	2025/6/11	10004	所沢商店(株)	C01商品	25,740	18			電子記録債務	463,320		計	2	5	4	11
10	2025/6/11	10019	熊谷物産(株)	C02商品	59,400	15			掛け	891,000						
11	2025/6/15	10005	久喜商店	C03商品	34,100	18			掛け	613,800						

セルM4に次のCOUNTIFS関数を入力し，セルO9までの範囲にコピーします。

=COUNTIFS($C$3:$C$15,$L4,$D$3:$D$15,M$3,$J$3:$J$15,">0")

1つ目の条件は，仕入先名が「川越商事(株)」であることです。第1引数 [検索条件範囲1] には「**$C$3:$C$15**」を，第2引数 [検索条件1] には「**$L4**」を指定します。

2つ目の条件は，商品名が「C01商品」であることです。第3引数 [検索条件範囲2] には「**$D$3:$D$15**」を，第4引数 [検索条件2] には，「**M$3**」を指定します。

3つ目の条件は，仕入金額が「プラス」であることです。第5引数 [検索条件範囲3] には「**$J$3:$J$15**」を，第6引数 [検索条件3] には，指定した範囲の値がプラスであることを，比較演算子を使って「**">0"**」と指定します。

最後に，SUM関数で「計」を算出して表を完成させます。

4.3 COUNTIFS関数の活用

問題 4.3

当社は次に示す仕入データから，値引・返品取引を除く仕入先別・商品別仕入件数の集計表を作成した。集計された仕入先名に漏れや重複が無いか検証するため仕入データと集計表の突合を行い，漏れや重複があった仕入先名があれば答えなさい。なお，検証はチェック欄にCOUNTIFS関数を入力して行うこと。

	A	B	C	D	E	F	G	H	I	J	K	L	M	N	O	P	Q
1	仕入データ							2025/6/1	～	2025/6/30			仕入先別・商品別仕入件数(値引・返品取引を除く)				
2	日付	仕入先コード	仕入先名	商品名	単価(税込)	数量	値引・返品	摘要	決済方法	仕入金額(税込)	チェック			C01商品	C02商品	C03商品	計
3	2025/6/1	10003	川越商事(株)	C02商品	59,400	22			掛け	1,306,800			川越商事(株)	0	2	0	2
4	2025/6/2	10019	熊谷物産(株)	C01商品	25,740	36			電子記録債務	926,640			所沢商店(株)	1	0	2	3
5	2025/6/4	10004	所沢商店(株)	C03商品	34,100	17				579,700			久喜商店	0	0	1	1
6	**2025/6/5**	**10003**	**川越商事(株)**	**C02商品**	**59,400**	**△ 4**		6/1分，品違い	掛け戻し	**△ 237,600**			(株)川口産業	0	2	0	2
7	2025/6/8	10006	(株)川口産業	C02商品	59,400	15			掛け	891,000			秩父商事(株)	0	0	1	1
8	2025/6/10	10007	秩父商事(株)	C03商品	34,100	35			掛け	1,193,500			(株)川口産業	0	2	0	2
9	2025/6/11	10004	所沢商店(株)	C01商品	25,740	18			電子記録債務	463,320			計	1	6	4	11
10	2025/6/11	10019	熊谷物産(株)	C02商品	59,400	15			掛け	891,000							
11	2025/6/15	10005	久喜商店	C03商品	34,100	18				613,800							
12	2025/6/17	10003	川越商事(株)	C02商品	59,400	24			掛け	1,425,600							
13	2025/6/22	10004	所沢商店(株)	C03商品	34,100	13				443,300							
14	**2025/6/25**	**10003**	**川越商事(株)**	**C02商品**	**59,400**	**△ 2**		6/17分，不良品	掛け戻し	**△ 118,800**							
15	2025/6/29	10006	(株)川口産業	C02商品	59,400	10			掛け	594,000							
16	2025/6/30							総仕入高		9,328,660							
17	2025/6/30							仕入値引・返品高		△ 356,400							
18								純仕入高		8,972,260							
19																	

Part 4

4.4 INDIRECT関数の活用

▶ 4_04_INDIRECT関数の基礎.xlsx，4_04_総勘定管理データ.xlsx，4_04_試算表.xlsx

学習の
ポイント
- INDIRECT関数の機能を理解する
- 総勘定管理データから新しい試算表ブックを作成する（ブック間連携）
- テキスト連結演算子「&（アンパサンド）」の役割を理解する

4.4.1 INDIRECT関数の基礎   INDIRECT

　経理のExcel業務ではセルの参照先を文字列で指定するケースがあります。このような場合には**INDIRECT関数**が使われます。INDIRECT関数を使えば，数式を変更しないで参照したいセルを変更できます。文字列でセルやセル範囲の参照先を変更できるため，通常のセル参照より柔軟な処理が可能です。また，VLOOKUP関数などと組みあわせることで，より複雑な処理が行えます。

　INDIRECT関数の書式は次のとおりです。

$$=\text{INDIRECT}(参照文字列,[参照形式])$$

　上のセルF3には「`=INDIRECT(E3)`」という関数が入力されています。セルE3の文字列「B4」をセル参照し，「品川商店」が表示されます（4_04_INDIRECT関数の基礎.xlsx）。

　INDIRECT関数を使用すると，参照結果が表示されるセルF3の数式を変更せずに，別のセルE3で参照したいセルを変更することができます。

　第1引数は［参照文字列］です。この引数は必須であり，セル参照を表す文字列，またはセル参照を指定します。

第2引数は［参照形式］で省略が可能です。［参照文字列］で指定されたセル参照の種類を論理値で指定し、「TRUEまたは省略」ではA1形式のセル参照（通常のセル参照形式）、「FALSE」ではR1C1形式のセル参照となります。なお、A1形式は列をA、B、C…、行を1、2、3…と指定する通常の形式であり、R1C1形式は列と行を両方とも数字で指定する形式です。ここでは、参照形式を省略してINDIRECT関数を使用します。

4.4.2　ほかのブックのデータを使った集計　テキスト連結演算子　INDIRECT　SUM

複数のブックを利用してデータを管理している場合には、ほかのブックのデータを使って集計を行うケースもあります。例えば、総勘定管理データの数値を新たなブックを作成して試算表に集計するには、INDIRECT関数を用いると効率的です。

Excelによる集計では、総勘定管理データが作成したい試算表と①同一シート、②同一ブック内の別シート、③別のブックの場合など様々なケースがありますが、ここでは、仕訳データ、総勘定管理データが別々のブックに作成されており、「総勘定管理データ.xlsx」ではシートごとに勘定を管理している場合における新しい試算表ブックへの集計を考えます。

■ ここで使用しているブックの関係

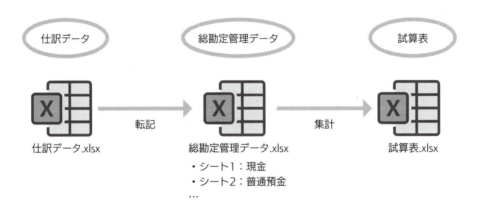

① **それぞれのブックを開く（4_04_総勘定管理データ.xlsx，4_04_試算表.xlsx）**

総勘定管理データ（3.3参照）では、すべての勘定科目のシートで借方合計・貸方合計を同じセル（セルB2・セルB3）に集計します。なお、ブック間で参照を行うために、総勘定管理データと試算表のブックを両方とも開いておく必要があります。

4.4 INDIRECT関数の活用

[表: 4_04_総勘定管理データ.xlsx の「現金」シート]

	A	B	C	D	E	F
1	総勘定管理データ	現金	勘定科目コード	1111		
2	借方合計	4,190,500				
3	貸方合計	2,646,300				
4	日付	摘要	借方金額	日付	摘要	貸方金額
5	2025/4/1	資本金	1,000,000	2025/6/11	仕入	687,000
6	2025/5/10	借入金	600,000	2025/8/20	仕入	833,500
7	2025/7/10	売上	726,500	2025/9/30	借入金	300,000
8	2025/8/21	仕入	25,600	2025/9/30	支払利息	9,000
9	2025/10/5	売上	780,000	2025/10/7	売上	50,000
10	2025/12/3	売上	635,200	2025/11/9	仕入	462,300
11	2026/2/17	売上	423,200	2026/3/31	借入金	300,000
12				2026/3/31	支払利息	4,500

シートタブ：現金／借入金／資本金／売上／仕入／支払利息

4_04_総勘定管理データ.xlsx

② 試算表の貸方合計に関数を入力する

前提として，別のブックを参照するには，次のように参照する場所を指定します。

=[ブック名]シート名!セル番地

ここでは，参照先のシート名と試算表C列の勘定科目名が一致しているため，INDIRECT関数が使用できます。総勘定管理データの「現金」シートのセルB3にある貸方合計を参照します。試算表のセルC3の「現金」という文字列を利用した次の関数をセルD3に入力します。

=INDIRECT("[4_04_総勘定管理データ.xlsx]"&C3&"!$B$3")

[表: 4_04_試算表.xlsx]

	A	B	C	D	E	F
1			決算整理前合計残高試算表			
2	借方残高	借方合計	勘 定 科 目	貸方合計	貸方残高	
3			現　　　金	=INDIRECT("[4_04_総勘定管理データ.xlsx]"&C3&"!$B$3")		
4			借　入　金			
5			資　本　金			

4_04_試算表.xlsx

この数式のうち，「シート名」を試算表のセルC3の文字列で指定するために，INDIRECT関数を使用します。ここでは，参照先のシート名とINDRIECT関数で指定する科目は「現金」で一致している必要があります。

INDIRECT関数の引数のうち「**[4_04_総勘定管理データ.xlsx]**」は，参照先のブック名です．続けて，「**"&C3&"!**」と入力しますが，「**&（アンパサンド）**」は**テキスト連結演算子**とよばれ，前後の文字列を連結して1つの文字列にする演算子です．結果として，「**[4_04_総勘定管理データ.xlsx]現金!**」という文字列で総勘定管理データファイルの「現金」シートであることを表します．さらに，このシート内の貸方合計のセルB3を，コピーしてもセルが移動しないように絶対参照で指定しています．最後に「**"**」でくくれば，INDIRECT関数の1つの引数として機能します．

③ 表示を確認する

総勘定管理データの「現金」シートの貸方合計（セルB3）が，試算表に参照表示されます．

④ 借方合計の関数を入力する

試算表の現金勘定の借方合計セルB3に，総勘定元帳の「現金」シートの借方合計セルB2を参照指定した次の関数を入力します．

=INDIRECT("[4_04_総勘定管理データ.xlsx]"&C3&"!$B$2")

⑤ 表示を確認する

総勘定管理データの「現金」シートの借方合計（セルB2）が，試算表に参照表示されます．

⑥ 関数をコピーする

入力した関数を下方向にコピーすれば，「&」で囲まれたセル番地のみが自動的に変換され，それぞれの勘定科目のシートの合計を一気に参照表示できます。なお，罫線がコピーされないよう書式なしでコピーを行います。

⑦ 残高を算出する

3.12で示した残高の集計手順で各勘定の借方残高・貸方残高を算出します。

⑧ 合計を算出する

合計をSUM関数で算出し，決算整理前合計残高試算表を完成させます。

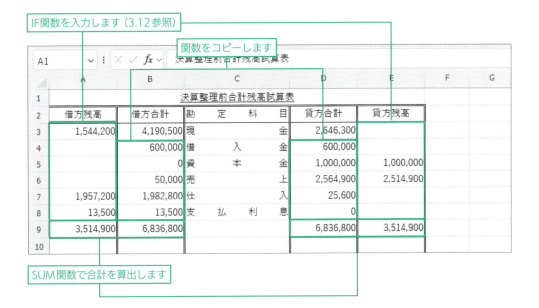

4.4 INDIRECT関数の活用

例題 4.4　　使用ファイル ▶ 4_04_例題_総勘定管理データ.xlsx，4_04_例題_試算表.xlsx

次に示す決算整理前の「4_04_例題_総勘定管理データ.xlsx」にある「普通預金」シートの借方合計を，別のブックに作成した決算整理前合計残高試算表のセルB4に参照表示したい。セルC4の勘定科目を参照するINDIRECT関数を入力する場合，どのような関数になるか答えなさい。

4_04_例題_総勘定管理データ.xlsx「普通預金」シート

	A	B	C	D	E	F
1	総勘定管理データ	普通預金	勘定科目コード	1112		
2	借方合計	5,582,721				
3	貸方合計	2,570,000				
4	日付	摘要	借方金額	日付	摘要	貸方金額
5	2025/4/30	現金	2,500,000	2025/9/15	支払家賃	720,000
6	2025/10/31	受取利息	721	2025/10/10	買掛金	1,850,000
7	2025/11/9	売掛金	2,500,000			
8	2026/3/31	売掛金	582,000			

シート：現金　普通預金　売掛金　備品　買掛金　前受金　資本金　売上　受取利息　仕入　…

決算整理前合計残高試算表

	A	B	C	D	E	F	G
1			決算整理前合計残高試算表				
2	借方残高	借方合計	勘定科目	貸方合計	貸方残高		
3			現　　金				
4		5,582,721	普　通　預　金				
5			売　　掛　　金				
6			備　　品				
7			買　　掛　　金				

解答

=INDIRECT("[4_04_例題_総勘定管理データ.xlsx]"&C4&"!$B$2")

INDIRECT関数の引数のうち「`[4_04_例題_総勘定管理データ.xlsx]`」は，参照先のブック名です。続けて，「`"&C4&"!`」と入力して「普通預金」シートを指定します。さらに，「普通預金」シート内の借方合計セルB2を絶対参照で指定します。最後に「"」でくくれば，INDIRECT関数の１つの引数として機能します。

問題 4.4

Excelの演算子に関する次の文章のうち,間違っているものを1つ選びなさい。

(1) テキスト連結演算子「&」は複数の参照を1つの参照に結合する演算子である。

(2) 参照演算子「:」は指定した2つのセルと,その間に含まれるすべてのセル範囲の参照を作成する演算子である。

(3) 比較演算子「>=」は,左辺の値が右辺の値以上であることを比較する演算子である。

(4) 算術演算子「^」は,累乗計算を実行するための演算子である。

Part 4

4.5 関数の複合利用

▶ 4_05_関数の複合利用.xlsx

学習のポイント
- 関数の複合利用（ネスト）の意味を理解する
- IF関数とAND関数・OR関数を複合利用する
- IF関数とVLOOKUP関数を複合利用する
- MONTH関数とEDATE関数を複合利用する

4.5.1 関数の複合利用の基礎

Excelの関数には，引数を指定することでそれに対応する計算を行う機能があります。この計算結果を別の関数の引数として利用することで，より複雑な処理を行うことが可能となり，これを関数の**ネスト**（入れ子）とよびます。ここでは，関数のネストについてIF関数やMONTH関数を例に4つ学びます。

■ ネストのイメージ

=関数A(関数B，引数2，引数3)

関数Aの引数として関数Bの計算結果を使う

4.5.2 IF関数の複雑な条件指定　　　　　　　　　　　IF　AND

関数のネストを使えば，IF関数（2.11参照）に複雑な条件を設定できます。ここでは，IF関数に**AND関数**を組みあわせます。

AND関数は，複数の条件すべてに当てはまるか否かを判定する関数です。条件がすべて真（当てはまる）の場合は［TRUE］という計算結果を出し，1つでも偽（当てはまらない）の場合は［FALSE］という計算結果を出します。この計算結果をIF関数の条件判定処理に利用します。AND関数の数式は次のとおりです。

＝AND (論理式1，論理式2，…)

4.5 関数の複合利用

	A	B	C	…	G	H	I	J	K	L	M
1	固定資産管理データ		2025/4/1								
2	管理コード	資産名	勘定科目	取 方法	耐用年数	償却率	残存価額	備考	取得価額	経過月数
3	10001	接客用応接セット	器具備品	20 法	5	0.025	0		248,400	52
4	10002	店舗	建物	法	22	0.046	0		20,845,000	60
5	10003	店舗用什器	器具備品	20 法	15	0.067	0		745,200	40
6	10004	事務用PC	器具備品	20 法	4	0.067	0		270,000	39
7	10005	営業用自動車	車両運搬具	法	6	0.167	0		3,600,000	25

例えば，上の固定資産管理データ（一部抜粋）において，便宜的に「備考」の列へ耐用年数が1年未満で到来する器具備品には「要入替」と表示します。

① 関数を入力する

判定条件として「勘定科目が器具備品」かつ「耐用年数が1年未満で到来」を指定し，この場合のみ「要入替」と表示されるように，フォームを開いて次の関数をセルK3に入力します。

> =IF(AND(C3="器具備品",H3*12-M3<12),"要入替","")

まず，IF関数の第1引数［論理式］に入力したAND関数の意味を示します。勘定科目が器具備品であるという条件は「**C3="器具備品"**」であり，耐用年数が1年未満で到来するという条件は，「耐用月数（耐用年数×12ヶ月）－経過月数」が12ヶ月より小さいという数式「**H3*12-M3<12**」で表せます。

この2つの条件を両方とも満たす場合にのみ，［TRUE］という計算結果がAND関数から出され，IF関数の第2引数［値が真の場合］により「要入替」と表示されます。また，これらの条件を1つでも満たさない場合（AND関数の計算結果が［FALSE］の場合）には，IF関数の第3引数［値が偽の場合］により空白が表示されます。

■ 入力した関数の詳細

論理式1と論理式2を両方とも満たす場合＝「要入替」を表示
論理式1と論理式2を1つでも満たさない場合＝空白を表示

② 関数をコピーする

セルK3の関数をセルK7までコピーして，ほかの行でも判定を行います。

関数をコピーして判定を行います

4.5.3 IF関数のより複雑な条件指定 IF AND OR

ここでは，さらに複雑な条件判定処理を示します。例えば，下の得意先別月間売上実績の表に「目標達成」の列を設定し，次のような条件判定を行って記号を表示させます。

■ 目標達成の条件

条件1：売上金額￥500,000以上，条件2：売上数量30個以上	条件達成時の記号
条件1・2を両方満たす	◎
条件1・2を片方だけ満たす	○
条件1・2を両方満たさない	×

	A	B	C	D	E	F
1	得意先別月間売上実績		2025年6月			
2	得意先コード	得意先名	売上数量	売上金額（税込）	目標達成	
3	10001	世田谷商事(株)	30	500,000		
4	10002	(株)豊島製造所	28	728,000		
5	10003	練馬物産(株)	12	245,000		
6	10004	(株)町田サービス	6	78,300		
7	10005	(株)杉並工業	52	188,400		
8	10006	(株)渋谷商事	15	248,000		
9	10007	千代田産業(株)	22	289,000		
10	10008	新宿物産(株)	45	699,000		
11	10009	(株)板橋商事	10	182,000		
12	10010	(株)文教サービス	7	83,200		
13	10011	八王子商事(株)	12	134,300		
14	10012	江東工業(株)	80	917,500		
15	10013	(株)葛飾サービス	18	174,500		

① 関数を入力する

フォームを開き，セルE3に関数を入力します。ここでは，IF関数，AND関数に加え，**OR関数**を利用します。OR関数は，複数の条件に1つでも当てはまるものがあるかを判定します。条件のうち1つでも真なら［TRUE］，すべて偽なら［FALSE］という計算結果を出します。この計算結果をIF関数の条件判定処理に利用します。OR関数の数式は次のとおりです。

=OR(論理式1, 論理式2, …)

セルE3に次の関数を入力します。

=IF(AND(D3>=500000,C3>=30),"◎",IF(OR(D3>=500000,C3>=30),"○","×"))

IF関数の第1引数［論理式］にAND関数を用い，「AND(D3>=500000,C3>=30)」の2つの条件を両方ともに満たすとき，第2引数［値が真の場合］によって「◎」が表示されます。それ以外の場合には，第3引数［値が偽の場合］にもIF関数を用い，その中でOR関数の条件判定を行います。「OR(D3>=500000,C3>=30)」すなわち，もしどちらかの条件を満たす場合であれば「○」が表示され，2つの条件をすべて満たさない場合には「×」が表示されます。

■ 入力した関数の詳細

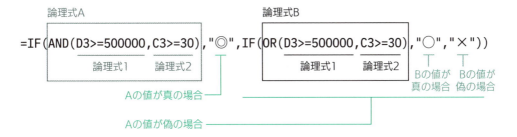

論理式Aの論理式1と論理式2を両方とも満たす場合
＝「◎」を表示

論理式Aを満たさず，論理式Bの論理式1か論理式2のどちらか1つを満たす場合
＝「○」を表示

論理式Aを満たさず，論理式Bの論理式1も論理式2も満たさない場合
＝「×」を表示

② 関数をコピーする

セルE3の関数をセルE15までコピーして，ほかの行でも判定を行います。

	A	B	C	D	E	F
1	得意先別月間売上実績		2025年6月			
2	得意先コード	得意先名	売上数量	売上金額（税込）	目標達成	
3	10001	世田谷商事(株)	30	500,000	◎	
4	10002	(株)豊島製造所	28	728,000	○	
5	10003	練馬物産(株)	12	245,000	×	
6	10004	(株)町田サービス	6	78,300	×	
10	10008	小石川物産(株)	45	695,000	◎	
11	10009	(株)板橋商事	10	182,000	×	
12	10010	(株)文教サービス	7	83,200	×	
13	10011	八王子商事(株)	12	134,300	×	
14	10012	江東工業(株)	80	917,500	◎	
15	10013	(株)葛飾サービス	18	174,500	×	
16						

関数をコピーして判定を行います

4.5.4 IF関数とVLOOKUP関数の組みあわせによる空白処理 IF VLOOKUP

VLOOKUP関数を適用した売上データ（4.1.3参照）では，得意先コードを入力していない行の得意先名のセルに［#N/A］エラーが表示されています。これは，数式で参照の対象が見つからないことを示しています。ここでは，IF関数とVLOOKUP関数を組みあわせて，エラー値が表示されないようにする方法を紹介します。

① 関数を入力する

フォームを開き，セルC3の数式を次の関数に変更します。

=IF(B3="","",VLOOKUP(B3,$L$4:$M$17,2,FALSE))

■ 入力した関数の詳細

論理式が真の場合＝空白を表示
論理式が偽の場合＝VLOOKUP関数を適用する

② 関数をコピーする

セルC3の関数をセルC16までコピーします。得意先コードのセルB3が空白（**B3=""**）ならば，得意先名のセルC3に空白が表示され，それ以外の場合にVLOOKUP関数が適用されます。

	A	B	C	D	E	F	G	H	I	J
1	売上データ		2025/4/1	～	2025/4/7					
2	日付	得意先コード	得意先名	商品名	単価（税込）	数量	値引・返品	摘要	決済方法	売上金額（税込）
3	2025/4/2	10003	練馬物産(株)	A1商品	26,400	15			掛け	396,000
4	2025/4/2			A2商品	19,250	42			掛け	808,500
5	2025/4/3			C3商品	14,300	18			掛け	257,400
6	2025/4/3			A2商品	19,250	8			掛け	154,000
7	2025/4/4			A2商品	19,250	18			かけ	346,500
8	**2025/4/4**			**A1商品**	**26,400**	△5	返品	4/2納品分，品違い	掛け戻し	△132,000
9	2025/4/4			B1商品	15,400	36			掛け	554,400
10	2025/4/5			B1商品	15,400	26			掛け	400,400
11	2025/4/5			A2商品	19,250	17			掛け	327,250
12	2025/4/5			A2商品	19,250	24			掛け	462,000

得意先コードを入力していなくてもエラーが表示されません

COLUMN

IFS関数の利用

IF関数で複数の条件判定を行うには，IF関数をネストする必要がありました。一方，IFS関数を使えば条件判定にこの関数1つだけを使用すればよく，シンプルに関数を記述できます。

IFS関数は，複数の条件を左から順番に判定し，最初に条件を満たしたときに，それに対応する処理を行います。IFS関数の数式は次のとおりです（ExcelのバージョンによってはIFS関数を使えない場合がありますので，その際はIF関数をネストしてください）。

=IFS(論理式1, 真の場合1, 論理式2, 真の場合2, …)

第1引数と第2引数をセットとして，条件1とその条件を満たしたときの処理を指定します。このとき，条件1を満たさなければ条件2が判定され，以降条件3の判定…と続きます。なお，すべての条件を満たさない場合を指定するには，最後の引数のセットを「TRUE，TRUEのときの処理」と記述します。すなわち，最後の論理式を強制的に「TRUE」とし，すべてを処理の対象とします。なお，4.5.3の関数をIFS関数で記述すれば次のようになります。

=IFS(AND(D3>=500000,C3>=30),"◎",OR(D3>=500000,C3>=30),"○",TRUE,"×")

4.5.5 MONTH関数とEDATE関数の複合利用 EDATE MONTH

慣習などの理由で，締め日を毎月20日や25日など月末ではない特定の日に設定している企業もあります。ここでは，売上の締め日を毎月20日に設定している企業で，20日までを今月分，21日から翌月の20日までを来月分として集計するような場合に，MONTH関数とEDATE関数を組みあわせて，各取引の月度を算出する方法を紹介します（MONTH関数とEDATE関数の基礎については2.7参照）。

① 関数を入力する

フォームを開き，セルB3に次の関数を入力します。

=MONTH(EDATE(A3-20,1))

セルA3の日付から20日を引き，その1ヶ月後の日付の月が月度（集計する月）となります。

例えば，4月21日から5月20日の期間は5月の集計となりますが，日付から20日を引くと4月1日から4月30日となり，その1ヶ月後の5月1日から5月30日の月である5月が月度となります。つまり，「=EDATE(日付-20, 1)」として計算した日付の月をMONTH関数で取り出すことで，月度を算出することができます。

■ 入力した関数の詳細

開始日＝セルA3の日付から20日前
月＝開始日から1ヶ月後

② 関数をコピーする

セルB3の関数をセルB50までコピーします。

	A	B	C	D	E	F	G	H
1	売上データ（一部抜粋）					2025/4/1	～	2026/3/31
2	日付	月度	得意先コード	得意先名	商品名	単価（税込）	数量	売上金額（税込）
3	2025/4/3	4	10007	千代田産業(株)	A2商品	19,250	4	77,000
4	2025/4/7	4	10003	練馬物産(株)	A1商品	26,400	21	554,400
5	2025/4/9	4	10011	八王子商事(株)	A1商品	26,400	17	448,800
6	2025/4/25	5	10005	(株)杉並工業	B3商品	14,300	26	371,800
7	2025/5/5	5	10013	(株)葛飾サービス	B3商品	14,300	15	214,500
8	2025/5/10	5	10013	(株)葛飾サービス	A2商品	19,250	15	288,750

4月25日は5月月度と算出されます　　=MONTH(EDATE(A3-20,1))

例題 4.5

次に示す固定資産管理データ（一部抜粋）の備考欄において，耐用年数が6ヶ月未満で到来する事務用PCに「要入替」と表示したい。セルK3に関数を入力し，以降の行にもこれをコピーして判定を行う場合，入力すべき関数を選択肢から1つ選びなさい。

(1) =IF(AND(C3="器具備品",H3*12-M3<6),"要入替","")

(2) =IF(OR(B3="事務用PC",H3*12-M3<12),"要入替","")

(3) =IF(AND(B3="事務用PC",H3*12-M3<6),"要入替","")

(4) =IF(OR(C3="器具備品",H3*12-M3<6),"要入替","")

(5) =IF(AND(B3="事務用PC",H3*12-M3<12),"要入替","")

解答

(3) =IF(AND(B3="事務用PC",H3*12-M3<6),"要入替","")

条件は「資産名が事務用PC」かつ「耐用年数が6ヶ月未満で到来」となり，この場合にのみ「要入替」と表示されるように，関数をセルK3に入力します。(1)は「C3="器具備品"」が誤りです。(2)は「OR関数」，「H3*12-M3<12」が誤りです。(4)は「OR関数」，「C3="器具備品"」が誤りです。(5)は「H3*12-M3<12」が誤りです。

問題 4.5

次の得意先別月間売上実績の集計表において，「目標達成」の列を設定し目標1および目標2の達成状況を判定したい。関数を用いてE列の達成状況の判定を行いなさい。

目標1：売上金額￥2,000,000以上，目標2：売上数量300個以上	目標達成時
条件1・2を両方満たす	◎
条件1・2を片方だけ満たす	○
条件1・2を両方満たさない	×

	A	B	C	D	E
1	得意先別月間売上実績		2025年6月		
2	得意先コード	得意先名	売上数量	売上金額(税込)	目標達成
3	10001	世田谷商事(株)	150	2,135,000	
4	10002	(株)豊島製造所	360	3,640,000	
5	10003	練馬物産(株)	120	1,225,000	
6	10004	(株)町田サービス	60	391,500	
7	10005	(株)杉並工業	520	942,000	
8	10006	(株)渋谷商事	150	1,240,000	
9	10007	千代田産業(株)	220	1,445,000	
10	10008	新宿物産(株)	450	3,495,000	
11	10009	(株)板橋商事	100	910,000	
12	10010	(株)文教サービス	70	416,000	
13	10011	八王子商事(株)	120	671,500	
14	10012	江東工業(株)	800	4,587,500	
15	10013	(株)葛飾サービス	180	872,500	

Part 4

4.6 条件付き書式の活用

▶ 4_06_条件付き書式の活用.xlsx

学習の ポイント
- 条件付き書式の機能を理解する
- 作成したデータや表に［条件付き書式］を設定する

4.6.1 条件付き書式の基礎

これまでに示したデータや表は，**条件付き書式**を設定することでより理解しやすいものにできます。

条件付き書式とは，指定した範囲内にあるセルの値や数式・関数の計算結果に対して条件（ルール）を定め，そのルールを満たしたセルに特定の書式を設定する機能です。指定した値以上の数値のみを色付けして強調したり，数値の大小関係をわかりやすくするために書式を変更するなど，業務効率向上に役立ちます。また，会計データ特有の表示方法にもこれを活用することができます。

4.6.2 一定金額以上のデータへの書式設定　　条件付き書式

条件付き書式の機能には，あらかじめよく使うルールや強調方法が用意されています。ここでは，売上データの売上金額「￥500,000以上」のセルを強調表示します。

① **ルールを選択する**

フォームを開きます。強調したいデータが入力されている範囲（「売上金額（税込）」が入力されているセル範囲「**J3:J16**」）を選択して，［ホーム］タブの［条件付き書式］をクリックし，［セルの強調表示ルール］から［指定の値より大きい］を選択します。

4.6 条件付き書式の活用

② 書式を設定する

表示されたダイアログボックスで［次の値より大きいセルを書式設定］のボックスに「500000」と入力し，続いて［書式］から［濃い黄色の文字，黄色の背景］を選択して，［OK］をクリックします。

③ 結果を確認する

売上金額￥500,000以上のセルが強調表示されます。

設定を解除したい場合は，[ホーム] タブの [条件付き書式] をクリックし，[ルールのクリア] から設定を解除します。

　設定したルールは，[条件付き書式] の [ルールの管理] をクリックすると表示される [条件付き書式ルールの管理] ダイアログボックスで確認できます。なお，同じセルに複数の条件付き書式が設定されている場合には，上位に位置付けられているルールが優先されること，条件付き書式が設定されているセルの書式をコピーする場合には条件付き書式もあわせてコピーされることに注意します。

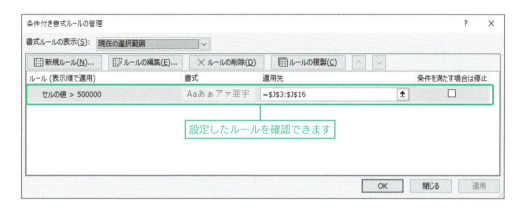

4.6.3　金額がマイナスとなるデータの行への書式設定　条件付き書式

　簿記では，返品や値引などのような金額がマイナスとなる行については，赤字で記入することが原則です。このような場合にも，条件付き書式を利用します。なお，ここでは紙面の都合上，太字でマイナスを表現します。

① 範囲を選択する

　フォームを開きます。[条件付き書式] を設定したい範囲 (売上データの入力範囲全体) を選択して，[ホーム] タブの [条件付き書式] をクリックし，[新しいルール] を選択します。

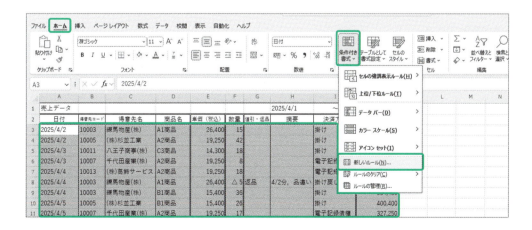

② ルールを設定する

表示された [新しい書式ルール] ダイアログボックスの [ルールの種類を選択してください] から [数式を使用して、書式設定するセルを決定] を選択します。続いて、[次の数式を満たす場合に値を書式設定] に次の数式を入力し、[書式] をクリックします。

=$J3<0

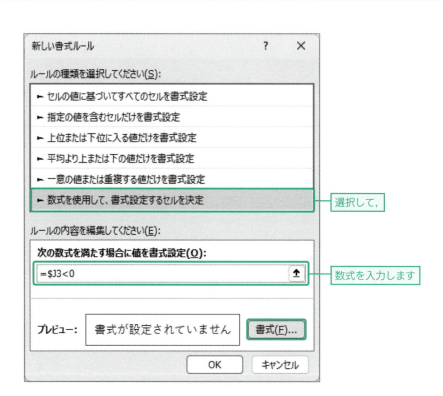

このように数式を設定すると、「売上金額（税込）」のJ列のみが固定され、「J列3行目以降の数値がゼロより小さい」という条件が各行で判定されます。

③ 書式を設定する

新たに表示された [セルの書式設定] ダイアログボックスの [スタイル] から [太字] を選択し、[OK] をクリックします。[新しい書式ルール] ダイアログボックスに戻ったら [OK] をクリックします。

④ 結果を確認する

「売上金額（税込）」がマイナスの行（8行目，14行目，18行目）の書式が太字に変更されます。未入力の状態でも条件付き書式は設定できるので，最初に設定しておけば売上金額がマイナスの行を自動的に太字で表示することができます。

	A	B	C	D	E	F	G	H	I	J	K	L	M	N
1	売上データ							2025/4/1	～	2025/4/7				
2	日付	得意先コード	得意先名	商品名	単価（税込）	数量	値引・返品	摘要	決済方法	売上金額（税込）				
3	2025/4/2	10003	練馬物産(株)	A1商品	26,400	15			掛け	396,000				
4	2025/4/2	10005	(株)杉並工業	A2商品	19,250	42			掛け	808,500				
5	2025/4/3	10011	八王子商事(株)	C3商品	14,300	18			掛け	257,400				
6	2025/4/3	10007	千代田産業(株)	A2商品	19,250	8			電子記録債権	154,000				
7	2025/4/4	10013	(株)葛飾サービス	A2商品	19,250	18			電子記録債権	346,500				
8	**2025/4/4**	**10003**	**練馬物産(株)**	**A1商品**	**26,400**	**△5**	**返品**	**4/2分，品違い**	**掛け戻し**	**△132,000**				
9	2025/4/4	10003	練馬物産(株)	B1商品	15,400	36			掛け	554,400				
10	2025/4/5	10005	(株)杉並工業	B1商品	15,400	26			掛け	400,400				
11	2025/4/5	10007	千代田産業(株)	A2商品	19,250	17			電子記録債権	327,250				
12	2025/4/5	10013	(株)葛飾サービス	A2商品	19,250	24			電子記録債権	462,000				
13	2025/4/6	10011	八王子商事(株)	A1商品	26,400	25			掛け	660,000				
14	**2025/4/6**	**10007**	**千代田産業(株)**	**A2商品**	**19,250**	**△1**	**返品**	**4/3分，不良品**	**電子記録債権戻し**	**△19,250**		売上金額がマイナスの行に太字が設定されます		
15	2025/4/6	10003	練馬物産(株)	A1商品	26,400	12			掛け	316,800				
16	2025/4/6	10005	(株)杉並工業	C3商品	14,300	13			電子記録債権	185,900				
17	2025/4/7							総売上高		4,869,150				
18	**2025/4/7**							売上値引・返品高		**△151,250**				
19								純売上高		4,717,900				
20														

4.6.4 金額「ゼロ」の非可視化　　条件付き書式

　簿記では，空白と「ゼロ」を厳密に使い分けます。空白とは，数値自体が存在しないことを指し，一方で，数値が単位・単元未満（単位100万円の表で，数値が1万円など）の場合にはゼロ表記とします。しかし，ExcelではIF関数による空白処理などで「""」の値が入力された空白セルも含めた四則演算をしたいこともあります。「""」は文字列として扱われるため，四則演算を行うと［#VALUE!］エラーが発生してしまいます（未入力のセルであればエラーは発生しません）。3.8では，文字列をゼロとみなして計算を行う方法を紹介しましたが，3.12で紹介したように，数値が存在しないセルの値を便宜的に「ゼロ」とすることで計算を行うことも可能です。

　しかし，本来数値が存在しないにもかかわらずゼロが入力されているセルについては，何らかの対処が必要になります。その際，関数を利用する方法もありますが，ここでは条件付き書式を利用して便宜的に値を白色に書式変更し，空白に「見せかける」処理を行います。

① ルールを選択する

　フォームを開きます（なお，このフォームは3.12と同様の方法で作成した，セルに入力されているゼロを非表示にしたい試算表です）。3行目以降のデータが入力されている範囲をすべて選択します。［ホーム］タブの［条件付き書式］をクリックし，［セルの強調表示ルール］から［指定の値に等しい］を選択します。

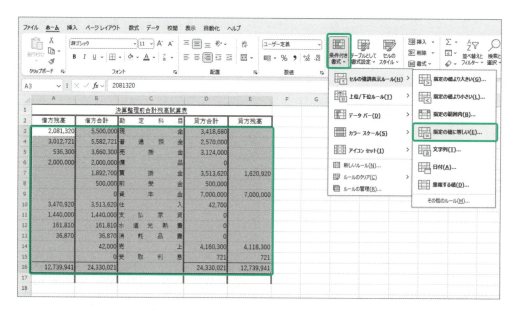

② 書式を選択する

　表示されたダイアログボックスの［次の値に等しいセルを書式設定］に「0」と入力し，［書式］から［ユーザー設定の書式］を選択します。

4.6 条件付き書式の活用

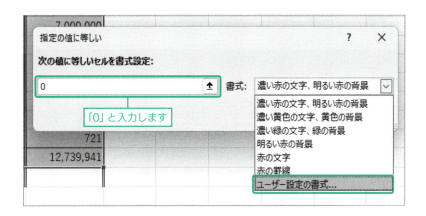

③ **書式を設定する**

表示された [セルの書式設定] ダイアログボックスの [フォント] タブの [色] で [白、背景1] を選択し、[OK] をクリックします。元のダイアログボックスに戻ったら [OK] をクリックします。

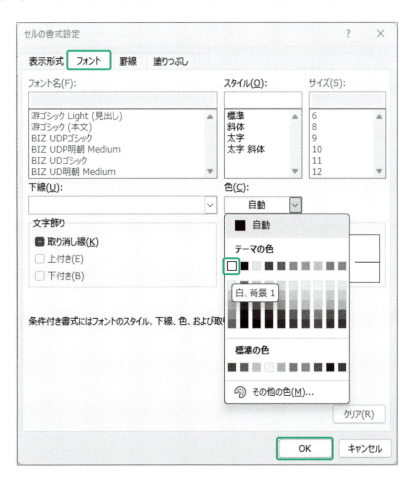

④ 結果を確認する

セルに入力されているゼロが非表示になります。

	A	B	C	D	E
1			決算整理前合計残高試算表		
2	借方残高	借方合計	勘　定　科　目	貸方合計	貸方残高
3	2,081,320	5,500,000	現　　　　　　金	3,418,680	
4	3,012,721	5,582,721	普　通　預　金	2,570,000	
5	536,300	3,660,300	売　　掛　　金	3,124,000	
6	2,000,000	2,000,000	備　　　　　　品		
7		1,892,700	買　　掛　　金	3,513,620	1,620,920
8		500,000	前　　受　　金	500,000	
9			資　　本　　金	7,000,000	7,000,000
10	3,470,920	3,513,620	仕　　　　　　入	42,700	
11	1,440,000	1,440,000	支　払　家　賃		
12	161,810	161,810	水　道　光　熱　費		
13	36,870	36,870	消　耗　品　費		
14		42,000	売　　　　　　上	4,160,300	4,118,300
15			受　取　利　息	721	721
16	12,739,941	24,330,021		24,330,021	12,739,941
17					
18					

ゼロが入力されたセルのフォントの色が白に設定されます

4.6 条件付き書式の活用

例題 4.6

商品有高データの値引・返品取引など，数値がマイナスとなる取引については，入力時にそれがマイナスであることを明示しなければならない。条件付き書式を利用して，選択範囲の値引・返品取引の行を太字にしたい場合，[新しい書式ルール] ダイアログボックスの [次の数式を満たす場合に値を書式設定] ボックスに入力すべき数式を選択肢から1つ選びなさい。

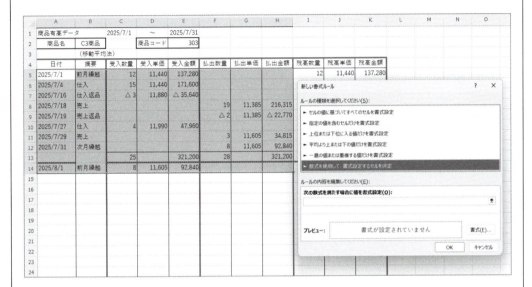

(1) =AND($E5<0,$H5<0)

(2) =OR($E5<0,$H5<0)

(3) =AND($E$5<0,$H$5<0)

(4) =OR($E$5<0,$H$5<0)

4.6 条件付き書式の活用

解 答

(2) =OR($E5<0,$H5<0)

	A	B	C	D	E	F	G	H	I	J	K
1	商品有高デー夕		2025/7/1	～	2025/7/31						
2	商品名	C3商品		商品コード	303						
3		(移動平均法)									
4	日付	摘要	受入数量	受入単価	受入金額	払出数量	払出単価	払出金額	残高数量	残高単価	残高金額
5	2025/7/1	前月繰越	12	11,440	137,280				12	11,440	137,280
6	2025/7/4	仕入	15	11,440	171,600				27	11,440	308,880
7	2025/7/16	仕入返品	△ 3	11,880	△ 35,640				24	11,440	273,240
8	2025/7/18	売上				19	11,385	216,315	5	11,385	56,925
9	2025/7/19	売上返品				△ 2	11,385	△ 22,770	7	11,385	79,695
10	2025/7/27	仕入	4	11,990	47,960				11	11,605	127,655
11	2025/7/29	売上				3	11,605	34,815	8	11,605	92,840
12	2025/7/31	次月繰越				8	11,605	92,840			
13			25		321,200	28		321,200			
14	2025/8/1	前月繰越	8	11,605	92,840				8	11,605	92,840
15											

［次の数式を満たす場合に値を書式設定］ボックスには，関数で条件を入力することもできます。商品有高データでは，受入金額と払出金額がマイナスとなる取引の行（残高を除く）は，赤字（太字）で入力を行います。そこで，選択範囲先頭行の「セルE5<0 またはセルH5<0」という条件をOR関数を使って指定します。このとき，選択範囲の6行目以降でも判定が行われるよう，数式の列のみを「$」で固定します。

問題・4.6

条件付き書式について述べた次の文章のうち正しいものには「〇」,間違っているものには「×」と解答しなさい。

(1) 条件付き書式を利用することで,指定した値以上の数値のみを色付けして強調したり,書式を変更して数値の大小関係をわかりやすくすることができる。

(2) 条件付き書式の機能を利用するためには,条件や書式をユーザー自らがすべて設定する必要がある。

(3) 同じセルに複数の条件付き書式が設定されている場合には,[条件付き書式ルールの管理]ダイアログボックスで上位に位置付けられているルールが優先される。

(4) 条件付き書式が設定されているセルの書式をコピーする場合,条件付き書式もあわせてコピーされる。

Part 4

4.7 テーブル

▶ 4_07_テーブル.xlsx

学習のポイント
- テーブルの機能を理解する
- テーブルの構造化参照やフィルタリング機能を活用する

4.7.1 テーブルの基礎と設定方法　　　テーブル

　作成した表を**テーブル**に変換すると，作業効率を向上させることができます。行や列の追加，集計，数式の入力，フィルタリングなどの操作を効率よく行う方法について示します。ここでは，ICカードの利用明細をテーブルに変換します。

① テーブルを作成する

　フォームを開きます。テーブルに変換したい範囲（セルA2からセルE10）を選択し，[挿入] タブの [テーブル] ボタンをクリックします。

　表示された [テーブルの作成] ダイアログボックスで範囲を確認し，[OK] をクリックします。このとき，[先頭行をテーブルの見出しとして使用する] にチェックを入れ，先頭行を見出しにしておきます。なお，テーブルへの変換は，[ホーム] タブの [テーブルとして書式設定] ボタンからも行えます。

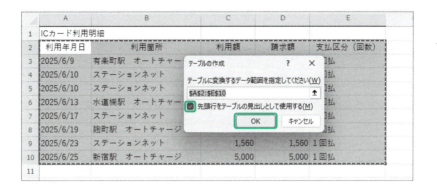

② テーブル名を付ける

　選択範囲がテーブルに変更され，[テーブルデザイン] タブが追加されます。先頭行は見出しとして設定され，セルの右下にフィルターボタン [▼] が表示されます。テーブルの任意のセルを選択し，[テーブルデザイン] タブの [テーブル名] に「ICカード利用明細」と名前を付けます。なお，同じブック内では，同一のテーブル名を使用することはできません。

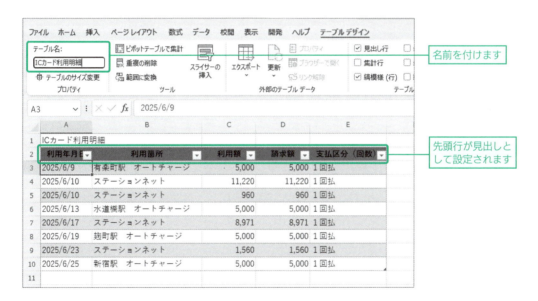

　テーブルの設定を解除したい場合には，テーブルの任意のセルを選択し，[テーブルデザイン] タブの [ツール] から [範囲に変換] をクリックします。

> ### COLUMN
> ## テーブル機能利用のメリット
>
> 通常の表の代わりにテーブル機能を利用するメリットには，次のようなものがあります。
>
> ・データの追加や削除に応じてテーブル範囲が自動調整できる
> ・行を挿入するだけで計算式が自動コピーできる
> ・関数を使わずに集計できる
> ・スライサー機能で容易にデータ検索ができる
> ・フォーマットの一貫性を保つことができる
> ・構造化参照ができる
>
> 一方で，古いバージョンのExcelやほかのソフトウェアとの互換性が無い，ブック内にテーブルがある場合に共有を行うことができないなど，いくつかの制約もあるため，必要に応じて使い分けすることになります。

4.7.2 テーブルの自動拡張　　　　　　　　　　　　　　　　　　　テーブル

　テーブルに隣接する新しい行や列に入力するとテーブルが自動拡張され，テーブルのスタイルが設定されます。例えば，セルF2に「使用者」と入力すると，ICカード利用明細の新しい列としてテーブルが自動拡張されます。行についても，同様の方法で追加できます。

入力するとテーブルが拡張されます

4.7.3 テーブルへの集計行の追加　　テーブル

テーブルには，最終行に［集計行］を表示し，様々な集計を簡単に行える機能があります。ここでは，ICカード利用明細に集計行を追加します。

① 集計行を追加する

フォームを開きます。テーブルの任意のセルを選択し，［テーブルデザイン］タブの［テーブルスタイルのオプション］から［集計行］にチェックを入れると，最終行に集計行が追加されます。

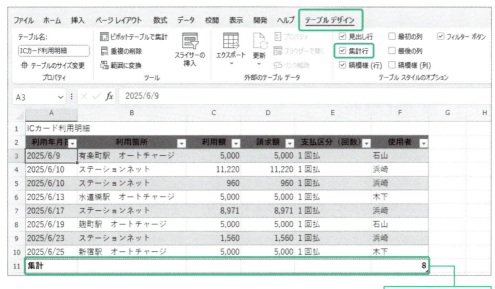

集計行が追加されます

② 集計を解除する

セルF11を選択し，右側に表示される［▼］をクリックして，集計の方法を［なし］に変更します。

このセルでは集計しないので［なし］とします

245

③ 集計方法を選択する

セルC11とセルD11の集計方法を［合計］に変更し，利用額・請求額を集計します。

	A	B	C	D	E	F
1	ICカード利用明細					
2	利用年月日	利用箇所	利用額	請求額	支払区分(回数)	使用者
3	2025/6/9	有楽町駅　オートチャージ	5,000	5,000	1回払	石山
4	2025/6/10	ステーションネット	11,220	11,220	1回払	浜崎
5	2025/6/10	ステーションネット	960	960	1回払	浜崎
6	2025/6/13	水道橋駅　オートチャージ	5,000	5,000	1回払	木下
7	2025/6/17	ステーションネット	8,971	8,971	1回払	浜崎
8	2025/6/19	麹町駅　オートチャージ	5,000	5,000	1回払	石山
9	2025/6/23	ステーションネット	1,560	1,560	1回払	浜崎
10	2025/6/25	新宿駅　オートチャージ	5,000	5,000	1回払	木下
11	集計		42,711	42,711		

この2つのセルは集計の方法を［合計］とします

4.7.4 構造化参照

`構造化参照` `テーブル` `SUMIFS`

表をテーブル化すると，テーブル全体やテーブルの各列に名前が割り当てられます。この名前を数式や関数の参照に使用することを**構造化参照**といいます。構造化参照によって数式や関数の可読性が向上します。また，データの追加などでテーブルの行が増え，これを参照している関数の参照範囲が変動しても，関数を修正する必要がなくなります。なお，割り当てられた名前は，ほかのシートなどブック全体で使用することができます。

① 特定期間の利用額を集計する

フォームを開きます。フォームには，通常の表とテーブル（テーブル名「利用明細」）を並べて配置しています。ここでは，ICカード利用明細の指定した期間における利用総額の集計を考えます。集計開始日および終了日は別のセルC13，セルC14で指定し，結果は通常の表を用いたセル参照による集計結果をセルC16に，テーブルを用いた構造化参照による集計結果をセルG16に表示させます。

	A	B	C	D	E	F	G
1	ICカード利用明細(通常の表)				ICカード利用明細(テーブル)		
2	利用年月日	利用箇所	利用額		利用年月日	利用箇所	利用額
3	2025/6/9	有楽町駅　オートチャージ	5,000		2025/6/9	有楽町駅　オートチャージ	5,000
4	2025/6/10	ステーションネット	11,220		2025/6/10	ステーションネット	11,220
5	2025/6/10	ステーションネット	960		2025/6/10	ステーションネット	960
6	2025/6/13	水道橋駅　オートチャージ	5,000		2025/6/13	水道橋駅　オートチャージ	5,000
7	2025/6/17	ステーションネット	8,971		2025/6/17	ステーションネット	8,971
8	2025/6/19	麹町駅　オートチャージ	5,000		2025/6/19	麹町駅　オートチャージ	5,000
9	2025/6/23	ステーションネット	1,560		2025/6/23	ステーションネット	1,560
10	2025/6/25	新宿駅　オートチャージ	5,000		2025/6/25	新宿駅　オートチャージ	5,000
11	集計		42,711		集計		42,711
12			集計期間				
13			開始日	2025/6/1			
14			終了日	2025/6/15			
15							
16	通常のセル参照	ICカード利用総額			構造化参照	ICカード利用総額	

② 通常のセル参照を使用する

この集計にSUMIFS関数を利用する場合，セル参照を使うとそれぞれの引数は，次のようになります（4.2参照）。

■ それぞれの引数

第1引数［合計対象範囲］	セル範囲C3:C10（利用額の列）
第2引数［条件範囲1］	セル範囲A3:A10（利用年月日の列）
第3引数［条件1］	">="&C13（セルC13に入力された日付以降）
第4引数［条件範囲2］	セル範囲A3:A10（利用年月日の列）
第5引数［条件2］	"<="&C14（セルC14に入力された日付以前）

別のセルに入力された日付を条件に使用する場合は，比較演算子を「"」でくくって文字列とし，「&」で日付のセルを結合します。引数入力の範囲選択時に通常の表を用いて，次の関数をセルC16に入力します。

```
=SUMIFS(C3:C10,A3:A10,">="&C13,A3:A10,"<="&C14)
```

③ 構造化参照を使用する

同じ関数を構造化参照で記述すれば，次のようになります。

```
=SUMIFS(利用明細[利用額],利用明細[利用年月日],
    ">="&C13,利用明細[利用年月日],"<="&C14)
```

テーブルの構造化参照を使用すると，セル参照よりも関数の構造や意味あいが判読しやすくなります。構造化参照の形式は「テーブル名[列名]」となりますが，セル範囲を選択すれば自動的に入力されます。引数入力の範囲選択時にテーブルを用いて，この関数をセルG16に入力します。

4.7 テーブル

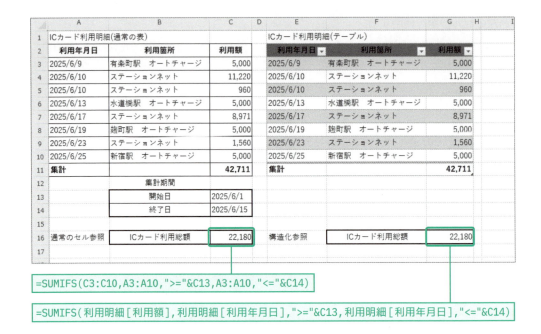

構造化参照の形式はテーブルの参照範囲で変わるため，次に代表的なものを示します。

■ 構造化参照の形式

テーブルの参照範囲	形式
列を参照	=テーブル名[列名]
連続した複数の列	=テーブル名[[列名]:[列名]]
同じ行のセルのみ	=テーブル名[@列名]
テーブル全体	=テーブル名[#すべて]
データ全体	=テーブル名[#データ]
見出し行のみ	=テーブル名[#見出し]

4.7.5 フィルタリング機能　　スライサー　テーブル

　テーブルの見出しセルの右下にあるフィルターボタン［▼］をクリックするだけで**フィルター**機能を利用できますが，テーブルにはより直感的な操作が可能となる**スライサー**とよばれるフィルタリング機能が用意されています。

スライサーには、テーブルをフィルター処理するためにクリックできるボタンが用意されているため、項目名をクリックするだけでデータを絞り込めます。ここでは、ICカード利用明細にスライサーを挿入し、直感的なデータのフィルタリングを行います。

① **スライサーを配置する**

フォームを開きます。テーブルの任意のセルを選択し、[テーブルデザイン] タブの [スライサーの挿入] ボタンをクリックすると表示されるダイアログボックスで、[利用箇所] と [使用者] にチェックを入れ、[OK] をクリックします。

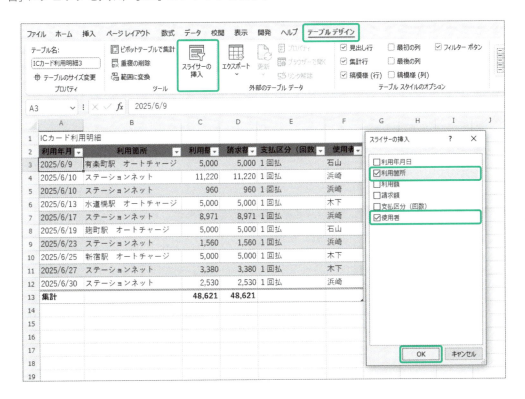

② **スライサーを調整する**

2つのスライサーが挿入されるので、配置や大きさを変更します。

4.7 テーブル

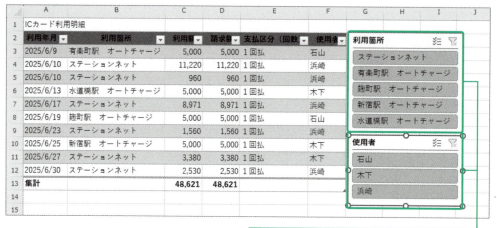

それぞれのスライサーの配置や大きさを調整します

③ 機能を確認する

　スライサーの［利用箇所］から「ステーションネット」を，［使用者］から「木下」をクリックして選択すれば，データがフィルタリングされます。

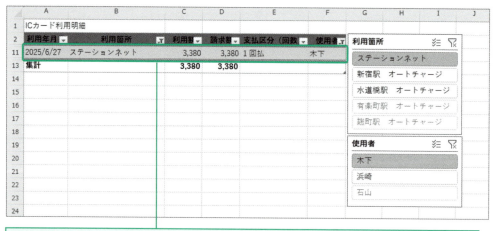

［利用箇所］が「ステーションネット」，［使用者］が「木下」のデータがフィルタリングして表示されます

4.7 テーブル

例題・4.7

次に示す売上データで，得意先一覧のテーブル（テーブル名「得意先一覧」）から構造化参照を使用して，得意先コードを入力すると得意先名が表示されるようセルC3に関数を設定し，下の行にコピーしたい。セルC3に入力すべき関数を選択肢から1つ選びなさい。

(1) =VLOOKUP(B3,得意先一覧[得意先名],2,FALSE)

(2) =VLOOKUP(B3,得意先一覧[得意先コード],2,FALSE)

(3) =VLOOKUP(B3,得意先一覧[@得意先名],2,FALSE)

(4) =VLOOKUP(B3,得意先一覧[#データ],2,FALSE)

解答

(4) =VLOOKUP(B3,得意先一覧[#データ],2,FALSE)

VLOOKUP関数の引数に構造化参照を使うと，コピーする際に参照先の範囲を絶対参照する必要がなくなります。第2引数を，テーブルのデータ全体を参照できる構造化参照形式で指定します。

(1)は得意先名の列のみを参照，(2)は得意先コードの列のみを参照，(3)は同じ行の得意先名のセルM3のみを参照しており，VLOOKUP関数が機能しません。

4.7 テーブル

問題 4.7

次の普通預金出納データのテーブル（テーブル名「普通預金出納データ」）において，指定した期間における預入金額と引出金額の集計を行いたい。集計開始日および終了日はセルI4・セルI5で指定し，結果はセルI7・セルI9に表示させる。セルI7に入力すべき関数を答えなさい。なお，集計にはSUMIFS関数を用い，引数は構造化参照で指定すること。

Part 4

4.8 ピボットテーブル

▶ 4_08_ピボットテーブル.xlsx

学習のポイント
- ピボットテーブルの役割と仕組みを理解する
- ピボットテーブルを活用して売上データに関する前年度対比表を作成する

4.8.1 ピボットテーブルの基礎　　ピボットテーブル　YEAR　EDATE

　Excelには、**ピボットテーブル**というデータ集計・分析ツールが用意されています。「ピボット」とは「軸を中心に回転する」という意味をもち、集計したい項目を軸にして、様々な観点からデータを分析するためのテーブル（集計表）が作成できます。

　ここでは、ピボットテーブルを活用して売上データに関する前年度対比表を作成し、その役割や仕組みを示します。

■ ピボットテーブルとは

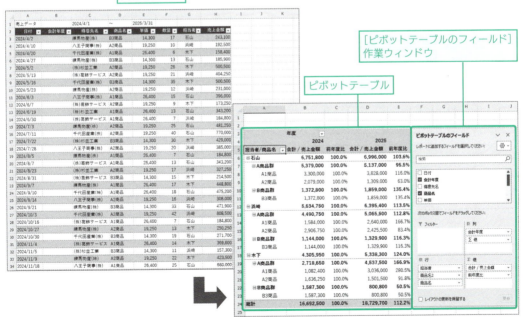

① 関数を入力する

　フォームは2024年度と2025年度の売上データ（決算日3月31日）をテーブル化したものとなっており、これにピボットテーブル機能を適用します。

4.8 ピボットテーブル

（表の画像）

ピボットテーブルは1月から12月までを会計年度とした処理にしか対応していないため，多くの企業が採用する4月から始まる会計年度で自動的に区切ることはできません。そこで，各行のデータが何年度のデータであるかを，セルB3に次の関数を入力して算出しておきます。

$$=\mathrm{YEAR}(\mathrm{EDATE}([@日付],-3))$$

日付の「年」のみを算出するYEAR関数に，「指定した月数だけ前または後ろの日付」を算出するEDATE関数をネスト（4.5参照）します（YEAR関数，EDATE関数については2.7参照）。

（表の画像）

セルB3に関数を入力すると，自動的に下の行にも関数が入力されます

■ 入力した関数の詳細

YEAR関数の引数としてEDATE関数の計算結果を使う

EDATE関数の第1引数［開始日］は，セルA3をクリックして選択すると自動的に構造化参照「[@日付]」として指定されます。4.7で示したように，同じ行のセルを構造化参照する形式は「テーブル名[@列名]」ですが，同一テーブル内ではテーブル名が省略されます。第2引数［月］

には，3ヶ月前を表す「-3」を指定します。また，セルB3に関数を入力するだけで，テーブルの以降の行にも関数が自動的に入力されます。これで，売上データの日付より3ヶ月前の日付の「年」，つまり「会計年度」が算出されます。

② ピボットテーブルを作成する

「売上データ」テーブルの任意のセルを選択し，[テーブルデザイン] タブの [ピボットテーブルで集計] をクリックします（[挿入] タブの [ピボットテーブル] ボタンからでも作成できます）。

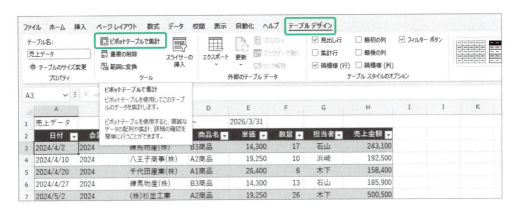

表示されたダイアログボックスの [OK] をクリックします。

新しいピボットテーブルのシートが作成されるので，シート名を「売上データ前年度対比表」に変更します。続いて，ピボットテーブルを選択すると表示される [ピボットテーブル分析] タブで，ピボットテーブル名も同様に変更します。

4.8 ピボットテーブル

なお，ピボットテーブル作成に利用するデータは，表の1行目に必ず項目名（行見出し）を入れる必要があり，数値や日付値についてもExcelが正しく読み込めるように整えておかなければなりません。

COLUMN

ピボットテーブル利用のメリット

ピボットテーブルを利用するメリットには，次のようなものがあります。

- 仕訳データや売上データなどの大量のデータを，ドラッグ＆ドロップ操作で容易に集計・分析できる。
- 特定の条件でデータをフィルタリングしたり，重要な項目を並べ替えたりすることで，必要な情報を迅速に取得できる。
- 元データが更新されるとボタン1つでピボットテーブルも更新できるため，最新の情報に基づいた分析が可能となる。
- グラフやチャートを簡単に作成でき，視覚的にデータを理解しやすくなる。

4.8.2 ピボットテーブルでの集計項目の決定　　ピボットテーブル

　ピボットテーブルで集計される項目を設定します。項目の設定には，ピボットテーブルを選択すると表示される[ピボットテーブルのフィールド]作業ウィンドウを使用します。

　[フィールドリスト]には，テーブルの項目が表示されています。この項目を下の[レイアウトセクション]のそれぞれのボックスに配置すると，その配置がピボットテーブルに反映されます。

4.8 ピボットテーブル

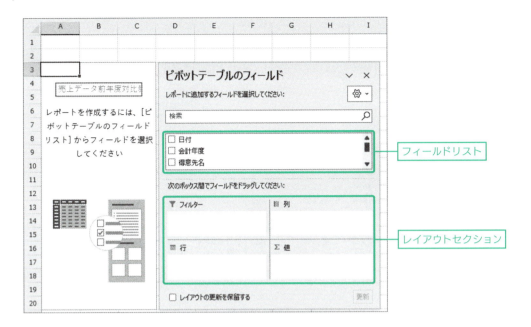

① **集計項目を配置する**

　[フィールドリスト] の一覧から「売上金額」をレイアウトセクションの [値] ボックスへドラッグすると，セルA3に見出し，セルA4に [値] の集計結果である売上金額の合計が表示されます。

　この売上金額合計を軸として，ほかの項目ごとの売上金額を細かく分類集計できるのがピボットテーブルです（Excelのバージョンによっては桁区切りのカンマが付かない場合がありますので，その際は手動で設定してください）。

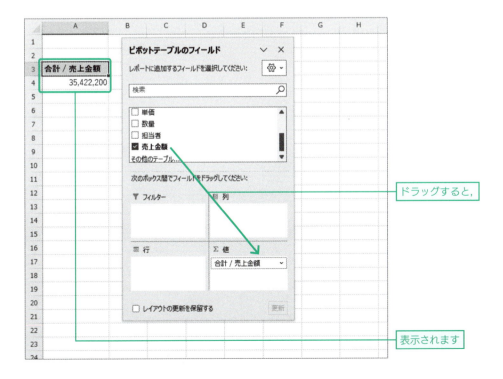

4.8 ピボットテーブル

　続いて，列方向（横方向）に年度別，行方向（縦方向）に担当者別・商品名別の売上金額を分類集計します。［フィールドリスト］の一覧から「会計年度」を［列］ボックスへドラッグします。［行］ボックスへは「担当者」をドラッグしたあと，その下に「商品名」をドラッグします。

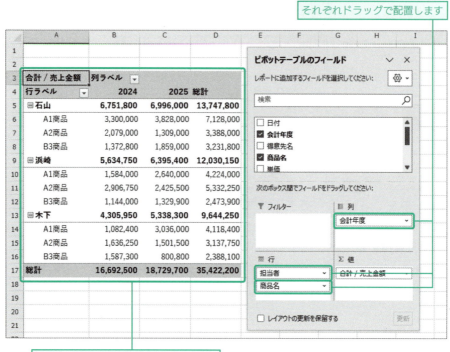

　ボックスに複数のフィールドが設定されている場合には，上から順番に「値」が分類集計されます。したがって，売上金額が「担当者」で分類集計されたあと，さらに「商品名」で分類集計が行われます。

　なお，ここでは「値：売上金額」を次のように切り分け，集計が行われます。

■ ここで作成しているピボットテーブル

		2024年度	2025年度
担当者1	商品名1		
	商品名2		
	商品名3		
担当者2	商品名1		
	商品名2	値：売上金額	
	商品名3		
担当者3	商品名1		
	商品名2		
	商品名3		

② ピボットテーブルを整える

必要の無い部分を整理します。ピボットテーブルの任意のセルを選択した状態で、[デザイン] タブの [総計] ボタンをクリックし、[列のみ集計を行う] を選択します。今回の集計に必要の無い、行の集計が行われているD列が非表示になります。

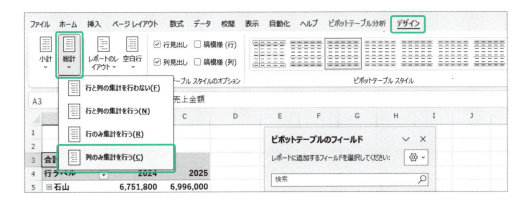

COLUMN

ピボットテーブルのフィルター機能

レイアウトセクションの [フィルター] ボックスを利用すれば、ピボットテーブルのデータを目的にあわせて絞り込むことができます。例えば、[フィルター] ボックスに「得意先名」の項目をドラッグすると、自動的にピボットテーブルの上に「得意先名」というセルが表示され、隣のセルから表示したいデータを絞り込むことができます。

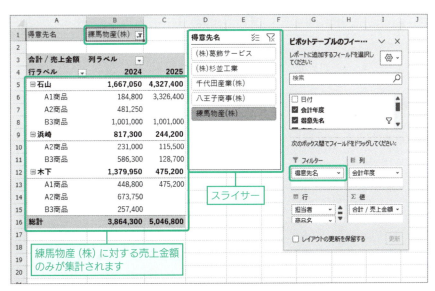

また、[ピボットテーブル分析] タブの [スライサーの挿入] ボタンからスライサーを挿入することでも、同様にデータの絞り込みが行えます。

4.8.3 計算の種類の変更による前年比の算出　ピボットテーブル

[値] ボックスには同じ項目を複数回追加することができるため，[計算の種類] を変更することで，売上金額の合計値に加えて，異なる計算結果を表示できます。ここでは，各年度の前年度比をピボットテーブルに追加集計します。

① **追加で「売上金額」を [値] ボックスに配置する**

[フィールドリスト] の一覧から再び「売上金額」を [値] ボックスへドラッグし，すでに追加されている「売上金額」の下に配置すると，ピボットテーブルに「合計/売上金額2」の列が追加されます。

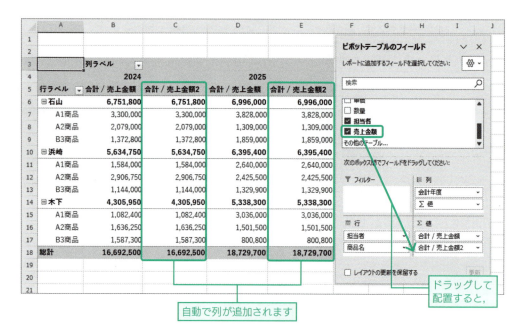

② **値フィールドを設定する**

レイアウトセクションの [値] ボックスの「合計/売上金額2」をクリックして表示されるメニューから，[値フィールドの設定] を選択します。

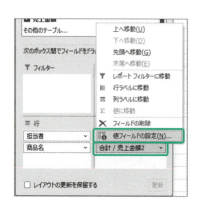

[値フィールドの設定]ダイアログボックスが表示されるので，[名前の指定]を「前年度比」，[計算の種類]タブの[計算の種類]を[基準値に対する比率]，[基準フィールド]を[会計年度]，[基準アイテム]を[(前の値)]に設定し，[OK]をクリックします。

③ **計算結果を確認する**

計算の種類が[基準値に対する比率]に変更され，前の会計年度の値（売上金額）を基準としたそれぞれの会計年度の値との比率である「前年度比」が算出されます。なお，C列の2024年度における前年度比は，基準となる前年度のデータが存在しないため，すべて2024年度との比率である100.00％となります。

4.8.4 項目のグループ化　　ピボットテーブル

ピボットテーブルにはグループ化機能があります。例えば，商品名が多く商品グループごとにまとめて集計を行いたい場合などには，項目をグループ化します。

① グループを作成する

グループ化したい項目を選択し（ここでは，A1商品のセルA7，A2商品のセルA8），［ピボットテーブル分析］タブの［グループの選択］をクリックします。

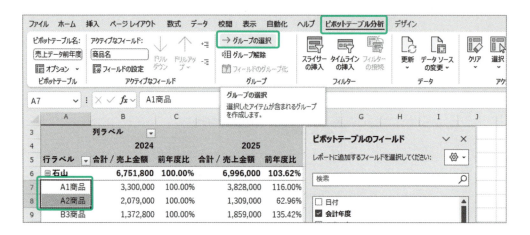

② グループ化されたことを確認する

A1商品とA2商品がグループ化され，「グループ1」が作成されます。

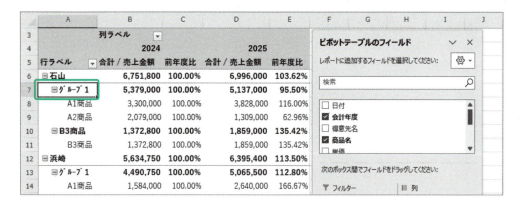

③ グループ名を変更する

「グループ1」と表示されているセルA7を選択し，「A商品群」と入力してグループ名を変更します。同様に，セルA10を「B商品群」に変更します。

④ グループの順番を変更する

　ExcelのバージョンによってはA商品群とB商品群の配置が逆になっている場合があります。グループの順番を変更するには、「A商品群」を右クリックすると表示されるメニューから[移動]を選択し、["A商品群"を先頭へ移動]をクリックします。これでA商品群グループがB商品群の上に移動します。

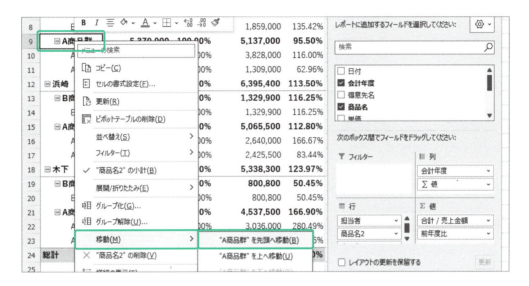

　なお、グループ化を解除したい場合には、任意のグループ項目（例えばセルA7）を選択し、[ピボットテーブル分析]タブの[グループ解除]をクリックします。

4.8.5　フィールドの表示形式の設定　　ピボットテーブル

　Excelではフィールドごとに表示形式を変更することによって、見た目を整えることができます。ここでは、「前年度比」を小数点第1位までの表示に変更します。

① 表示形式を設定する

　レイアウトセクションの[値]ボックスの「前年度比」をクリックし、[値フィールドの設定]を選択すると表示されるダイアログボックスで、[表示形式]をクリックします。

4.8 ピボットテーブル

　［セルの書式設定］ダイアログボックスが表示されるので，［分類］から［パーセンテージ］を選択し，［小数点以下の桁数］を「1」に変更し，［OK］をクリックします。［値フィールドの設定］ダイアログボックスに戻ったら［OK］をクリックします。

② **行ラベル・列ラベルを変更する**

　行ラベル（セルA5）を「担当者／商品名」，列ラベル（セルB3）を「年度」に変更して見た目を整えます。

4.8 ピボットテーブル

	A	B	C	D	E	F
3			年度			
4			2024		2025	
5	担当者/商品名	合計/売上金額	前年度比	合計/売上金額	前年度比	
6	⊟石山	6,751,800	100.0%	6,996,000	103.6%	
7	⊟A商品群	5,379,000	100.0%	5,137,000	95.5%	
8	A1商品	3,300,000	100.0%	3,828,000	116.0%	
9	A2商品	2,079,000	100.0%	1,309,000	63.0%	
10	⊟B商品群	1,372,800	100.0%	1,859,000	135.4%	
11	B3商品	1,372,800	100.0%	1,859,000	135.4%	
12	⊟浜崎	5,634,750	100.0%	6,395,400	113.5%	
13	⊟A商品群	4,490,750	100.0%	5,065,500	112.8%	
14	A1商品	1,584,000	100.0%	2,640,000	166.7%	
15	A2商品	2,906,750	100.0%	2,425,500	83.4%	
16	⊟B商品群	1,144,000	100.0%	1,329,900	116.3%	
17	B3商品	1,144,000	100.0%	1,329,900	116.3%	
18	⊟木下	4,305,950	100.0%	5,338,300	124.0%	
19	⊟A商品群	2,718,650	100.0%	4,537,500	166.9%	
20	A1商品	1,082,400	100.0%	3,036,000	280.5%	
21	A2商品	1,636,250	100.0%	1,501,500	91.8%	
22	⊟B商品群	1,587,300	100.0%	800,800	50.5%	
23	B3商品	1,587,300	100.0%	800,800	50.5%	
24	総計	16,692,500	100.0%	18,729,700	112.2%	

列ラベル → 年度
行ラベル → 担当者/商品名

小数点第1位までの表示に変更されます

4.8.6 集計方法の変更　　　　ピボットテーブル

ピボットテーブルの初期設定では値の合計が集計されますが、**集計方法**を変更して「個数」や「平均」などを集計することができます。

① 集計方法を変更する

レイアウトセクションの[値]ボックスの「合計/売上金額」をクリックし、[値フィールドの設定]を選択すると表示されるダイアログボックスで、[集計方法]タブの[値フィールドの集計]を[個数]に設定して、[OK]をクリックします。

② 集計方法が変更されたことを確認する

B列とD列の売上金額が売上件数の集計に変更されます。

③ ほかの集計方法も変更する

前年度比は前年度の売上金額に対する比率を表したままなので，同様に［値］ボックスの「前年度比」をクリックし，［値フィールドの設定］を選択すると表示されるダイアログボックスで［集計方法］を［個数］に設定し，売上件数の前年度比が集計されるようにします。なお，［集計方法］を変更すると名前が初期設定に戻るため，再度［名前の指定］ボックスに「前年度比」と入力しておきます。

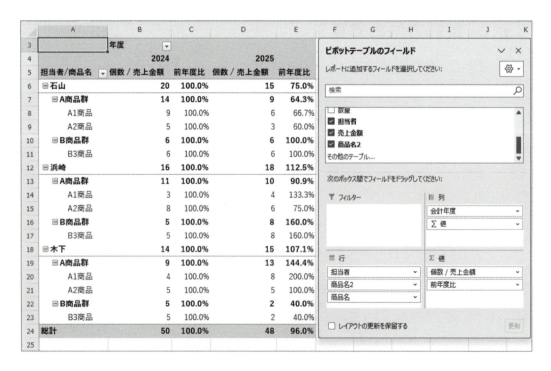

4.8 ピボットテーブル

\ COLUMN /

データの更新

売上データなどの元データを変更した場合には，［ピボットテーブル分析］タブの［更新］ボタンで，そのデータに加えられた変更内容を更新します。

\ COLUMN /

グラフの利用

Excelでは，ピボットテーブルのほかにもデータを目的にあわせて見やすく表示するための機能として「グラフ」が用意されています。データをより視覚的にわかりやすく表現するには，グラフ機能を使用するのも1つの方法です。

Excelに用意されている代表的なグラフの種類と目的を示します。

■ 代表的なグラフの種類と目的

グラフの種類	グラフの目的
縦棒グラフ	項目ごとのデータの大小を表します。
折れ線グラフ	時系列などの連続的な変化を表します。
円グラフ	円全体を100％とし，項目の構成比を表します。
100％積み上げ横棒グラフ（帯グラフ）	帯全体を100％とし，項目の構成比を表します。帯グラフを並べることで，構成比の変化を捉えることもできます。
散布図	横軸と縦軸にそれぞれ別の量をとり，データが当てはまるところに点を打って（プロットして）示し，2つのデータの関係（相関）を捉えます。

■ 縦棒グラフの利用例

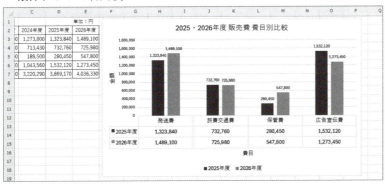

4.8 ピボットテーブル

例題 4.8

次の売上データから,年度を列方向(横方向)に設定し,得意先別・商品別に「売上金額の合計」を集計したピボットテーブルを作成し,2025年度の八王子商事(株)に対するB3商品の売上金額を求めなさい。

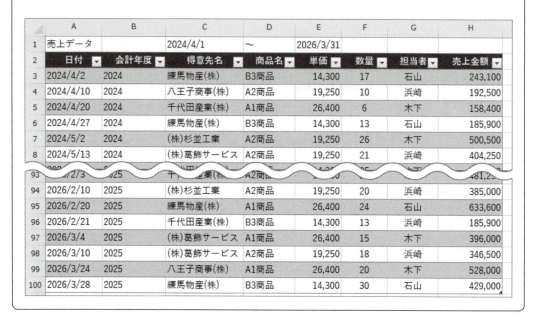

解答

872,300

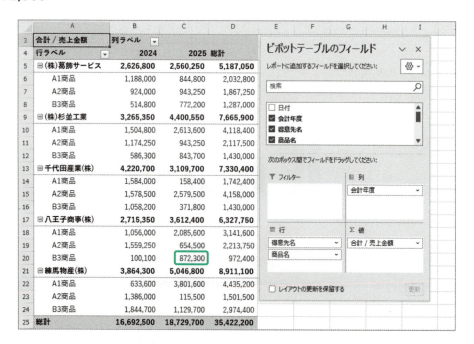

[ピボットテーブルのフィールド] 作業ウィンドウで，［値］・［行］・［列］の設定を解答例のように行い，ピボットテーブルを作成します。［行］ボックスは上から「得意先名」，「商品名」の順番になるようドラッグします。こうすることで，売上金額が「得意先名」で分類集計されたあと，さらに「商品名」で分類集計されます。

問題 4.8

例題4.8の売上データから，年度を列方向（横方向）に設定し，得意先別・商品別に「売上件数」を集計したピボットテーブルを作成し，2025年度の八王子商事（株）に対するB3商品の売上件数を求めなさい。

Part 4

4.9 会計ソフトとの連携

▶ 4_09_会計ソフトとの連携.xlsx

学習の ポイント
- CSVファイルの特徴を理解する
- データのエクスポートとインポートを実行する

4.9.1 CSVファイルによる会計ソフトとの連携

　経理業務では，Excelで作成したデータを**エクスポート**して会計ソフトに取り込んだり，会計ソフトで作成したデータをExcelに**インポート**するなど，会計ソフトとの連携が行われるケースが多く見られます。

　Excelファイル（*.xlsx）でのやり取りが可能な会計ソフトもありますが，通常はCSV（Comma-Separated Values）形式のファイルを用いて連携が行われます。**CSVファイル**は，どのソフトでも開くことができる互換性の高いテキストファイルであり，値がカンマで区切られています。複数のソフトを使用しているケースなどで，ファイルの形式が異なっても，CSVファイルを介することによってスムーズにデータをやり取りできます。

4.9.2 Excelで作成した仕訳データのエクスポート

　Excelで作成した仕訳データや売上データなどを会計ソフトに取り込む場合，会計ソフト側の要求するデータ項目や形式にあわせたCSVファイルを作成する必要があります。ここでは，Excelの仕訳データを会計ソフトに対応するCSVファイルとしてエクスポートする方法を示します。

① データの仕様を調べる

　使用している会計ソフトが要求する列項目と形式を調べます。会計ソフトによって要求される列項目や形式が異なるため，ここでは便宜的に次のようなデータの作成を想定します。

4.9 会計ソフトとの連携

■ ここでエクスポートするデータ

列	会計ソフトの要求するデータ	データの内容や形式
A	管理コード	会計ソフト特有の管理コード：すべて「111」
B	—	—
C	日付	会計ソフトの要求する形式：短い日付
D	借方勘定科目	文字列
E	借方金額	半角数字
F	—	—
G	貸方勘定科目	文字列
H	貸方金額	半角数字
I	摘要	文字列

A列の「管理コード」はExcelの仕訳データには存在しないため，新たに作成する必要があります。B列，F列についても会計ソフト側の列項目ですが，無くてもよい場合には空白の列を挿入し，Excelと会計ソフトの列を揃えます。

	A	B	C	D	E	F	G
1	仕訳データ	2025/4/1	～	2025/4/19			
2	日付	借方勘定科目	借方金額	貸方勘定科目	貸方金額	摘要	
3	2025/4/1	現金	1,000,000	資本金	1,000,000	元入れして開業	
4	2025/4/5	普通預金	300,000	現金	300,000	新宿銀行に預入	
5	2025/4/7	仕入	300,000	買掛金	300,000	川越商事(株)より仕入れ	
6	2025/4/7	現金	126,500	売上	126,500	練馬物産(株)に売り渡し	
7	2025/4/11	仕入	100,000	現金	100,000	熊谷物産(株)より仕入れ	
8	2025/4/15	売掛金	120,000	売上	120,000	(株)杉並工業に売り渡し	
9	2025/4/16	普通預金	100,000	現金	100,000	新宿銀行に預け入れ	
10	2025/4/18	現金	50,000	売上	50,000	練馬物産(株)に売り渡し	
11	2025/4/18	売掛金	81,000	売上	81,000	練馬物産(株)に売り渡し	
12	2025/4/19	売上	50,000	売掛金	50,000	練馬物産(株)より返品	
13							

② データをコピーする

仕訳データを新規ブックにコピーし，罫線を削除します（削除しなくても問題ありません）。

③ データを整える

A列の左に列を挿入し，セルA3からセルA12に会計ソフト側の管理コード「111」を入力します。B列とF列に空白の列を挿入します。さらに，会計ソフトに取り込まないデータである1行目と2行目を削除します。これでデータが整いました。

4.9 会計ソフトとの連携

列を挿入し，管理コードを入力します

B列とF列に列を挿入します

	A	B	C	D	E	F	G	H	I
1	111		2025/4/1	現金	1,000,000		資本金	1,000,000	元入れして開業
2	111		2025/4/5	普通預金	300,000		現金	300,000	新宿銀行に預入
3	111		2025/4/7	仕入	300,000		買掛金	300,000	川越商事(株)より仕入れ
4	111		2025/4/7	現金	126,500		売上	126,500	練馬物産(株)に売り渡し
5	111		2025/4/11	仕入	100,000		現金	100,000	熊谷物産(株)より仕入れ
6	111		2025/4/15	売掛金	120,000		売上	120,000	(株)杉並工業に売り渡し
7	111		2025/4/16	普通預金	100,000		現金	100,000	新宿銀行に預け入れ
8	111		2025/4/18	現金	50,000		売上	50,000	練馬物産(株)に売り渡し
9	111		2025/4/18	売掛金	81,000		売上	81,000	練馬物産(株)に売り渡し
10	111		2025/4/19	売上	50,000		売掛金	50,000	練馬物産(株)より返品

1行目と2行目は削除します

④ **CSV形式で保存する**

　ファイルをエクスポート可能な状態にします。［ファイル］タブの［エクスポート］から［ファイルの種類の変更］をクリックし，「CSV（コンマ区切り）（*.CSV）」形式で保存します（通常の［保存］からファイル形式を指定して保存することもできます）。

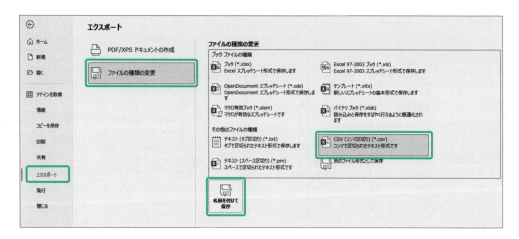

4.9.3　会計ソフトで作成したデータのインポート

　会計ソフトからCSV形式で書き出された（エクスポートされた）ファイルは，Excelでもブックと同じように開くことができます。特殊な文字で区切られているなど，ファイル形式が会計ソフト独自のものである場合は，［データ］タブの［テキストまたはCSVから］ボタンをクリックしてインポートします。

　このとき，Excelでは数列「2025-4-1」や番地「5-4-1」などの値が日付「2025/4/1」に変換されるなど注意すべき点もいくつかありますから，会計ソフトの仕様にしたがうことが重要です。

　なお，CSVファイル上で行ったExcelの作業結果（数式，表示形式，書式設定など）は，そのままCSV形式で上書き保存するとすべて消えてしまうので，必ず「Excelブック（*.xlsx）」形式で保存してから作業を行う必要があります。

COLUMN

CSV形式の種類

　CSVファイルには，カンマの代わりにタブ（Tab）で区切られたファイル形式も存在します。これを「タブ区切りのCSV」または，「TSV（Tab-Separated Values）」とよびます。Excelはタブ区切りのCSV形式にも対応していますが，使用頻度はそれほど高くありません。他方で，Excelは「CSV UTF-8」という形式もサポートしています。CSV UTF-8形式では，人名や地名などの特定の文字が正確に保持されます。いずれにせよ，連携する会計ソフトの仕様にあわせるのがよいでしょう。

問題 4.9

CSVファイルについて述べた次の文章のうち，正しいものには「○」，間違っているものには「×」と解答しなさい。

(1) データを会計ソフト側が要求する形式に揃えなくとも，互換性の高いCSV形式で保存していれば，ソフト間で自動的にデータの変換が行われる。
(2) CSVファイルには，Excel独自の作業データも保存される。
(3) CSVファイルは，Excel以外のテキストエディタなどでも編集可能である。
(4) CSVファイルに保存されている数列「2025-8-8」や番地「25-8-8」は，Excelでは日付「2025/8/8」に変換される。

問題解答

Part 1 会計と Excel 276

Part 2 表計算ソフトとしての Excel － Excel 操作の基礎 － 277

Part 3 会計データと決算書における Excel － Excel 操作の実践 － 284

Part 4 会計業務における Excel の活用 － Excel 操作の応用 － 295

Part1 会計と Excel
問題解答

解答 1.2 問題は P.7

(1) ×　(2) ×　(3) ○　(4) ×　(5) ○

(1) 企業における管理部門とは，企業の売上には直接結び付かないものの，企業の運営においてはなくてはならない役割を果たしている部門であり，直接部門ではなく間接部門ともいいます。

(2) 簿記の役割は，企業の決算書（貸借対照表や損益計算書）を作成することのみならず，企業における財産管理もあります。

(4) 主要データには原始データである仕訳データと転記データである総勘定管理データがあり，仕訳データとは項目（勘定科目）ごとの増減を入力するものではなく，取引発生順に入力する取引に関するデータであり，その入力作業を仕訳といいます。

Part 2 表計算ソフトとしてのExcel 問題解答

解答 2.2.1

問題は P.19

(2) オートフィル

(1)の「セル形式」はセルの中のデータの形式を意味します。(3)の「コンティニュー入力」という用語はありません。(4)の「ドラッグ」はマウスの操作の1つで左ボタンを押したまま移動させる操作を意味します。連続性のあるデータを入力する操作は(2)の「オートフィル」です。

解答 2.2.2

問題は P.19

(4) フラッシュフィル

(1)の「セルのコピー」は同じデータを単にコピーする処理です。(2)の「書式のみコピー（フィル）」は，データそのものはコピーせず書式だけをコピーする処理です。(3)の「書式なしコピー（フィル）」は，書式はコピーせずデータだけをコピーする処理です。まわりのデータから規則性を見つけて，それにあわせて自動的にデータを入力する処理は(4)の「フラッシュフィル」です。

	A	B	C	D	E
1			顧客リスト		
2					
3	姓	名	ひらがな	名前	メールアドレス
4	大村	伸也	おおむら しんや	大村 伸也	omura_514@example.ne.jp
5	柴田	佳奈	しばた かな	柴田 佳奈	shibata_kana@example.org
6	山田	浩	やまだ ひろし	山田 浩	hiroshiyamada@example.jp
7	山本	裕子	やまもと ゆうこ	山本 裕子	yuuko_yamamoto@example.co.jp
8	荒木	美香	あらき みか	荒木 美香	mika_araki@example.jp
9	倉本	祐輔	くらもと ゆうすけ	倉本 祐輔	yuusuke_kuramoto@example.jp
10	遠藤	麻希	えんどう まき	遠藤 麻希	endoumaki@example.jp
11	鈴木	裕也	すずき ゆうや	鈴木 裕也	suzuki_315@example.ne.jp
12	柚木	サキ	ゆのき さき	柚木 サキ	yunoki_724@example.ne.jp
13	中嶋	千恵美	なかじま ちえみ	中嶋 千恵美	nakajima_chiemi@example.net
14					

解答 2.3.1

問題は P.26

(2)

(1)は左揃えボタン，(3)は右揃えボタンです。(4)はインデントを減らすボタンです。

解答 2.3.2

問題はP.26

(3)

(1)は罫線を引くボタンです。(2)はセルの塗りつぶしの色を変更するボタンです。(4)はふりがなの表示・非表示を切り替えるボタンです。

解答 2.4.1

問題はP.31

(2)と(4)

(1)は数値を通貨表示にするボタンです。(3)は数値を桁区切り表示にするボタンです。%の表示にするには，最初に(2)のパーセント表示にするボタンをクリックしたあとで，(4)のボタンで小数点第1位までの表示にします。

解答 2.4.2

問題はP.31

(3)

「?」はユーザー定義の書式で1桁分の数字を表示しますが，値が無いときは空白（スペース）を表示する記号です。「12.3」に「??.??」の書式を設定すると，小数点第2位の値が無いため，小数点第2位は空白のスペースで表示されます。

解答 2.5.1

問題はP.42

(3) =B5 * $B$1

「販売数量×商品の単価」で計算するとき，販売数量のセルB5は数式と一緒に参照するセルを下に移動する必要があるため相対参照「B5」にします。商品の単価のセルB1は数式と一緒に参照するセルが移動すると計算ができなくなるため，絶対参照「$B$1」にする必要があります。したがって正解は(3) = B5 * $B$1 となります。なお，ここでは見やすくするために［桁区切りスタイル］を適用しています。

	A	B	C	D
1	商品の単価	350		
2				
3				
4	日付	販売数量	売上額	
5	6月1日	35	12,250	
6	6月2日	28	9,800	
7	6月3日	16	5,600	
8	6月4日	48	16,800	
9	6月5日	35	12,250	
10	6月6日	45	15,750	
11	6月7日	17	5,950	
12				
13				

解答 2.5.2

(3) =$B3 * C3

「単価×販売数量」で計算するとき，単価のセルB3は行方向（上下）には移動する必要がありますが，列方向（左右）には移動しないようにする必要があるため，列固定の複合参照「$B3」となります。販売数量のセルC3は行方向（上下）も列方向（左右）も式と同じように参照が移動する必要があるため相対参照「C3」のままにします。したがって正解は(3) =$B3 * C3となります。なお，ここでは見やすくするために [桁区切りスタイル] を適用しています。

	A	B	C	D	E	F	G	H	I
1	商品名	単価	販売数量			売上高			
2			1月	2月	3月	1月	2月	3月	
3	商品A	100	12	14	13	1,200	1,400	1,300	
4	商品B	120	23	10	18	2,760	1,200	2,160	
5	商品C	180	33	32	23	5,940	5,760	4,140	
6	商品D	210	29	17	10	6,090	3,570	2,100	
7	商品E	250	28	24	35	7,000	6,000	8,750	

解答 2.6.1

(2) =AVERAGE(引数)

(1)の「=SUM(引数)」は合計を求める関数，(3)の「=MAX(引数)」は最大値を求める関数，(4)の「=MIN(引数)」は最小値を求める関数です。

解答 2.6.2

(3) 400,500円

合計を計算するためにはSUM関数「=SUM(D3:D10)」を利用します。その結果，収入の合計（セルD13）は400,500円となります。

	A	B	C	D	E
1	現金出納データ			2025/6/1	～
2	日付	科目	摘要	収入	支出
3	2025/6/1		前週繰越	104,000	
4	2025/6/1	通信費	郵便切手購入		35,800
5	2025/6/2	売上	上田物産(株)への売上　現金	71,500	
6	2025/6/3	売掛金	辰野物産(株)から売掛金回収　現金	78,000	
7	2025/6/3	仕入	(株)飯山産業から仕入		208,000
8	2025/6/4	未収入金	長野産業(株)から未収入金回収	147,000	
9	2025/6/5	新聞図書費	新聞購読料支払い		14,700
10	2025/6/7		次週繰越		142,000
11					
12					
13			合計	400,500	400,500

解答 2.7.1

問題は P.61

(3) =YEAR(A2)

(1)のDAY関数は日付を数値で取り出す関数，(2)のMONTH関数は月を数値で取り出す関数です。(4)のTIME関数は時，分，秒を引数として指定して，時刻形式に変換する関数です。

解答 2.7.2

問題は P.61

(2) 3件

セルC2に，EOMONTH関数を利用した納期日の計算式（「**=EOMONTH(受注日A2,期間(月)B2)**」を入力し，下までオートフィル機能を利用してコピーすると，2行目，5行目，6行目の3件の納期日が2026/4/30となります。

	A	B	C	D
1	受注日	期間（月）	納期日	
2	2025/6/13	10	2026/4/30	
3	2025/6/15	8	2026/2/28	
4	2025/7/10	6	2026/1/31	
5	2025/8/15	8	2026/4/30	
6	2025/10/10	6	2026/4/30	
7				

解答 2.8.1

問題は P.67

(4) =ROUNDUP([計算結果],0)

切り上げの関数はROUNDUPで，整数未満の処理を行う場合は2番目の引数の[桁数]が0になります。

解答 2.8.2

(2) 9,960円

8%対象の消費税額は1円未満を切り捨てるのでセルF13は「**=ROUNDDOWN(金額(税抜)の8%対象計E13*8%,0)**」となり，セルF14の10%対象の消費税額も同様に「**=ROUNDDOWN(金額(税抜)の10%対象計E14*10%,0)**」となります。その合計をセルF17で「**=F13+F14**」と計算し，合計は9,960円となります。

	A	B	C	D	E	F	G
1							
2				請求書			
3						2025年6月1日	
4		(株)練馬ストア　御中			登録番号T0210xxxxx7654		
5					佐久ファーム(株)		
6		請求金額（税込）					
7		*は軽減税率対象					
8		品名	数量	単価	金額（税抜）	消費税額	
9		キャベツ*	166	167	27,722	－	
10		大葉*	394	67	26,398	－	
11		花卉	114	77	8,778	－	
12		肥料	114	417	47,538	－	
13		8%対象 計			54,120	4,329	
14		10%対象 計			56,316	5,631	
15							
16							
17					消費税金額合計	9,960	
18							

解答 2.9.1

(3) =COUNTBLANK(セルの範囲)

(1)のCOUNT関数は数値のデータが入っているセル数をカウントする関数です。(2)のCOUNTA関数はデータが入っているセル数をカウントする関数です。

解答 2.9.2

(2) 12人

受講済みの項目から「済」の字が入っているセル数をカウントするためには，COUNTA関数「**=COUNTA(E4:E33)**」を利用します。その結果，受講済み人数（セルH3）は12人となります。

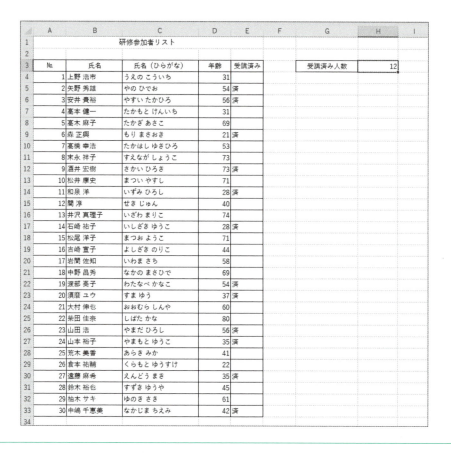

(4) 31,360円

置換機能で[検索する文字列]に「円」の文字を入力し、[置換後の文字列]を空白のままにして置換すると、すべての「円」の文字が消えて合計が計算できるようになり、その結果は31,360円となります。

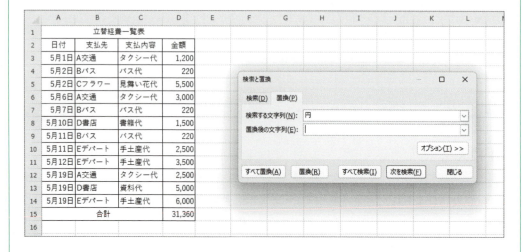

解答 2.11.1

(2) C3="テイクアウト"

(1)の「C3=テイクアウト」は，文字列を""で囲む必要があるため間違いです。(3)の「C3<>"テイクアウト"」の「<>」は「それ以外」を表す記号です。(4)の「C3>"テイクアウト"」の「>」はより大きいを表す記号です。

	A	B	C	D	E
1			消費税計算表		
2	費目	金額	テイクアウト	税率	金額×税率
3	ランチボックスA	¥600	テイクアウト	=IF(C3="テイクアウト",8%,10%)	
4	ランチボックスA	¥600		10%	¥60
5	ランチボックスB	¥500	テイクアウト	8%	¥40
6	ランチボックスB	¥500		10%	¥50
7	ハンバーガーセット	¥400	テイクアウト	8%	¥32
8	ハンバーガーセット	¥400		10%	¥40

解答 2.11.2

(2) 304,900円

残高欄のセルF4に「**=IF(収入のセルD4>0, 前の残高のセルF3+収入のセルD4, 前の残高のセルF3-支出のセルE4)**」とIF関数の数式を入力し，4月9日までオートフィル機能を利用してコピーすると，残高は304,900円となります。なお空欄は0として判定されます。

	A	B	C	D	E	F
1			2025年4月　口座入出金			
2	日付	費目	摘要	収入	支出	残高
3	4月1日	給料		300,000		300,000
4	4月2日	文房具	ノート代		200	299,800
5	4月3日	昼食代			550	299,250
6	4月4日	雑誌			350	298,900
7	4月5日	株の配当		15,000		313,900
8	4月6日	光熱費	ガス代		8,000	305,900
9	4月7日	医療費	歯医者		3,500	302,400
10	4月8日	副業		3,500		305,900
11	4月9日	娯楽費	ボウリング		1,000	304,900

Part 3 会計データと決算書における Excel
問題解答

解答 3.2.1 問題は P.97

	A	B	C	D	E	F
1	仕訳データ	2025/4/1		～		
2	日付	借方勘定科目	借方金額	貸方勘定科目	貸方金額	摘要
3	2025/4/1	現金	1,000,000	資本金	1,000,000	株主からの出資を受け，開業
4	2025/4/1	備品	800,000	資本金	800,000	株主からの出資を受け，開業
5	2025/4/3	普通預金	400,000	現金	400,000	横須賀銀行へ預け入れ
6	2025/4/10	前払金	30,000	現金	30,000	(株)菊名商店に手付金支払い
7	2025/4/15	仕入	30,000	前払金	30,000	(株)菊名商店より仕入れ
8	2025/4/15	仕入	270,000	買掛金	270,000	(株)菊名商店より仕入れ
9	2025/4/17	売掛金	500,000	売上	500,000	(株)川崎商事に売り渡し
10	2025/4/20	通信費	3,000	現金	3,000	郵便切手購入
11	2025/4/20	租税公課	5,000	現金	5,000	収入印紙購入
12	2025/4/28	備品	203,000	現金	203,000	事務用パソコン購入

　仕訳のうち，4月1日，4月15日，4月20日は複合仕訳であり，解答のとおり取引を分解して，1行1仕訳になるように仕訳データに入力を行います。例えば，4月1日の仕訳は，

　4/1（借）現　金　1,000,000　　　（貸）資本金　1,800,000
　　　　　　備　品　　800,000

のように借方が2行の仕訳になりますが，入力上は次のように貸方の資本金を2つに分解します。

　4/1（借）現　金　1,000,000　　　（貸）資本金　1,000,000
　4/1（借）備　品　　800,000　　　（貸）資本金　　800,000

解答 3.2.2

(1) ×　(2) ○　(3) ×　(4) ○　(5) ○

(1) 数値の3桁(位)ごとに位取りのカンマ(,)を打ちます。
(3) 金額については，配置を[右揃え]にします。

解答 3.3

問題は P.104

	A	B	C	D	E	F
12	総勘定管理データ					
13	現金	勘定科目コード	1111			
14	日付	摘要	借方金額	日付	摘要	貸方金額
15	2025/4/3	資本金	800,000	2025/4/7	仕入	100,000
16	2025/4/12	売上	160,000	2025/4/21	給料	80,000
17	2025/4/25	売掛金	110,000	2025/4/30	次月繰越	890,000
18			1,070,000			1,070,000
19	2025/5/1	前月繰越	890,000			
20						
21						

現金勘定への転記は，次のように行います。

① 仕訳データから，現金の日付，相手科目，金額を転記入力します。
② 17行目の貸方の日付に月末の日付(4月30日)を，摘要に「次月繰越」と入力します。
　　セルF17の金額は次の関数で算出します。

$$=SUM(C15:C17)-SUM(F15:F16)$$

③ 18行目のセルC18，F18で借方金額，貸方金額の合計をSUM関数を用いて算出します。
④ 19行目の借方の日付に翌月初の日付(5月1日)を，摘要に「前月繰越」と入力します。
　　セルC19の金額は「次月繰越」で算出したセルF17の数値を参照します(「**=F17**」)。

解答 3.4

	A	B	C	D	E	F	G
1	普通預金出納データ			2025/7/1	〜	2025/7/7	
2	日付	科目	摘要	預入	引出	残高	
3	2025/7/1		前週繰越	1,179,200		1,179,200	
4	2025/7/1	保守費	事務機器保守点検代金		93,500	1,085,700	
5	2025/7/2	車両運搬具	車両購入代金		1,925,000	△ 839,300	
6	2025/7/4	売掛金	坂出商事(株)から売掛金決済	1,933,800		1,094,500	
7	2025/7/5	買掛金	善通寺産業(株)に買掛金決済		161,700	932,800	
8	2025/7/5	受取利息	預金利子入金	12,500		945,300	
9	2025/7/6	支払家賃	オフィス家賃支払い		264,000	681,300	
10	2025/7/7		次週繰越		681,300		
11				3,125,500	3,125,500		
12	2025/7/8		前週繰越	681,300		681,300	

　普通預金出納データも現金出納データと同様の方法で作成します。ただし，現金出納データにおけるタイトル項目「収入」「支出」は，「預入」「引出」となります。

　7月2日の取引では，普通預金残高¥1,085,700の状態から車両購入代金¥1,925,000を引き落としたため，残高がマイナスになります。企業は，普通預金残高を超えて払い出す場合に備え，定期預金などを担保として自動的に融資を受ける借越契約を銀行と締結しておく場合があります。その場合には，残高欄の数値がマイナスになることもあるため，［数値の書式］の設定を忘れないようにします。

解答 3.5

	A	B	C	D	E	F	G	H	I	J	K
1	仕入データ							2025/6/1	〜	2025/6/30	
2	日付	仕入先コード	仕入先名	商品名	単価(税込)	数量	値引・返品	摘要	決済方法	仕入金額(税込)	
3	2025/6/1	10003	川越商事(株)	C02商品	59,400	22			掛け	1,306,800	
4	2025/6/2	10019	熊谷物産(株)	A12商品	25,740	36			掛け	926,640	
5	2025/6/4	10011	所沢商店(株)	B08商品	34,100	17			電子記録債務	579,700	
6	2025/6/5	10003	川越商事(株)	C02商品	59,400	△ 4		6/1分，品違い	掛け戻し	△ 237,600	
7	2025/6/8	10006	(株)川口産業	C02商品	59,400	15			掛け	891,000	
8	2025/6/10	10007	秩父商事(株)	B08商品	34,100	35			掛け	1,193,500	
9	2025/6/11	10011	所沢商店(株)	A12商品	25,740	18			電子記録債務	463,320	
10	2025/6/11	10019	熊谷物産(株)	C02商品	59,400	15			掛け	891,000	
11	2025/6/15	10005	久喜商店	B08商品	34,100	18			掛け	613,800	
12	2025/6/17	10003	川越商事(株)	C02商品	59,400	24			掛け	1,425,600	
13	2025/6/22	10011	所沢商店(株)	B08商品	34,100	13			掛け	443,300	
14	2025/6/25	10003	川越商事(株)	C02商品	59,400	△ 2		6/17分，不良品	掛け戻し	△ 118,800	
15	2025/6/29	10006	(株)川口産業	C02商品	59,400	10			掛け	594,000	
16	2025/6/30							総仕入高		9,328,660	
17	2025/6/30							仕入値引・返品高		△ 356,400	
18								純仕入高		8,972,260	
19											

　「仕入金額(税込)」の集計や締め切りは，例題3.5の売上データ作成と同様の手順で行います。

解答 3.6

問題は P.125

販売費及び一般管理費明細データ	
給　　　　　　　　料	17,826,600
広　告　宣　伝　費	321,340
発　　　送　　　費	868,200
販　売　促　進　費	215,520
旅　費　交　通　費	934,580
支　払　家　賃	7,640,000
水　道　光　熱　費	2,951,339
通　　　信　　　費	772,213
修　　　繕　　　費	78,540
消　耗　品　費	356,800
租　税　公　課	513,400
法　定　福　利　費	878,640
福　利　厚　生　費	312,870
減　価　償　却　費	4,487,870
貸 倒 引 当 金 繰 入	388,000
雑　　　　　　　　費	166,800
合計	38,712,712

売上高販管費比率
28.6%

　例題3.6同様，販売費及び一般管理費明細データを作成します。

　売上高販売費及び一般管理費比率は，「販売費及び一般管理費合計÷売上高×100＝38,712,712÷135,238,225×100=28.6%」となります。

解答 3.7

問題は P.131

	A	B	C	D	E	F	G
1							
2				請求書			
3						2025年7月31日	
4		(株)葛飾商店　御中			登録番号T0210xxxxx3210		
5						(株)船橋商事	
6		請求金額（税込）		193,528			
7		*は軽減税率対象					
8		品名	数量	単価	金額（税抜）	消費税額	
9		ミネラルウォーター*	480	88	42,240	—	
10		清涼飲料水*	96	101	9,696	—	
11		ワイン	15	1,236	18,540	—	
12		日本酒	36	2,871	103,356	—	
13		グラス	24	127	3,048	—	
14		8%対象 計			51,936	4,154	
15		10%対象 計			124,944	12,494	
16							
17							

　例題3.7同様，各商品の金額（税抜）と，8％対象，10％対象の税抜金額の合計をそれぞれ算出します。続いて，セルF14およびセルF15で消費税額を算出し，セルC6で「**E14:F15**」の合計を算出します。

解答 3.8

問題は P.144

(1)

	A	B	C	D	E	F	G	H	I	J	K
1	商品有高管理データ			2025/7/1	～	2025/7/31					
2	商品名	C3商品		商品コード	303						
3		(移動平均法)									
4	日付	摘要	受入数量	受入単価	受入金額	払出数量	払出単価	払出金額	残高数量	残高単価	残高金額
5	2025/7/1	前月繰越	12	11,440	137,280				12	11,440	137,280
6	2025/7/4	仕入	5	11,440	57,200				17	11,440	194,480
7	2025/7/16	仕入	4	11,860	47,440				21	11,520	241,920
8	2025/7/18	売上				19	11,520	218,880	2	11,520	23,040
9	2025/7/27	仕入	4	11,994	47,976				6	11,836	71,016
10	2025/7/29	売上				3	11,836	35,508	3	11,836	35,508
11	2025/7/31	次月繰越				3	11,836	35,508			
12			25		289,896	25		289,896			
13	2025/8/1	前月繰越	3	11,836	35,508				3	11,836	35,508
14											
15											
16											
17											
18											
19											
20											

3.8.3に示した手順で商品有高管理データを作成します。シート上の文字列をゼロとみなして計算できるよう設定すれば，［#VALUE!］エラーが表示されなくなります。そのほかのエラー表示にも注意してください。残高数量，残高単価は次月の入力に備え，5行目の数式をコピーします。

(2)
売上高￥314,600　売上原価￥254,388　売上総利益￥60,212

解答 3.9

問題はP.150

	A	B	C	D	E	F
1	買掛金管理データ		2025/9/1	～	2025/9/30	
2	仕入先コード	20021	仕入先名	函館物産(株)		
3						
4	日付	摘要	決済方法	借方	貸方	残高
5	2025/9/1	前月繰越			868,010	868,010
6	2025/9/5	出金	普通預金	416,790		451,220
7	2025/9/8	仕入			502,920	954,140
8	2025/9/15	出金		690,580		263,560
9	2025/9/20	仕入			259,270	522,830
10	2025/9/25	仕入			206,250	729,080
11	2025/9/27	返品		48,380		680,700
12	2025/9/30	次月繰越		680,700		
13				1,836,450	1,836,450	
14	2025/10/1	前月繰越			680,700	680,700
15						
16						

　買掛金管理データは，売掛金管理データと貸借が逆になることに注意してください。まず，フォームを開いて，残高欄を設定します。残高のセルF5は，貸方のセルE5を参照（「=E5」）します。セルF6には次のIF関数を入力し，下の行以降にコピーします。

=IF(A6="","",F5+E6-D6)

　続いて，9月1日の前月繰越と9月27日までの取引を入力します。12行目に月末の日付9月30日で次月繰越を入力し，13行目で借方・貸方の合計をSUM関数を用いて算出します。
　最後に，14行目に次月初日の日付10月1日で前月繰越を入力し，前月同様に残高欄を設定します。なお，摘要は取引の概要がわかれば解答どおりである必要はありません。

解答 3.10

問題は P.158

	A	B	C	D	E	F	G	H	I	J
1	固定資産管理データ			2025/4/1	～	2026/3/31				
2	管理コード	資産名	勘定科目	取得年月日	供用年月日	数量	償却方法	耐用年数	償却率	残存価額
3	10010	事務用PC	器具備品	2021/10/1	2021/10/1	1	定額法	4	0.250	0
4										
5										

K	L	M	N	O	P	Q
備考	取得価額	経過月数	期首減価償却累計額	期首帳簿価額	当期減価償却費	期末帳簿価額
－	248,400	48	217,350	31,050	31,049	1

当期に減価償却が終了する固定資産であることに注意してデータ入力を行います。

3行目に，管理コードから取得価額までの固定資産情報を入力します。

「経過月数」には供用年月日から当期末までの月数「48」を入力します。

「期首減価償却累計額」には前期末までの経過月数である「M3-6」ヶ月を用い，数式「=L3*(M3-6)/(H3*12)」を入力します。

「期首帳簿価額」には数式「=L3-N3」を入力します。

なお，本問の固定資産は当期に減価償却が終了するため，期末帳簿価額が備忘価額（当該資産が残っていることを忘れないように設定する価額）の「1円」となるように「当期減価償却費」を「期首帳簿価額－1」で計算します。したがって，数式「=O3-1」を入力します。ここでの期末帳簿価額1円は，減価償却終了後も事業の用に供されていることを意味します。

「期末帳簿価額」には，数式「=O3-P3」を入力します。

解答 3.12

問題は P.168

	A	B	C	D	E
1			決算整理前合計残高試算表		
2	借方残高	借方合計	勘　定　科　目	貸方合計	貸方残高
3	2,081,320	5,500,000	現　　　　　　金	3,418,680	
4	3,012,721	5,582,721	普　通　預　金	2,570,000	
5	536,300	3,660,300	売　　掛　　金	3,124,000	
6	2,000,000	2,000,000	備　　　　　　品	0	
7		1,892,700	買　　掛　　金	3,513,620	1,620,920
8		500,000	前　　受　　金	500,000	
9		0	資　　本　　金	7,000,000	7,000,000
10		42,000	売　　　　　　上	4,160,300	4,118,300
11		0	受　取　利　息	721	721
12	3,470,920	3,513,620	仕　　　　　　入	42,700	
13	1,440,000	1,440,000	支　払　家　賃	0	
14	161,810	161,810	水　道　光　熱　費	0	
15	36,870	36,870	消　耗　品　費	0	
16	12,739,941	24,330,021		24,330,021	12,739,941
17					

① 各勘定への仕訳データの転記

各勘定（「現金」から「消耗品費」までの上記13勘定）へ仕訳データを転記します。

② 各勘定（各シート）の借方合計・貸方合計の算出

各勘定（各シート）のセルB2とセルB3には，あらかじめSUM関数が入力されているので，借方合計・貸方合計が算出されたことを確認します。

③ 決算整理前合計残高試算表における借方合計・貸方合計の集計

各勘定の借方合計について，リンク貼り付けを利用して試算表に集計します。例えば，現金勘定の借方合計のセルB3には，「=現金!$B$2」という数式が入力されます。この数式を以下の行にもコピーし，数式のシート名を変更しておきます。

続いて，セルB3からセルB15までの範囲を選択し，数式を貸方合計の列にコピーします。その際，範囲がずれないように注意します。コピーしたら，[置換] 機能を利用してすべての行のセル番地の行番号を「3」に変更します。

④ 決算整理前合計残高試算表における借方残高・貸方残高の算出

現金勘定の借方残高のセルA3に次のIF関数を入力します。

$$=IF(B3-D3>0,B3-D3,"")$$

貸方残高のセルE3に次のIF関数を入力します。

$$=IF(D3-B3>0,D3-B3,"")$$

続いて，セルA3とセルE3の関数を15行目まで書式なしでコピーします。

⑤ 集計して試算表を完成させる

借方残高・借方合計，貸方合計・貸方残高について，SUM関数を利用して集計し，試算表を完成させます。

解答 3.13

問題は P.181

	E	F	G	H
1		損益計算書		
2		自 2025年4月1日 至 2026年3月31日		
3				(単位：円)
4				
5	売上高			139,758,500
6	売上原価			
7		商品期首棚卸高	14,879,540	
8		当期商品仕入高	98,079,080	
9		計	112,958,620	
10		商品期末棚卸高	12,332,500	100,626,120
11	売上総利益			39,132,380
12	販売費及び一般管理費			
13		給料	12,210,250	
14		支払地代	6,426,000	
15		水道光熱費	897,570	
16		通信費	459,190	
17		旅費交通費	725,980	
18		減価償却費	3,346,220	
19		貸倒引当金繰入	52,970	
20		雑費	79,840	24,198,020
21	営業利益			14,934,360
22	営業外収益			
23		受取利息	45,418	45,418
24	営業外費用			
25		支払利息	113,750	113,750
26	経常利益			14,866,028
27	特別利益			
28		車両運搬具売却益	400,870	400,870
29	特別損失			
30		災害損失	447,750	447,750
31	税引前当期純利益			14,819,148
32	法人税，住民税及び事業税			4,446,100
33	当期純利益			10,373,048

本文で示した手順で，損益計算書と貸借対照表を作成します。

決算書の表示科目が決算整理後残高試算表の勘定科目から変更されるものに注意します。また，貸借対照表の繰越利益剰余金の金額は，「資産合計－負債合計－資本金」で算出します。

	J	K	L	M	N	O	P	Q	R	S
1					貸借対照表					
2					2026年3月31日 現在					
3										(単位：円)
4		資産の部					負債の部			
5	流動資産					流動負債				
6		現金及び預金			33,341,428		電子記録債務			7,649,720
7		電子記録債権		10,563,000			未払金			4,841,170
8		貸倒引当金	△	105,630	10,457,370		未払消費税			978,300
9		商品			12,332,500		未払法人税等			2,648,750
10		短期貸付金			853,000		流動負債合計			16,117,940
11		前払費用			162,500	固定負債				
12		流動資産合計			57,146,798		長期借入金			8,125,000
13	固定資産						固定負債合計			8,125,000
14		建物		96,815,000			負債合計			24,242,940
15		減価償却累計額	△	75,515,700	21,299,300			純資産の部		
16		車両運搬具		6,650,000		株主資本				
17		減価償却累計額	△	4,507,500	2,142,500		資本金			10,000,000
18		長期性預金			2,762,500		繰越利益剰余金			49,108,158
19		固定資産合計			26,204,300		株主資本合計			59,108,158
20							純資産合計			59,108,158
21		資産合計			83,351,098		負債純資産合計			83,351,098

解答 3.14

問題はP.189

	A	B	C	D	E	F	G	H	I
1	8桁精算表								
2	勘定科目	残高試算表		修正記入		損益計算書		貸借対照表	
3		借方	貸方	借方	貸方	借方	貸方	借方	貸方
4	現　　　　　　　金	3,509,550						3,509,550	
5	普　通　預　金	28,881,258						28,881,258	
6	電　子　記　録　債　権	10,563,000						10,563,000	
7	繰　越　商　品	14,879,540		12,332,500	14,879,540			12,332,500	
8	短　期　貸　付　金	853,000						853,000	
9	建　　　　　　　物	97,765,620						97,765,620	
10	車　両　運　搬　具	6,650,000						6,650,000	
11	長　期　性　預　金	2,762,500						2,762,500	
12	仮　払　消　費　税	2,515,600			2,515,600				
13	仮　払　法　人　税　等	1,797,350			1,797,350				
14	電　子　記　録　債　務		7,649,720						7,649,720
15	未　　　払　　　金		3,890,550						3,890,550
16	仮　受　消　費　税		3,493,900	3,493,900					
17	長　期　借　入　金		8,125,000						8,125,000
18	貸　倒　引　当　金		52,660		52,970				105,630
19	建物減価償却累計額		73,820,430		2,645,890				76,466,320
20	車両運搬具減価償却累計額		4,238,370		269,130				4,507,500
21	資　　　本　　　金		10,000,000						10,000,000
22	繰　越　利　益　剰　余　金		38,735,110						38,735,110
23	売　　　　　　　上		139,758,500				139,758,500		
24	受　取　利　息		45,418				45,418		
25	車両運搬具売却益		400,870				400,870		
26	仕　　　　　　　入	98,079,080		14,879,540	12,332,500	100,626,120			
27	給　　　　　　　料	12,210,250				12,210,250			
28	支　払　地　代	6,588,500			162,500	6,426,000			
29	水　道　光　熱　費	897,570				897,570			
30	通　　　信　　　費	459,190				459,190			
31	旅　費　交　通　費	725,980				725,980			
32	減　価　償　却　費	431,200		2,915,020		3,346,220			
33	雑　　　　　　　費	79,840				79,840			
34	支　払　利　息	113,750				113,750			
35	災　害　損　失	447,750				447,750			
36		290,210,528	290,210,528						
37	貸　倒　引　当　金　繰　入			52,970		52,970			
38	前　払　費　用			162,500				162,500	
39	法人税、住民税及び事業税			4,446,100		4,446,100			
40	未　払　消　費　税				978,300				978,300
41	未　払　法　人　税　等				2,648,750				2,648,750
42	当　期　純　利　益					10,373,048			10,373,048
43				38,282,530	38,282,530	140,204,788	140,204,788	163,479,928	163,479,928

8桁精算表では，10桁精算表の修正後残高試算表の欄で行った関数計算を損益計算書・貸借対照表で行います。現金の金額が移記されるセルH4にIF関数「=IF(B4-C4+D4-E4>0,B4-C4+D4-E4,"")」を入力し，ほかの資産項目にもコピーします。

同様に，負債，資産の評価勘定，純資産，収益，費用の各項目にIF関数を入力，コピーします。例えば，下記のセルであればそれぞれ次の関数を入力します。

電子記録債務（負債）セルI14：=IF(C14-B14+E14-D14>0,C14-B14+E14-D14,"")
資本金（純資産）セルI21：=IF(C21-B21+E21-D21>0,C21-B21+E21-D21,"")
売上（収益）セルG23：=IF(C23-B23+E23-D23>0,C23-B23+E23-D23,"")
仕入（費用）セルF26：=IF(B26-C26+D26-E26>0,B26-C26+D26-E26,"")

続いて，セルG43，セルH43に収益および資産の合計を算出してから損益計算書と貸借対照表の当期純利益を算出します。最後に，最終行（43行目）の残りの合計を算出して精算表を完成させます。

Part 4 会計業務におけるExcelの活用 問題解答

解答 4.1

問題は P.200

(2)=VLOOKUP(D3,商品一覧!$A$2:$C$8,3,FALSE)

引数のうち，［検索値］には商品コードを入力する「売上データ」シートのセルD3を指定します。また，［範囲］には「マスタのシート名!マスタのセル範囲」を指定します。なお，本問では関数をコピーすることを前提に，セル範囲を絶対参照で入力しています。［列番号］は商品一覧の3列目が単価（税込）となっているため，「3」を指定します。

なお，(1)は第3引数［列番号］の指定が「2」となっているため誤りです。(3)は第1引数［検索値］が「A4」となっているため誤りです。(4)は第2引数［範囲］で指定すべきシートが「売上データ」となっているため誤りです。

解答 4.2

問題は P.206

セルF2に条件を3つ設定した次のSUMIFS関数を入力します。

=SUMIFS(D5:D20,A5:A20,">=2025/8/1",A5:A20,"<=2025/8/31",B5:B20,"*現金*")

合計対象範囲には，売掛金回収額が入力される貸方の列「**D5:D20**」を指定します。

日付の範囲を条件に指定するためには，「>」「>=」などの比較演算子と日付を組みあわせます。条件1には日付欄「**A5:A20**」において2025/8/1以降であること「**">=2025/8/1"**」を指定します。このとき，比較演算子「**>=**」が日付の数値「以上である」，つまりその日以降であることを表します。同様に，条件2には日付欄「**A5:A20**」において2025/8/31以前であること「**"<=2025/8/31"**」を指定します。条件3には，摘要欄「**B5:B20**」の「現金」を指定します。前後に文字列が入力されていますので，ワイルドカード「*****」を入力しないと集計することができない点に注意します。

なお，すべての検索条件を，「**"**」でくくって文字列として指定する必要があります。

解答 4.3

問題はP.214

集計漏れ：熊谷物産（株），重複：（株）川口産業

	A	B	C	D	E	F	G	H	I	J	K	L	M	N	O	P	Q
2	日付	仕入先コード	仕入先名	商品名	単価（税込）	数量	値引・返品	演算	決済方法	仕入金額（税込）	チェック		仕入先別・商品別仕入件数（値引・返品取引を除く）				
														C01商品	C02商品	C03商品	計
3	2025/6/1	10003	川越商事（株）	C02商品	59,400	22			掛け	1,306,800	1		川越商事（株）	0	2	0	2
4	2025/6/2	10019	熊谷物産（株）	C01商品	25,740	36			掛け	926,640	0		所沢商店（株）	1	0	2	3
5	2025/6/4	10004	所沢商店（株）	C03商品	34,100	17			電子記録債務	579,700	1		久喜商店	0	0	1	1
6	**2025/6/5**	**10003**	**川越商事（株）**	**C02商品**	**59,400**	△ 4		6/1分，品違い	掛け戻し	△ 237,600	1		（株）川口産業	0	2	0	2
7	2025/6/8	10006	（株）川口産業	C02商品	59,400	15			掛け	891,000	2		秩父商事（株）	0	0	1	1
8	2025/6/10	10007	秩父商事（株）	C03商品	34,100	35			掛け	1,193,500	1		熊谷物産（株）	0	2	0	2
9	2025/6/11	10004	所沢商店（株）	C01商品	25,740	18			電子記録債務	463,320	1		計	1	6	4	11
10	2025/6/11	10019	熊谷物産（株）	C02商品	59,400	15			掛け	891,000	0						
11	2025/6/15	10005	久喜商店	C03商品	34,100	18			掛け	613,800	1						
12	2025/6/17	10003	川越商事（株）	C02商品	59,400	24			掛け	1,425,600	1						
13	2025/6/22	10004	所沢商店（株）	C03商品	34,100	13			掛け	443,300	1						
14	**2025/6/25**	**10003**	**川越商事（株）**	**C02商品**	**59,400**	△ 2		6/17分，不良品	掛け戻し	△ 118,800	1						
15	2025/6/29	10006	（株）川口産業	C02商品	59,400	10			掛け	594,000	2						
16	2025/6/30								総仕入高	9,328,660							
17	2025/6/30								仕入値引・返品高	△ 356,400							
18									純仕入高	8,972,260							

チェック欄のセルK3に次のCOUNTIFS関数を入力し，15行目までコピーします。

=COUNTIFS($M$4:$M$9,C3)

第1引数［検索条件範囲1］は，チェック対象である仕入先別・商品別仕入件数の表の仕入先名が入力されている範囲「$M$4:$M$9」を指定します。第2引数［検索条件1］は，売上データの仕入先名が入力されている「C3」を指定します。

「熊谷物産（株）」のチェック欄に「0」とカウントされ集計漏れが，「（株）川口産業」のチェック欄に「2」がカウントされ重複が発見できます。

解答 4.4

問題はP.221

(1)

(1)のテキスト連結演算子「&」は前後の文字列を連結し，1つの文字列にする演算子です。

(2)の参照演算子には，複数の参照を1つの参照に結合する「,」などもあります。

(3)の比較演算子には，「<=」「>」「<」「=」「<>」などもあります。

(4)の算術演算子には，四則演算の際に使用する「+」「-」「*」「/」，パーセンテージを表す「%」などもあります。

解答 4.5

問題は P.230

	A	B	C	D	E
1	得意先別月間売上実績		2025年6月		
2	得意先コード	得意先名	売上数量	売上金額(税込)	目標達成
3	10001	世田谷商事(株)	150	2,135,000	○
4	10002	(株)豊島製造所	360	3,640,000	◎
5	10003	練馬物産(株)	120	1,225,000	×
6	10004	(株)町田サービス	60	391,500	×
7	10005	(株)杉並工業	520	942,000	○
8	10006	(株)渋谷商事	150	1,240,000	×
9	10007	千代田産業(株)	220	1,445,000	×
10	10008	新宿物産(株)	450	3,495,000	◎
11	10009	(株)板橋商事	100	910,000	×
12	10010	(株)文教サービス	70	416,000	×
13	10011	八王子商事(株)	120	671,500	×
14	10012	江東工業(株)	800	4,587,500	◎
15	10013	(株)葛飾サービス	180	872,500	×

セルE3に次の関数を入力します。続いて，この関数を以降の行にもコピーして条件判定を行います。

```
=IF(AND(D3>=2000000,C3>=300),"◎",IF(OR(D3>=2000000,C3>=300),"○","×"))
```

解答 4.6

問題は P.241

(1)○　(2)×　(3)○　(4)○

(2) 条件付き書式には，あらかじめよく使うルールや強調方法が用意されており，簡単に機能を利用することができます。

Part4 解答

解答 4.7

問題は P.252

=SUMIFS(普通預金出納データ[預入],普通預金出納データ[日付],">="&I4,普通預金出納データ[日付],"<="&I5)

SUMIFS関数の引数は,次のようになります。

第1引数[合計対象範囲]	普通預金出納データ[預入]
第2引数[条件範囲1]	普通預金出納データ[日付]
第3引数[条件1]	">="&I4(セルI14に入力された日付以降)
第4引数[条件範囲2]	普通預金出納データ[日付]
第5引数[条件2]	"<="&I5(セルI15に入力された日付以前)

別のセルに入力された日付を条件に使用する場合は,比較演算子を「"」でくくって文字列とし,「&」で日付のセルを結合します。

なお,1つのブックに同じテーブル名を付けることができないため,解答シートでは「普通預金出納データ_解答」と名前を付けています。

解答 4.8

問題は P.269

3件

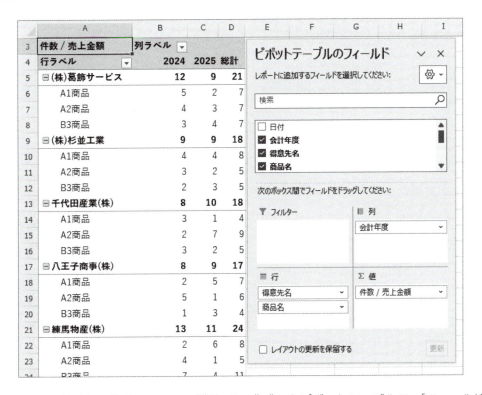

売上件数（個数）を集計するには，例題4.8で作成したピボットテーブルで，[フィールドリスト]の[値]ボックスの「合計/売上金額」をクリックし，メニューから[値フィールドの設定]を選択すると表示されるダイアログボックスで，[集計方法]タブの[値フィールドの集計]を[個数]に設定します。

解答 4.9

問題は P.274

(1) × (2) × (3) ○ (4) ○

(1) データを会計ソフトに取り込む場合，会計ソフト側の要求するデータ項目や形式にあわせたCSVファイルを作成する必要があります。

(2) CSVファイルにはExcel独自の作業データは保存されないので，注意が必要です。

索引

数字

10 桁精算表 183
8 桁精算表 183

a–z

AND 関数 222
AVERAGE 関数 44
COUNTA 関数 68
COUNTBLANK 関数 68
COUNTIFS 関数 207
COUNT 関数 44, 68
CSV ファイル 270
DATE 関数 50
DAY 関数 52
EDATE 関数 57
EOMONTH 関数 54
Excel 6
IFERROR 関数 83, 138
IF 関数 80
INDIRECT 関数 215
MAX 関数 44
MIN 関数 44
MONTH 関数 52
OR 関数 225
ROUNDDOWN 関数 62
ROUNDUP 関数 62
ROUND 関数 62
SUMIFS 関数 201
SUM 関数 44

VLOOKUP 関数 192
YEAR 関数 52

あ

アクティブセル 12
一般管理費 117
移動平均法 136
インポート 270
売上原価 140, 170
売上総利益 140, 170
売上高 170
売上高販売費及び一般管理費比率 121
売上データ 111
売掛金管理データ 145
営業外収益 170
営業外費用 170
営業手続 90
営業利益 170
エクスポート 270
エラーインジケーター 136
オートフィル 14
折り返して全体を表示 22

か

買掛金管理データ 145
会計の部署 2
開始手続 90
株主資本 175
勘定 98

勘定科目	98
勘定科目コード	117
関数	43
間接税	126
間接部門	2
管理部門	2
基幹ソフト	5
経常利益	170
罫線	23
経理部	2
決算書	169
決算整理前試算表	161
決算手続	91, 159
現金出納データ	105
検索	72
現預金出納データ	105
合計残高試算表	161
合計試算表	161
構造化参照	246
固定資産	175
固定資産管理データ	151
固定負債	175
コピー	12

さ

先入先出法	132
残高試算表	161
シート	11
仕入データ	111
資産の部	175
試算表	161
四則演算	32
主要データ	5, 98
純資産の部	175

条件付き書式	231
条件判定処理	80
消費税	126
商品有高管理データ	132
書式	20
仕訳	92
仕訳データ	5, 92
仕訳入力	92
数式	32
数式バー	11
スピル演算子	135
スピル機能	134
スライサー	248
精算表	159, 183
税抜経理方式	126
税引前当期純利益	170
絶対参照	36
セル	11
セルの結合	21
セル番地	11
総勘定管理データ	5, 98, 99
相対参照	35
損益計算書	4, 169

た

貸借対照表	4, 169, 175
置換	72, 165
テーブル	242
適格請求書（インボイス）	126
テキスト連結演算子	218
転記	98
転記データ	98
当期純利益	170
特別損失	170

特別利益 170
突合 211

な
名前ボックス 11
入力データ 5
塗りつぶしの色 24
ネスト 222

は
端数処理 62
貼り付け 12
販売費 117
販売費及び一般管理費 170
販売費及び一般管理費明細データ 117
引数 44
ピボットテーブル 253
表示形式 27
表示形式のユーザー定義 29
フィルター 248
フィルハンドル 14
フォントの色 24
複合参照 38
複式簿記 90
負債の部 175
普通預金出納データ 105
フラッシュフィル 16
簿記 3, 90
簿記一巡 90
簿記の役割 4
補助管理データ 98
補助記入データ 98
補助データ 5, 98

ら
リボン 11
流動資産 175
流動負債 175
リンク貼り付け 163
ワイルドカード 203

● 著者紹介

石山 宏（いしやま ひろし）
山梨県立大学国際政策学部
中央大学商学部卒業，国士舘大学大学院経営学研究科博士課程単位取得満期退学。
上場会社（経理・IR）勤務を経て，松本大学松商短期大学部准教授，東京国際大学商学部准教授，山梨県立大学国際政策学部准教授，現在，同大学教授。
主な著書・論文として『財務諸表論実戦ナビ』（単著，中央経済社，2011年），『会計学説の系譜と理論構築』（分担執筆，同文舘出版，2015年），『スタートアップ会計学（第3版）』（分担執筆，同文舘出版，2022年），『検定簿記講義/2級商業簿記〈2024年度版〉』（分担執筆，中央経済社，2024年），『最新の収益認識会計』（分担執筆，税務経理協会，2024年），「新勘定科目管見－収益認識会計基準における新勘定科目の検討－」（単著，『山梨国際研究』，2023年）など。

木下 貴博（きのした たかひろ）
松本大学松商短期大学部
慶應義塾大学経済学部卒業，立教大学大学院経済学研究科博士課程単位取得満期退学。
松本大学松商短期大学部専任講師，准教授を経て，現在，同短期大学教授。
会計学研究教育の傍ら，Microsoft Officeテキストの執筆にも多数携わる。主な著書・論文として『わかるExcel2010 Q&A方式』（分担執筆，学研パブリッシング，2010年），『財務会計の現状と展望』（分担執筆，白桃書房，2014年），『Word & Excel & PowerPointのスキルが身につく本』（分担執筆，マイナビ，2014年），『ビジネスセンスが身につく簿記』（分担執筆，中央経済社，2018年），『全経簿記能力検定試験標準問題集3級商業簿記』（共編著，中央経済社，2024年），「無形資産・のれんに関する実証研究の類型」（単著，『松本大学紀要』，2017年）など。

浜崎 央（はまさき ひろし）
松本大学松商短期大学部
筑波大学第三学群基礎工学類卒業，筑波大学大学院工学研究科物理工学専攻博士課程修了，工学博士。
法人の研究機関（研究員）勤務を経て，松本大学松商短期大学部専任講師，同短期大学准教授，現在，同短期大学教授，経営情報学科長，松本大学副学長。
主な著書・論文として，『Word & Excel & PowerPointのスキルが身につく本』（分担執筆，マイナビ，2014年），『地域金融機関の将来の在り方Ⅰ』（分担執筆，創成社，2024年），「管理栄養士国家試験対策生化学分野e-ラーニングシステムの開発」（共著，『松本大学紀要』，2012年），「長野県内金融機関に関する県民意識調査」（共著，『松本大学紀要』，2024年）など。

公式テキスト
Excel 会計スペシャリスト

2025 年 4 月 18 日　初版　第 1 刷発行

著者	石山 宏，木下 貴博，浜崎 央
発行	株式会社オデッセイコミュニケーションズ
	〒100-0005　東京都千代田区丸の内 3-3-1　新東京ビル B1
	E-Mail：publish@odyssey-com.co.jp
印刷・製本	中央精版印刷株式会社
カバーデザイン	早川 いくを
本文デザイン・DTP	BUCH⁺
編集	渡辺 陽子

- 本書は著作権法上の保護を受けています。本書の一部または全部について（ソフトウェアおよびプログラムを含む）、株式会社オデッセイ コミュニケーションズから文書による許諾を得ずに、いかなる方法においても無断で複写、複製することは禁じられています。無断複製、転載は損害賠償、著作権上の罰則対象となることがあります。
- 本書の内容について、誤りや記載漏れなどお気づきの点がございましたら、上記の宛先まで書面、もしくは E-Mail にてお送りください。お電話によるお問い合わせにはお答えできません。あらかじめご了承ください。
- 落丁・乱丁はお取り替えいたします。上記の宛先まで書面、もしくは E-Mail にてお問い合わせください。

© 2025 Odyssey Communications Inc. ISBN978-4-908327-21-6 C3034